# 物流管理专业导论与学业规划

## （第2版）

主编 梁 军 呼格吉勒 王晓倩

副主编 许 团

中国财富出版社有限公司

**图书在版编目（CIP）数据**

物流管理专业导论与学业规划／梁军，呼格吉勒，王晓倩主编．—2 版．—北京：中国财富出版社有限公司，2024.5

ISBN 978 - 7 - 5047 - 8165 - 9

Ⅰ.①物…　Ⅱ.①梁…②呼…③王…　Ⅲ.①物流管理—高等学校—教材　Ⅳ.①F252

中国国家版本馆 CIP 数据核字（2024）第 101134 号

| 策划编辑 | 黄正丽 | 责任编辑 | 刘 斐 郑泽叶 | 版权编辑 | 李 洋 |
| 责任印制 | 尚立业 | 责任校对 | 杨小静 | 责任发行 | 敬 东 |

| 出版发行 | 中国财富出版社有限公司 | | |
| 社　　址 | 北京市丰台区南四环西路 188 号 5 区 20 楼 | 邮政编码 | 100070 |
| 电　　话 | 010 - 52227588 转 2098（发行部） | 010 - 52227588 转 321（总编室） |
| | 010 - 52227566（24 小时读者服务） | 010 - 52227588 转 305（质检部） |
| 网　　址 | http：//www.cfpress.com.cn | 排　版 | 宝蕾元 |
| 经　　销 | 新华书店 | 印　刷 | 北京九州迅驰传媒文化有限公司 |
| 书　　号 | ISBN 978 - 7 - 5047 - 8165 - 9/F · 3666 | | |
| 开　　本 | 787mm×1092mm　1/16 | 版　次 | 2024 年 6 月第 2 版 |
| 印　　张 | 16.5 | 印　次 | 2024 年 6 月第 1 次印刷 |
| 字　　数 | 361 千字 | 定　价 | 50.00 元 |

# 前　言

现代物流一头连着生产，一头连着消费，高度集成，并融合运输、仓储、分拨、配送、信息等服务功能，是延伸产业链、提升价值链、打造供应链的重要支撑，在构建现代流通体系、促进形成强大国内市场、推动高质量发展、建设现代化经济体系中发挥着先导性、基础性、战略性作用。"十三五"时期，我国现代物流发展取得了积极成效，物流服务质量明显提升，政策环境持续改善，物流对国民经济发展的支撑保障作用显著增强。随着市场竞争的日益加剧，企业为了持续保持竞争优势，需要不断探索降低成本、增加利润的有效途径。作为经济领域"第三利润源"的物流，受到各类企业的普遍重视，出现了蓬勃发展的局面。

2022年国务院办公厅《"十四五"现代物流发展规划》出台以来，我国物流产业发展加速。"十四五"期间，物流产业得到了广阔的发展空间。新一轮科技革命的启动，"一带一路"对外开放新格局的形成，资源与环境压力的加大和全国统一、开放、竞争有序的市场体系的加快建设这四个方面也成为物流产业发展必须考虑的因素。物流规模效益持续提高，物流资源整合提质增速，物流结构调整加快推进，科技赋能促进创新发展，国际物流网络不断延展，营商环境持续改善，这些基础因素的变化给我国物流业的发展带来新挑战和新机遇。

物流管理专业导论与学业规划是物流专业学生的入门课程，本书作为这门课程的教材，主要介绍物流专业概况、物流科学的起源和发展、物流在国民经济中的作用、物流的基本理论、物流的基本环节、职业生涯规划、创业管理，详细阐述了"一带一路"倡议和我国《"十四五"现代物流发展规划》等内容。从实践角度出发，介绍了物流管理专业调查报告、物流企业调研报告、职业生涯规划书、创业计划书的具体内容和写作方法。本书不仅注重物流专业基础知识、职业规划和创业管理知识的讲解，而且重视实践教学环节，让学生能够掌握实用的知识和技能，对提高学生的实践能力有非常大的帮助。

本书由梁军、呼格吉勒、王晓倩担任主编，许团担任副主编。本书共分为七章，四川工商学院梁军教授编写第一章、第二章，宁波工程学院呼格吉勒副教授编写第四章、第五章，四川工商学院王晓倩讲师编写第三章，四川工商学院许团讲师编写第六章、第七章。在本书编写过程中，得到了编写人员所在高校以及相关部门领导和教师的大力支持，在此表示感谢。

在编写过程中，参阅了大量专家学者的有关著作和案例，在此表示感谢。虽然我们为本书的编写付出了很多的努力，但由于水平有限，难免出现疏漏，衷心希望广大读者批评指正。

编 者

2024 年 5 月

# 目　录

# 第一章　物流专业概况

## 引例

### 习近平主席谈物流

**一、习近平主席在第二届联合国全球可持续交通大会开幕式上发表主旨讲话**

2021 年 10 月 14 日晚，国家主席习近平以视频方式出席第二届联合国全球可持续交通大会开幕式并发表主旨讲话。

习近平强调，要大力发展智慧交通和智慧物流，推动大数据、互联网、人工智能、区块链等新技术与交通行业深度融合，使人享其行、物畅其流。

**二、习近平主席向产业链供应链韧性与稳定国际论坛致贺信**

2022 年 9 月 19 日，国家主席习近平向产业链供应链韧性与稳定国际论坛致贺信。

习近平指出，维护全球产业链供应链韧性和稳定是推动世界经济发展的重要保障，符合世界各国人民共同利益。中国坚定不移地维护产业链供应链的公共产品属性，保障本国产业链供应链安全稳定，以实际行动深化产业链供应链国际合作，让发展成果更好地惠及各国人民。

习近平主席强调，中国愿同各国一道，把握新一轮科技革命和产业变革新机遇，共同构筑安全稳定、畅通高效、开放包容、互利共赢的全球产业链供应链体系，为促进全球经济循环、助力世界经济增长、增进各国人民福祉做出贡献。

产业链供应链韧性与稳定国际论坛在浙江省杭州市开幕，主题为"同舟共济，共克时艰，务实推动构建富有韧性的全球产业链供应链"，由工业和信息化部、国家发展改革委、交通运输部、国务院发展研究中心、浙江省人民政府共同举办。

**三、习近平主席考察物流企业**

2013 年 11 月 25 日，国家主席习近平来到中联物流有限责任公司第八分公司了解订单、效益情况，同正在卸货的装卸工一一握手，询问他们的收入、生活情况。习近平主席表示，临沂物流搞得很好，要继续努力，与时俱进，不断探索，多元发展，向现代物流迈进。

山东临沂商城起步于 20 世纪 80 年代。在 21 世纪初共有各类专业批发市场 101 处，辐射 30 多个省、市，商品远销 20 多个国家和地区，日客流量 36 万人，车流量 7 万余辆，几乎通达国内所有港口和口岸。2012 年商城交易额 1772 亿元，物流周转额 2109 亿元，被授予"中国物流之都"称号。

临沂交通便利，货畅其流。习近平主席来到金兰物流基地，听取临沂市推动物流产业发展情况的介绍，视察物流信息中心，考察物流运输企业。习近平主席同司机、货主、管理人员亲切交谈，详细了解物流业运行过程和成本效益情况，询问各岗位人员还有哪些问题需要政府帮助解决。习近平主席表示，党的十八届三中全会的一个重大突破，就是市场要在资源配置中起决定性作用。要素配置更要通过市场，同时要更好地发挥政府作用。政府不是退出、不作为，而是政府和市场各就其位。习近平主席特别指出，物流业一头连着生产，一头连着消费，在市场经济中的地位愈加凸显。要加快物流标准化、信息化建设，提高流通效率，推动物流业健康发展。

山东金兰物流基地由山东兰田集团和山东金湖水泥集团共同投资组建，占地 500亩，是国家公路运输枢纽重点建设项目，2007 年开始运营。截至 2013 年，入住各类业户 500 余家，从业人员 6000 余人，有 206 条货运路线，1800 个货运网点。截至 2021年，货物吞吐量达 1600 万吨。

# 第一节　物流概述

## 一、物流的基本概念

我国于 20 世纪 80 年代初从日本引入了"物流"的概念，当时将物流解释为"物资资料或商品的实体运动过程"，是与商品的价值运动过程（简称"商流"）相对应的概念。这种定义或解释在我国理论界与实业界沿袭了一段时间。

国家标准《物流术语》（GB/T18354—2021）将物流定义为根据实际需要，将运输、储存、装卸、搬运、包装、流通加工、配送、信息处理等基本功能实施有机结合，使物品从供应地向接收地进行实体流动的过程。

物指物品，即一切可以进行物理性位置移动的物质资料。流指物品发生的物理性运动，即物品产生的位移。物流是物质资料从供应者到需求者的物理性（实物性）流动，是创造时间和空间价值的经济活动。物流的基本过程如图 1 - 1 所示。

## 二、物流名词的由来

对于中国人而言，物流是一个外来语。与物流有关的外来语主要有两个，一个是实物分销（Physical Distribution），另一个是军事后勤保障（Logistics Material Handling）。

物流一词最早出现在美国。1905 年，美国琼斯·贝克少校在《军队和军需品运输》一书中称那个与军备的移动和供应相关的战争艺术的分支就叫物流，即军事后勤的概念。

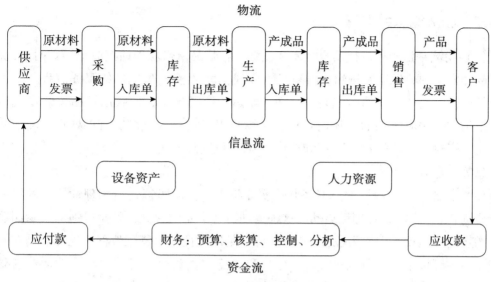

图 1-1 物流的基本过程

1915 年，美国营销学者阿奇·萧在哈佛大学出版社出版的《市场流通中的若干问题》一书中就提到物流（实物分销）一词，并指出"物流是与创造需求不同的问题"。在 20 世纪初，西方一些国家已出现生产过剩、需求严重不足的经济危机，企业因此提出了销售和物流的问题，此时的物流指的是销售过程中的物流。

1985 年，美国物流管理协会（CLM）对物流的定义进行更新。物流是对货物、服务及相关信息从起源地到消费地的有效率、有效益的流动和储存进行计划、执行与控制，以满足客户需求的过程。该过程包括进向、去向、内部与外部的移动，以及以环境保护为目的的物料回收。

1998 年，CLM 从供应链管理的角度对物流的定义又进行更新。物流是供应链的一部分，是为了满足客户的需求而对商品、服务及相关信息从原产地到消费地的高效率、高效益的正向和反向流动及储存进行计划、实施与控制的过程。

2001 年，CLM 对物流的定义进行最新的修改。物流是供应链的一部分。它是对商品、服务及相关信息在起源地到消费地之间有效率和有效益的正向和反向移动与储存进行的计划、执行与控制，其目的是满足客户要求。由此美国物流管理协会于 2005 年年初正式更名为美国供应链管理专业协会（CSCMP）。

1981 年，日本日通综合研究所出版的《物流手册》定义物流：物流是物质资料从供给者向需求者的物理性移动，是创造时间性、场所性价值的经济活动。从物流的范畴看，它包括包装、装卸、保管、库存管理、流通加工、运输、配送等多种活动。

1997 年，日本后勤系统协会（JILS）提出：后勤（物流）是一种对原材料、半成品和成品有效率的流动进行规划、实施和管理的思路，它同时协调供应、生产和销售部门的利益，最终达到满足客户需求的目的。

### 三、物流概念的理解

（1）物流是指利用现代信息技术和设备，将物品从供应地向接收地转移时准确的、及时的、安全的、保质保量的、门到门的合理化服务模式和先进的服务流程。物流由商品的运输、配送、仓储、包装、装卸、搬运、流通加工、回收以及相关的物流信息等环节构成。物流活动的具体内容包括：用户服务、需求预测、订单处理、配送、存货控制、运输、仓库管理、工厂和仓库的布局与选址、装卸、搬运、采购、包装、情报信息等。

（2）物流中的"物"是指具备物质实体特点，同时可以进行物理性位移的那一部分物质资料。"流"是物理性运动，这种运动有其限定的含义，就是以地球为参照系而发生的物理性运动，也称为位移。"流"可以是地理性的大范围位移，也可以是在同一地域、同一环境中的小范围位移。"物"和"流"的组合，是建立在自然运动基础上的高级运动形式。物流是物质资料从供给者到需求者的物理性运动，主要创造时间价值和空间价值，有时也创造一定的加工价值。

（3）物流是供应链过程中的一个环节，通过计划、实施和控制商品高效率、高效益的流动和储存，提供相关信息和物流服务，以满足客户的需求，提升行业的竞争能力。供应链管理的持续改进过程如图 1－2 所示。

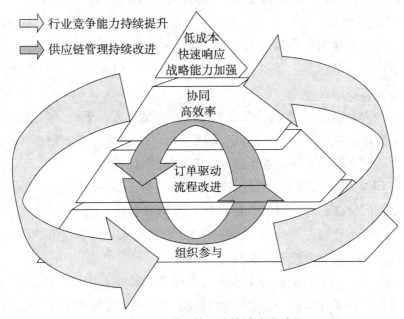

**图 1－2　供应链管理的持续改进过程**

### 四、物流的分类

按照不同的标准，物流有不同的分类方法。通常，我们把物流按照以下标准进行划分。

**1. 按物流的范畴划分**

物流按范畴划分为社会物流和企业物流。

社会物流属于宏观范畴，是指以全社会为范畴，面向广大用户，且超越一家一户的物流。社会物流涉及商品流通领域发生的所有物流活动，具有宏观性和广泛性，所以也称为大物流或宏观物流。伴随商业活动的发生，物流过程中通过商品的转移而实现商品所有权的转移，这是社会物流的标志。社会物流包括设备制造、运输、仓储、装卸、包装、配送、信息服务等，公共物流和第三方物流贯穿其中。

企业物流是指企业内部的物品实体流动，渗透各项经营活动之中，属于微观物流的范畴，主要包括生产物流、销售物流、回收物流和废弃物物流等。生产物流是指在生产过程中，从原材料投入生产到在制品、半成品等各道生产程序，直到制成品进入仓库全过程的物流活动。这种物流活动是与整个生产工艺过程相伴的，实际上已成为生产工艺过程的一部分。企业生产过程的物流大体为原材料、零部件、燃料等辅助材料从企业仓库或企业的"门口"，进入生产线的起始端，再进一步随生产加工过程流动，在流动的过程中，原材料本身被加工，同时产生一些废料、余料，直到生产加工结束，再流向生产成品仓库，便完成了生产物流过程。销售物流是企业将产品所有权转移给消费者的一系列物流活动。它是企业物流的一个重要环节，以产品离开生产线进入流通领域为起点，以送达用户并经售后服务为终点。在销售物流过程中，产品实现其价值，企业获得利润。销售物流直接影响着企业的盈利情况，而销售过程中与产销紧密关联的订单处理，又直接影响着销售物流的运作和绩效。回收物流是指对废旧物资处理时将其中有再利用价值的部分加以分拣、分解、加工，使其成为有用的物资重新投入生产和消费领域。例如，废旧钢铁投入冶炼炉变成新的钢材，废水净化后被循环使用，废纸被加工成纸浆，这些都称为回收，它们的流动形成回收物流。废弃物物流是指对失去再利用价值的物品，从环境保护的角度出发将其焚烧或送到指定地点堆埋，对含有放射性物质或有毒物质的工业废物采取特殊处理方法。

**2. 按作用领域的不同划分**

物流按作用领域的不同划分为生产领域的物流和流通领域的物流。

生产领域的物流贯穿生产的整个过程。在生产的全过程中，从原材料的采购开始便要求有相应的供应物流活动，即采购生产所需的材料；在生产的各工艺流程中，需要原材料、半成品的物流过程，即所谓的生产物流；部分余料、可重复利用的物资的回收，就是所谓的回收物流；废弃物的处理则属于废弃物物流。

流通领域的物流主要是指销售物流。在当今买方市场的条件下，销售物流活动带有极强的服务性，以满足买方的需求，最终实现销售。在这种市场前提下，商品销售往往以送达用户并经过售后服务才算终止。

**3. 按发展的历史进程划分**

物流按发展的历史进程划分为传统物流、综合物流和现代物流。

传统物流的主要服务功能集中在仓储、库存管理和配送上，而主要服务功能也集中在仓储和运输方面，以弥补货物在时间和空间上的变化。

综合物流不仅提供运输服务，还包括许多协调工作，是对整个供应链的管理，如对运输、仓储等部门的管理，对一些分销商的管理，还包括订单处理、采购等服务内容。由于综合物流将很多精力放在供应链管理上，责任更重，管理也更复杂，与传统物流有明显的区别。

现代物流是为了满足消费者需要而进行的从起点到终点的原材料采购、中间过程库存、最终产品销售和相关信息有效流动的计划、实现和管理控制的过程。它强调了从起点到终点的过程，提高了物流的标准和要求，是各国物流的发展方向。国际大型物流公司认为现代物流有两个重要功能：一是能够管理不同货物的流通质量；二是能够开发信息和通信系统，通过网络建立商务联系，直接从客户处获得订单。

### 4. 按提供服务的主体不同划分

物流按提供服务的主体不同划分为外包（代理）物流和生产企业内部物流。

外包物流也叫第三方物流（Third – Party Logistics，3PL），是指由供方、需方之外的第三方完成物流服务的运作。企业将整体物流业务以合同方式委托给专业的、独立的第三方物流企业承担，并由其提供供应链一体化的解决方案和实际操作。第三方就是物流交易双方的部分或全部物流功能的外部服务提供者，是基于企业与其客户之间的第三者。

生产企业内部物流是指原材料进厂后，经过多道工序加工成零件，然后将零件组装成部件，最后组装成成品所形成的企业内部物资的流动。

### 5. 按物流的流向不同划分

物流按流向不同划分为采购物流和销售物流。

采购物流是企业从生产资料供应商进货而引起的产品流动，即企业从市场采购的过程。

销售物流是从企业到消费者的产品流动，即企业将产品送达市场并完成与消费者交换的过程。

## 五、物流产业

随着世界经济的快速发展和现代科学技术的进步，物流产业作为国民经济中一个新兴的服务产业，正在全球范围内迅速发展。在国际上，物流产业被认为是国民经济发展的动脉和基础产业，其发展程度成为衡量一国现代化程度和综合国力的重要标志，被喻为促进经济发展的"加速器"。

物流产业是物流资源产业化形成的一种复合型或聚合型产业。物流资源包括运输、仓储、装卸、搬运、包装、流通加工、配送、信息平台等。这些物流资源分散在多个领域，包括制造业、农业、流通业等。把产业化的物流资源加以整合，就形成了一种新的服务业，即物流服务业。物流服务业是一种复合型产业，也叫聚合型产业，因为所有产业的物流资源不是简单的累加，而是一种整合，可以起到 1 + 1 > 2 的效果。

**1. 物流基础产业**

物流基础产业的主体是指在供应链的整体服务功能上和供应链的某些环节上，满足物流组织与管理需要的、具有综合或单一功能的场所或组织，主要包括公路、铁路、港口、机场、大规模物流中心以及网络通信平台等。物流基础产业就是提供并完成公路、铁路、港口、机场、大规模物流中心和网络通信平台等建设任务的产业。

**2. 物流装备制造业**

物流装备制造业是为国民经济和国防建设提供生产技术装备的制造业，是制造业的核心组成部分，是国民经济发展，特别是工业发展的基础。建立起强大的装备制造业，是提升综合国力、实现工业化的根本保证。

物流装备制造业是现代物流产业发展的基础，也是机械制造与现代物流产业的融合产业。近年，我国物流业发展迅猛，为物流装备制造业的发展提供了更好的发展环境。物流装备制造业将以智能化、自动化为主攻方向，发展"绿色、智能、超常、融合、服务"型现代物流装备产业，主要包括仓储物流设备、装卸物流设备、包装设备、流通加工设备、集装箱制造设备、智能化系统集成、关键部件及配套等的设计与制造产业。

**3. 物流系统业**

物流系统业是专门从事物流运作的行业。如运输业、仓储业等。运输涵盖铁路、公路、水路、航空、管道五种运输方式所形成的各类资源。这些资源产业化就形成了运输业、仓储业、装卸搬运业、包装业、流通加工业、配送业、物流信息业等。

**4. 货主物流业**

货主物流业或称企业物流业，是指生产制造类企业自己从事物流业务，从企业物流做起，逐步发展成服务于全社会的第三方物流企业。最典型的是海尔物流，海尔物流成立于 1999 年，依托海尔集团的先进管理理念以及海尔集团的强大资源网络构建海尔物流的核心竞争力，为全球客户提供有竞争力的综合物流集成服务，成为全球性的第三方物流企业。海尔物流的自动化仓库如图 1 - 3 所示。

图 1 - 3　海尔物流的自动化仓库

### 5. 第三方物流业

第三方物流业是指生产经营企业为集中精力做好主业，把原来属于自己处理范围的物流活动，委托给专业物流企业，同时通过信息系统与物流企业保持密切联系，以达到对物流全程管理控制的一种物流运作与管理方式，如物流代理服务业等。最常见的第三方物流服务包括货物集运、选择承运人、选择货运代理人、海关代理、信息管理、报表管理、仓储、货物咨询、EDI（电子数据交换）能力、运费支付、运费谈判等。由于服务业一般是与企业签订一定期限的服务合同，所以有人称第三方物流为合同契约物流（Contract Logistics）。

### 6. 第四方物流业

第四方物流业是1998年美国埃森哲咨询公司率先提出的，是专门为第一方、第二方和第三方物流企业提供物流系统规划设计、物流集成、物流咨询、物流信息系统、物流培训教育、供应链管理等活动的产业。第四方物流企业并不实际承担具体的物流运作活动。

# 第二节 物流专业培养计划和知识体系

## 一、物流管理专业培养计划

### （一）物流管理专业的培养目标和学生素质要求

物流管理专业是交叉领域多、影响范围广、理论与实践紧密结合的学科。以东部沿海地区的某高校为例，物流管理专业的设置以学生掌握工商管理、物流管理、管理科学与工程等学科基础知识为目标，学生主要学习经济、会计、贸易、管理、法律、信息资源管理、计算机等方面的知识，培养具有物流运作与管理、供应链优化与设计、物流系统规划与设计、物流管理、物流运作等专业核心能力，能在经济管理部门、贸易公司、物流企业从事政策制定、物流运作管理的应用型、复合型、国际化、高素质的应用开发型人才。物流管理专业的培养目标定位如图1-4所示。

毕业生主要面向港航企业、运输型物流企业、仓储型物流企业、综合型物流企业等行业主体及政府相关管理部门，从事船货代理、报关、报检、货物运输组织、仓储管理、采购与配送、物流规划等方面工作；也可以报考相关专业的硕士研究生继续深造。学生毕业时应达到以下素质和能力要求。

（1）具备良好的政治素质、道德素质、业务素质与身心素质；

（2）掌握文献检索、资料查询方法，具有获取信息的能力；

（3）具备基本的交流协作能力、思辨能力、创新意识和创新能力；

（4）具备较好的外语以及计算机应用能力；

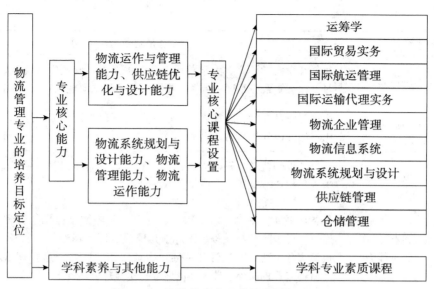

**图1-4 物流管理专业的培养目标定位**

（5）具有较好的组织协调能力、较强的环境适应能力、团队合作能力和应岗能力；

（6）具有从事本专业工作所需的相关数学知识、自然科学知识以及经济管理知识；

（7）了解本专业领域技术标准，相关行业的政策和法律法规；

（8）掌握本专业的基础理论知识，了解本专业的发展现状和趋势；

（9）具备较好的港口物流运作与管理、供应链优化与设计专业核心能力。

学生的素质结构与培养途径、能力结构与培养途径如表1-1和表1-2所示，综合素质培养的要求和学分如表1-3所示。

表1-1　　　　　　　　　　　　　　素质结构与培养途径

| 素质结构 | 培养途径 |
| --- | --- |
| 政治素质 | 通过开设毛泽东思想和中国特色社会主义理论体系概论、马克思主义基本原理、形势与政策等政治修养类课程，及开办业余党校等活动实现 |
| 道德素质 | 通过开设思想道德修养与法律基础、伦理学、就业指导等课程，及开展劳动、校园文化等活动实现 |
| 业务素质 | 通过开设专业核心课程和相关知识教育实现 |
| 身心素质 | 通过开设大学生心理健康、体育等身心修养类课程实现 |

表1-2　　　　　　　　　　　　　　能力结构与培养途径

| 能力结构 | | 培养途径 |
| --- | --- | --- |
| 基本能力 | 学习能力 | 通过开设学习方法论等学习理论类课程，开展入学教育，进行课内外教学实践，以及开设计算机与信息技术、文献检索等获取信息类课程实现 |

| 能力结构 | | 培养途径 |
|---|---|---|
| 基本能力 | 交流协作能力 | 通过开设大学语文、大学英语、公共关系学、管理学等课程，以及实习、社会实践、军训、劳动、校园文化等活动实现 |
| | 思辨能力 | 通过开设逻辑学、高等数学、思想政治理论等课程以及组织开展辩论比赛等课内外教学活动实现 |
| | 基本创新能力 | 通过开设创造学、科研方法论等课程，设立学生科技创新基金，开展学生科技竞赛等活动实现 |
| 专业能力 | 核心能力 港口物流运作与管理能力 | 具备从事港口物流、国际物流、货运代理等物流运作与管理的能力。通过开设国际贸易实务、国际航运管理、国际运输代理实务、报关与报检实务、港口物流管理及港口企业实习、国际航运管理课程设计、港口物流管理课程设计等理论课程与实践环节实现 |
| | 供应链优化与设计能力 | 具备对物流节点、物流生产企业、流通企业的物流系统进行规划、设计与实施的能力。通过开设供应链管理、仓储管理、物流系统规划与设计、生产运作管理及物流企业行业参观、物流企业实习等理论课程与实践环节实现 |
| | 其他能力 外语应用能力 | 通过开设大学英语、物流专业英语、外贸英文函电等课程实现 |
| | 计算机应用能力 | 通过开设计算机与信息技术、管理信息系统等课程实现 |
| | 组织协调能力 | 通过开设管理学、公共关系等课程及各类团队组织活动实现 |
| | 应岗能力 | 考取国际货运代理资格证书、参加货代资格证培训，获得国际货运代理职业能力。考取报关报检职业资格证书、参加报关报检职业培训，获得港口物流管理职业能力 |

表 1-3 　　　综合素质培养的要求和学分（课外进行，至少修满4学分）

| 序号 | 项目名称 | 要求 | 学分 |
|---|---|---|---|
| 1 | 社会实践活动 | 被评为校级社会实践活动先进个人，获得校级实践活动优秀成果奖，集体被评为校级优秀社会实践活动团队者 | 1 |
| | | 被团市委评为社会实践活动先进个人，获得实践活动优秀成果奖，集体被团市委评为优秀社会实践活动团队者 | 2 |
| | | 被团省委评为社会实践活动先进个人，获得实践活动优秀成果奖，集体被团省委评为优秀社会实践活动团队者 | 3 |

| 序号 | 项目名称 | 要求 | | 学分 |
|---|---|---|---|---|
| 2 | 英语及计算机全国等级考试 | 全国大学英语考试 | 获四级证书者（成绩在国家及格线以上） | 2 |
| | | | 获六级证书者（成绩在国家及格线以上） | 3 |
| | | 全国、本省计算机等级考试 | 获一级证书者 | 1 |
| | | | 获二级及以上证书者 | 2 |
| | | 国家软件技术资格（水平）考试 | 获程序员等初级证书者 | 2 |
| | | | 获软件设计师等中级证书者 | 3 |
| | | | 获系统分析师等高级证书者 | 4 |
| 3 | 各类竞赛 | 校级 | 获一等奖者 | 2 |
| | | | 获二等奖者 | 1 |
| | | | 参与及获三等奖者 | 0.5 |
| | | 市级 | 获一等奖者 | 3 |
| | | | 获二等奖者 | 2 |
| | | | 参与及获三等奖者 | 1 |
| | | 省级 | 获一等奖者 | 5 |
| | | | 获二等奖者 | 4 |
| | | | 参与及获三等奖者 | 3 |
| | | 国家级 | 获一等奖者 | 7 |
| | | | 获二等奖者 | 6 |
| | | | 参与及获三等奖者 | 5 |
| 4 | 论文、科研项目 | 公开发表 | 每篇论文/每个项目 | 3 |
| 5 | 证书 | 各物流类技能证书 | 每本证书 | 1~2 |
| 6 | 其他文章（通讯报道、小说、诗歌等） | 院报 | 每篇文章 | 0.5 |
| | | 市级报刊 | 每篇文章 | 1 |
| | | 省级报刊 | 每篇文章 | 2 |
| | | 国家级报刊 | 每篇文章 | 3 |
| 7 | 出国 | 出国学习一年及以上 | | 4 |
| 8 | 开放性实验 | 每个开放性实验 | | 0.5 |
| 9 | 毕业综合技能考试 | 全部通过（第7学期进行） | | 2 |
| 10 | 其他 | 经学校认定 | 每项 | 2 |

说明：①参加体育类竞赛获第一、第二名者与一等奖同，获第三至第五名者与二等奖同，获第六至第八名者与三等奖同；②计算机专业的同学参加计算机等级考试不获学分，外语类专业的学生考级为本专业语种等级不获学分；③各类技能证书学分必须由各学院报教务处认定；④难度相近的等级考试证书不重复计分。

## （二）物流管理专业的主干学科

主干学科是指由培养目标决定并为获得能力结构所必须具备的专业理论与技能体系。物流管理专业的主干学科是工商管理、管理科学与工程。

工商管理是一门以社会微观经济组织为研究对象，系统地研究其管理活动的普遍规律和应用方法的学科。具体地说，工商管理学科以企业或经济组织的管理问题为研究对象，以经济学和行为科学为主要理论基础，以统计学、运筹学等数理分析方法和案例分析方法等为主要研究手段，探讨和研究企业或经济组织各项管理行为和管理决策的形成过程、特征与相互关系，以及企业作为一个整体与外部环境之间的相互联系，并从中探索、归纳和总结出有助于提高效率的一般理论、规律和方法。

工商管理学科的研究目的是为企业或其他经济组织的管理决策和管理实践活动提供管理理论指导与科学依据，培养各类专业管理人才，提高企业经营管理效率，推动企业持续发展，从而促进社会经济的发展。

工商管理是研究工商企业经济管理的基本理论和一般方法的学科，主要包括企业的经营战略制定和内部行为管理两个方面。工商管理的应用性很强，它的目标是依据管理学、经济学的基本理论，运用现代管理的方法进行有效的企业管理和经营决策，保证企业的生存和发展。

管理科学与工程是综合运用系统科学、管理科学、数学、经济、行为科学及工程方法，结合信息技术研究，解决社会、经济、工程等方面管理问题的一门学科。这一学科是我国管理学门类中唯一按一级学科招生的学科，覆盖面广，包含了资源优化管理、公共工程组织与管理、不确定性决策研究和项目管理等众多研究领域，是国内外研究的热点。

管理科学与工程学科从定性分析趋向定量化研究，从宏观研究逐步深入微观研究，侧重研究同现代生产经营、科技、经济和社会发展相适应的管理理论、方法与工具，应用现代科学方法与科技成就阐明和揭示管理活动的规律，以提高管理的效率。该学科的发展趋势是以管理科学为基础，以多学科知识为支撑，利用现代化手段和技术，进行管理中的科学决策及风险研究、管理实践中的理论和方法研究、管理的绩效研究、管理的战略研究等。

## （三）知识结构与课程学分设置

合理的知识结构，就是既有精深的专门知识，又有广博的知识面，具有事业发展实际需要的最合理的知识体系。建立起合理的知识结构，培养科学的思维方式，提高适应岗位要求的实用技能，以适应将来社会上相关岗位的要求。知识结构是指一个人经过专门学习培训后所拥有的知识体系的构成情况与结合方式。合理的知识结构是担任现代社会职业岗位的必要条件，是人才成长的基础。现代社会的职业岗位需要的是知识结构合理、能根据当今社会发展和职业的具体要求，将自己所学的各类知识科学地组合起来的，适应社会要求的人才。物流管理专业人才的知识结构主要包括以下三个方面。

（1）理解、掌握马克思主义哲学、政治经济学、毛泽东思想和中国特色社会主义理论体系。

（2）掌握物流管理的基本知识，具体包括物流运作与管理知识、国际贸易和通关知识、财务和成本管理知识、外语知识、安全管理知识、法律知识等。

（3）具备物流管理应用程序的操作能力，具备物流信息整合、分析研究、传播与开发利用的基本能力，能进行物流系统分析、设计和规划，具有物流管理的基本能力，了解物流管理发展的最新动态。

物流管理专业的知识结构与课程学分设置如表1-4所示，物流管理专业总学分及学时基本要求与分配如表1-5所示。

表1-4　　　　　　　物流管理专业的知识结构与课程学分设置

| 课程类别 | 课程性质 | 学分 | 占总比例（%） |
|---|---|---|---|
| 通识课程<br>（公共文化课程） | 核心必修 | 22 | 35.37 |
| | 一般必修 | 18（含综合素质4） | |
| | 通识选修 | 18（校选课） | |
| 专业基础课程<br>（含集中实践） | 核心必修 | 8.5 | 13.72 |
| | 一般必修 | 14 | |
| 专业课程<br>（含集中实践） | 核心必修 | 13 | 50.91 |
| | 一般必修 | 34 | |
| | 专业选修 | 36.5 | |
| 毕业最低学分（学时）合计 | | 164 | 100 |

表1-5　　　　　　　物流管理专业总学分及学时基本要求与分配

| 课程类别 | 课程性质 | 学分 | 占总学分比例（%） | 计划学时（周） |
|---|---|---|---|---|
| 通识课程 | 核心必修 | 22 | 35.37 | 352 |
| | 一般必修 | 18 | | 302 |
| | 通识选修 | 18 | | 232 |
| 专业基础课程 | 核心必修 | 8.5 | 13.72 | 144 |
| | 一般必修 | 14 | | 224 |
| 专业课程 | 核心必修 | 13 | 30.18 | 208 |
| | 专业选修 | 36.5 | | 584 |

| 课程类别 | 课程性质 | 学分 | 占总学分比例（%） | 计划学时（周） |
|---|---|---|---|---|
| 实践教学环节 | 一般必修 | 34 | 20.73 | 34 |
| 核心必修课学分小计 | | 43.5 | 26.52 | 704 |
| 一般必修课学分小计 | | 66 | 40.24 | 526＋34 |
| 选修课学分小计 | | 54.5 | 33.23 | 816 |
| 毕业最低学分（学时）合计 | | 164 | 100 | 2046＋34 |

## （四）主干课程体系

主干课程是为实现培养目标、达到知识和能力结构必须开设的主要课程。物流管理专业的主干课程包括大学英语、高等数学、运筹学、经济学、交通运输学、国际贸易理论与实务、物流信息技术、物流管理信息系统、采购与供应管理、运输管理、仓储与配送管理、供应链管理、生产与运作管理、国际运输代理实务、国际物流学、港口物流管理、报关与报检实务、国际航运管理、国际多式联运、物流系统规划与设计、成功学、创新学、素质拓展训练等。有些主干课程可列为核心课程，更加突出这些课程的重要性。物流管理专业的核心课程分布如表1-6所示。

表1-6　　　　　　　　物流管理专业的核心课程分布

| 学年 | 学期 | 课程名称 | | |
|---|---|---|---|---|
| 一 | 1 | 大学英语Ⅰ | 高等数学（上册） | — |
| | 2 | 大学英语Ⅱ | 高等数学（下册） | — |
| 二 | 1 | 运筹学 | 毛泽东思想和中国特色社会主义理论体系概论 | |
| | 2 | 国际贸易理论与实务 | 物流管理信息系统 | |
| 三 | 1 | 国际航运管理 | 国际运输代理实务 | 国际多式联运 |
| | 2 | 港口物流管理 | 报关与报检实务 | — |

## （五）专业实践教学体系

实践教学是巩固理论知识和加深理论认识的有效途径，是培养具有创新意识的高素质物流管理人员的重要环节，是理论联系实际、培养学生掌握科学方法和提高动手能力的重要平台，有利于学生素养的提高和正确价值观的形成。物流管理专业的实践教学体系如图1-5所示。

**1. 实践教学体系构建的基本原则**

（1）特色性原则。特色性是专业生存和发展的原动力，确立以素质教育为核心、

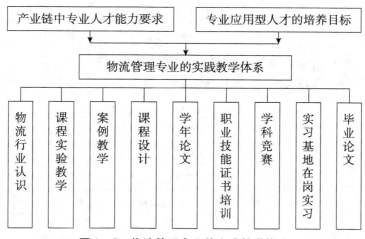

图1-5　物流管理专业的实践教学体系

技术应用能力培养为主线、应变能力培养为关键、产学研结合为途径，与时俱进的人才教育培养模式，是实践教学体系构建中特色性原则的具体体现。

（2）实用性原则。实践教学体系的构建，要充分体现专业岗位的要求，与专业岗位群发展紧密相关。以此为原则组成一个层次分明、分工明确的实践教学体系。如实验和实训教学平台可分为基础实验技能训练平台、专业岗位技能训练平台、专业岗位实践平台进行构建。

（3）混合性原则。混合性原则体现在理论教学和实践教学的混合、教室与实验室的混合、学校与企业的混合等方面，淡化理论教学与实践教学、教室与实验室、学校与企业的界限，对实践教学设施进行重新整合，形成一体化实践教学模式。

**2. 实践教学体系构建的方法**

（1）以竞赛带动实践教学。在实践教学中，培养学生主动探索、主动学习的能力尤为重要。各类专业竞赛给学生提供了宽裕的自主学习的时间和空间，易于调动学生学习的主观能动性，培养他们的学习兴趣和创造性思维。通过构建开放式实验室，使学生熟练掌握实验、实训技能，达到竞赛要求的标准。

（2）实践教学与岗位技能培训相结合。通过校外实训基地培养学生的实践技能，推进"三个相结合"，即课堂、实验实训场所、企业环境相结合，学生、教师、物流管理人员相结合，教学、科研、项目相结合。以提高岗位技能为抓手，促进实践教学质量的提高。

（3）产学研合作。通过承接物流企业的项目，让部分学生参与项目的研究活动，使学生在学习期间就能接触到物流行业的新技术，锻炼其处理生产现场实际问题的能力，提高质量意识和品质意识，培养学生的综合应用能力，同时促进实践教学的发展。

物流管理专业的独立实践环节如表1-7所示。

表1-7　　　　　　　　　　　物流管理专业的独立实践环节

| 实践教学平台 | 实践课程 | 计划学分 | 计划学时 |
|---|---|---|---|
| 基础实验教学平台（包括外语和计算机应用能力训练、物理实验、体育锻炼和基础课程实验等） | 计算机与信息技术 I<br>计算机与信息技术 II | 3.5 | 80学时 |
| | 体育 | 4 | 128学时 |
| 工程基础训练平台（包括金工实习、电子实习、认识实习、专业技能训练、课程设计和相应资格认证等） | 行业参观与调研 | 2 | 2周 |
| | 港口物流管理课程设计 | 1 | 1周 |
| | 货运代理实务操作 | 1 | 1周 |
| | 国际航运管理课程设计 | 1 | 1周 |
| | 港口企业认识实习 | 1 | 1周 |
| 综合运用实践平台（包括毕业实习、综合设计或学年论文、毕业设计或论文、学生科技创新项目和科学研究训练等） | 毕业实习 | 6 | 6周 |
| | 学年论文 I | 2 | 2周 |
| | 学年论文 II | 2 | 2周 |
| | 毕业设计或论文 | 8 | 8周 |
| 素质拓展与社会实践平台（包括军训、社会实践、社团活动和各种知识技能竞赛等） | 军事理论与训练 | 2 | 2周 |
| | 创新社会实践 | 4 | 课外 |
| | 综合素质 | 4 | 课外 |
| 实践环节学分（时）合计 | | 41.5 | 208学时+26周 |
| 占总学分比例（总学分164） | | 25.3% | |

## 二、物流工程专业培养计划

物流工程专业旨在培养具有系统的管理学、工学基础理论知识，掌握物流工程项目策划与实施、物流装备设计与运用以及物流系统运作与管理等基础知识与基本技能，能在企业、科研院所及政府部门从事物流系统设计、决策、管理、运营，以及有能力从事物流工程领域教学和科研等工作的复合型、应用型人才。以西部地区的某高校为例，了解物流工程专业的人才培养计划和知识体系。

### （一）培养目标

坚持以习近平新时代中国特色社会主义思想为指导，落实立德树人根本任务，全面贯彻落实全国教育大会精神。本专业培养适合区域经济发展需求，具有较强农产品与冷链物流、物流仿真优化等方面的基础知识与应用能力，能够在物流领域，特别是农产品与冷链相关企业和机构，从事农产品与冷链物流系统规划与设计、物流系统分析优化、物流技术与自动化等方面工作，德、智、体、美、劳全面发展的应用型物流工程技术人才。

本专业毕业生应达到以下要求。

目标1：具有良好的思想道德素质、专业素质、文化素养和创新精神，并有为祖国发展、民族振兴而奋斗的进取精神。

目标2：掌握物流工程专业知识，能够应用现代工程科学和现代管理科学的基本理论知识，根据社会环境等相关因素，分析和解决物流系统工程问题。

目标3：掌握以区域特色农产品为对象、以信息技术为主线的农产品与冷链物流运作模式及支撑相关技术与方法的专业知识。

目标4：具有应用大数据分析与处理、农产品物流信息技术及仿真优化等现代技术的能力，在工作团队中，能作为主要成员发挥骨干作用。

目标5：能够胜任物流工程领域仿真优化、自动化设计、管理等方面的工作。

目标6：具有职业道德、社会责任感和创新精神。

目标7：具有宽广的视野和较强的管理能力，能够与同事和客户有效沟通。

目标8：能够胜任岗位职责，具有终身学习和发展的能力。

## （二）毕业要求

本专业学生主要学习物流管理与工程类相关学科的基本知识，达到毕业学分要求的同时，具备获取知识的能力、应用知识的能力、实践能力、组织协调能力和创新能力。

1. 工程知识：能够将数学、自然科学、工程基础和专业知识用于解决复杂的物流系统工程问题。

2. 问题分析：能够应用数学、自然科学和工程科学的基本原理，通过文献分析复杂的物流系统工程问题，以获得有效结论。

3. 设计/开发解决方案：能够设计农产品与冷链物流、物流仿真优化等方向复杂物流系统工程问题的解决方案，并能够在规划设计和管理环节体现创新意识，全面考虑社会、健康、安全、法律、文化以及环境等因素。

4. 研究：能够基于科学原理并采用科学方法对复杂的物流系统工程问题进行研究，包括调研、实验、分析与处理数据，选择合适的数学模型，得到合理有效的结论。

5. 使用现代工具：对复杂物流系统工程问题，选择和应用恰当的方法和信息技术工具进行分析判断，对其变化趋势进行模拟与预测，同时考虑其结果的适用性和局限性，并能正确使用模拟与预测结果。

6. 工程与社会：能够基于工程相关背景知识进行合理分析，评价物流系统工程问题解决方案对社会、健康、安全、法律、文化以及环境的影响，并了解应承担的责任。

7. 环境与社会可持续发展：能够理解和评价复杂物流系统工程问题的专业工程实践对环境与社会可持续发展的影响。

8. 职业规范：具有人文社会科学素养、社会责任感，能够在工程实践中理解并遵守职业道德和规范，履行责任。

9. 个人与团队：能够在多学科背景下的团队中承担个体、团队成员以及负责人的角色。

10. 沟通：能够就复杂物流系统工程问题与同行及社会公众进行有效沟通，包括撰写报告、设计文稿、陈述发言、清晰表达或回应指令，具备一定的国际视野，能够在跨文化背景下进行沟通。

11. 项目管理：理解并掌握工程管理原理与经济决策方法，并能在物流管理与工程领域等多学科环境中应用。

12. 终身学习：具有自主学习和终身学习的意识，有不断学习和发展的能力。

13. 体质健康：体质健康标准测试必须达标。

## （三）专业核心课程

专业核心课程：仓储规划与库存控制、物流信息系统、物流系统规划与设计、物流自动化技术及应用、综合运输工程、供应链管理。

专业特色课程：农产品物流。

## （四）培养方案和知识体系

物流工程专业培养方案的基本结构和学分分配如表 1-8 所示，物流工程专业教学进程如表 1-9 所示，物流工程专业毕业要求对培养目标支撑的矩阵如表 1-10 所示，物流工程专业毕业要求与课程体系矩阵如表 1-11 所示，物流工程专业课程体系拓扑如图 1-6 所示。

表 1-8　　　　　　物流工程专业培养方案的基本结构和学分分配

| 课程模块 | 必修学分 | 选修学分 | 总学分 | 比例（%） |
|---|---|---|---|---|
| 通识教育 | 58 | 10 | 68 | 40.0 |
| 专业教育 | 43 | 16 | 59 | 34.7 |
| 实践教育 | 43 | 0 | 43 | 25.3 |
| 总计 | 144 | 26 | 170 | 100.0 |

表 1-9　　　　　　　　　物流工程专业教学进程

| 课程性质 | | 课程编号 | 课程名称 | 学分 | 课内学时数 | | | 周学时 | 教学周 | 建议修读学期 | 考核方式 | 开课单位 |
|---|---|---|---|---|---|---|---|---|---|---|---|---|
| | | | | | 总学时 | 讲授 | 实验（实践） | | | | | |
| 通识教育 | 必修课程 | 2109T0010 | 思想道德修养与法律基础 | 2 | 32 | 32 | | 2 | 16 | 2 | 考试 | 马院 |
| | | 2109T0020 | 马克思主义基本原理概论 | 3 | 48 | 48 | | 3 | 16 | 3 | 考试 | 马院 |

| 课程性质 | | 课程编号 | 课程名称 | 学分 | 课内学时数 | | | 周学时 | 教学周 | 建议修读学期 | 考核方式 | 开课单位 |
|---|---|---|---|---|---|---|---|---|---|---|---|---|
| | | | | | 总学时 | 讲授 | 实验（实践） | | | | | |
| 通识教育 | 必修课程 | 2109T0030 | 中国近现代史纲要 | 3 | 48 | 48 | | 3 | 16 | 2 | 考试 | 马院 |
| | | 2109T0040 | 毛泽东思想和中国特色社会主义理论体系概论 | 4 | 64 | 64 | | 4 | 16 | 4 | 考试 | 马院 |
| | | 2109T0050 | 简明新疆地方史教程 | 3 | 45 | 45 | | 3 | 15 | 1 | 考试 | 马院 |
| | | 2100T0010 | 形势与政策 | 2 | 64 | 64 | | | | 1-8 | 考查 | 马院 |
| | | 2110T001A | 大学体育A | 1 | 30 | 4 | 26 | 2 | 15 | 1 | 考查 | 基础 |
| | | 2110T001B | 大学体育B | 1 | 32 | 4 | 28 | 2 | 16 | 2 | 考查 | 基础 |
| | | 2110T001C | 大学体育C | 1 | 32 | 4 | 28 | 2 | 16 | 3 | 考查 | 基础 |
| | | 2110T001D | 大学体育D | 1 | 32 | 4 | 28 | 2 | 16 | 4 | 考查 | 基础 |
| | | 2108T001A | 大学英语A | 3 | 60 | 30 | 30 | 4 | 15 | 1 | 考试 | 人文 |
| | | 2108T001B | 大学英语B | 3 | 64 | 32 | 32 | 4 | 16 | 2 | 考试 | 人文 |
| | | 2108T001C | 大学英语C | 3 | 64 | 32 | 32 | 4 | 16 | 3 | 考试 | 人文 |
| | | 2108T001D | 大学英语D | 3 | 64 | 32 | 32 | 4 | 16 | 4 | 考试 | 人文 |
| | | 2108T0020 | 大学语文 | 2 | 32 | 32 | | 2 | 16 | | 考查 | 人文 |
| | | 2106T001A | 高等数学A | 5 | 75 | 75 | | 5 | 15 | 1 | 考试 | 理学 |
| | | 2106T001B | 高等数学B | 5 | 80 | 80 | | 5 | 16 | 2 | 考试 | 理学 |
| | | 2106T0020 | 线性代数 | 3 | 48 | 48 | | 3 | 16 | 2 | 考试 | 理学 |
| | | 2106T0030 | 概率论与数理统计 | 3 | 48 | 48 | | 3 | 16 | 3 | 考试 | 理学 |
| | | 2100T002A | 大学生职业发展与就业指导A | 1 | 12 | 12 | | 1 | 12 | 2 | 考查 | |
| | | 2100T002B | 大学生职业发展与就业指导B | 0.5 | 10 | 10 | | 1 | 10 | 5 | 考查 | |
| | | 2100T002C | 大学生职业发展与就业指导C | 0.5 | 10 | 10 | | 1 | 10 | 7 | 考查 | |
| | | 2100T0040 | 大学生心理健康教育 | 1 | 16 | 16 | | 2 | 8 | 1 | 考查 | |
| | | 2100T0030 | 军事理论 | 1 | 32 | 32 | | 2 | 16 | 1 | 考查 | |
| | | 2100T0050 | 公共艺术课程与艺术实践 | 2 | 32 | 32 | | 2 | 16 | 1-4 | 考查 | |
| | | 2100T0060 | 劳动教育 | 1 | 32 | 32 | | 2 | 16 | 1-4 | 考查 | 马院 |
| | | | 小计 | 58 | 1106 | 870 | 236 | | | | | |

续　表

| 课程性质 | | 课程编号 | 课程名称 | 学分 | 课内学时数 | | | 周学时 | 教学周 | 建议修读学期 | 考核方式 | 开课单位 |
|---|---|---|---|---|---|---|---|---|---|---|---|---|
| | | | | | 总学时 | 讲授 | 实验（实践） | | | | | |
| 通识教育 | 选修课程 | | 创新思维与创新能力类课程 | 2 | 32 | 32 | | 2 | 16 | 2-7 | | |
| | | | 美育类课程 | 2 | 32 | 32 | | 2 | 16 | 2-7 | | |
| | | | 人文社科类课程 | 2 | 32 | 32 | | 2 | 16 | 2-7 | | |
| | | | 经济管理类课程 | 2 | 32 | 32 | | 2 | 16 | 2-7 | | |
| | | | 其他通识教育选修课程 | 2 | 32 | 32 | | 2 | 16 | 2-7 | | |
| | | | 小计 | 10 | 160 | 160 | | | | | | |
| | | | 通识教育课程至少修读 | 68 | 1266 | 1030 | 236 | | | | | |
| 专业教育 | 专业基础课程 | 2102J0010 | 大学物理及实验 | 4.5 | 80 | 64 | 16 | 5 | 16 | 2 | 考试 | 机电 |
| | | 2101J0090 | C语言程序设计 | 2.5 | 48 | 32 | 16 | 3 | 16 | 4 | 考试 | 信工 |
| | | 2102J1010 | 物流工程概论 | 2 | 32 | 30 | 2 | 2 | 16 | 1 | 考试 | 机电 |
| | | 2102J1020 | 工程制图及CAD | 2.5 | 48 | 32 | 16 | 3 | 16 | 1 | 考试 | 机电 |
| | | 2102J0030 | 管理学 | 2 | 32 | 32 | | 2 | 16 | 3 | 考试 | 机电 |
| | | 2102J1040 | 电工电子技术基础 | 2.5 | 48 | 32 | 16 | 3 | 16 | 3 | 考试 | 机电 |
| | | 2102J1050 | 现代物流技术与装备 | 2.5 | 48 | 32 | 16 | 3 | 16 | 3 | 考试 | 机电 |
| | | 2102J1060 | 物流技术经济学 | 2 | 32 | 32 | | 2 | 16 | 3 | 考试 | 机电 |
| | | 2102J1070 | 运筹学 | 3.5 | 64 | 48 | 16 | 4 | 16 | 4 | 考试 | 机电 |
| | | 2102J1080 | 物流系统工程 | 3 | 48 | 40 | 8 | 3 | 16 | 5 | 考试 | 机电 |
| | | | 小计 | 27 | 480 | 374 | 106 | | | | | |
| | 专业核心课程 | 2102Z1010 | 仓储规划与库存控制 | 3 | 48 | 40 | 8 | 3 | 16 | 4 | 考试 | 机电 |
| | | 2102Z1020 | 物流信息系统 | 2.5 | 48 | 32 | 16 | 3 | 16 | 5 | 考试 | 机电 |
| | | 2102Z1030 | 物流系统规划与设计 | 3 | 48 | 40 | 8 | 3 | 16 | 5 | 考试 | 机电 |
| | | 2102Z1040 | 综合运输工程 | 3 | 48 | 40 | 8 | 3 | 16 | 5 | 考试 | 机电 |
| | | 2102Z1050 | 物流自动化技术及应用 | 2.5 | 48 | 32 | 16 | 3 | 16 | 6 | 考试 | 机电 |
| | | 2102Z1060 | 供应链管理 | 2 | 32 | 32 | | 4 | 8 | 7 | 考试 | 机电 |
| | | | 小计 | 16 | 272 | 216 | 56 | | | | | |
| | 专业选修课程 | | 智慧农产品物流方向 | | | | | | | | | |
| | | 2102F1110 | 冷链物流工程 | 3 | 48 | 40 | 8 | 3 | 16 | 5 | 考试 | 机电 |
| | | 2102F1120 | 农产品物流 | 3 | 60 | 30 | 30 | 4 | 15 | 6 | 考试 | 机电 |

| 课程性质 | | 课程编号 | 课程名称 | 学分 | 课内学时数 | | | 周学时 | 教学周 | 建议修读学期 | 考核方式 | 开课单位 |
|---|---|---|---|---|---|---|---|---|---|---|---|---|
| | | | | | 总学时 | 讲授 | 实验（实践） | | | | | |
| 专业教育 | 专业选修课程 | 2102F1130 | 智慧物流技术 | 2 | 30 | 30 | | 2 | 15 | 6 | 考查 | 机电 |
| | | | 物流仿真优化方向 | | | | | | | | | |
| | | 2102F1210 | 生产计划与控制 | 3 | 48 | 40 | 8 | 3 | 16 | 5 | 考试 | 机电 |
| | | 2102F1220 | 数据分析与计算 | 2.5 | 45 | 30 | 15 | 3 | 15 | 6 | 考试 | 机电 |
| | | 2102F1230 | 物流系统仿真 | 2.5 | 45 | 30 | 15 | 3 | 15 | 6 | 考试 | 机电 |
| | | | 至少选修一个方向，修读8学分 | 8 | 138 | 100 | 38 | | | | | |
| | | 2102F1010 | 商品学 | 1.5 | 32 | 16 | 16 | 2 | 16 | 3 | 考查 | 机电 |
| | | 2102F1020 | 物流机械制造设计 | 1.5 | 32 | 16 | 16 | 2 | 16 | 4 | 考查 | 机电 |
| | | 2102F1030 | 采购与供应管理 | 1.5 | 32 | 16 | 16 | 2 | 16 | 5 | 考查 | 机电 |
| | | 2102F1040 | 物流与物联网 | 1.5 | 32 | 16 | 16 | 2 | 16 | 5 | 考查 | 机电 |
| | | 2102F1050 | 数据科学与大数据分析 | 1.5 | 30 | 16 | 14 | 2 | 15 | 6 | 考查 | 机电 |
| | | 2102F1060 | 专业英语 | 1.5 | 30 | 16 | 14 | 2 | 15 | 6 | 考查 | 机电 |
| | | 2102F1070 | 人因工程 | 1.5 | 30 | 16 | 14 | 2 | 15 | 6 | 考查 | 机电 |
| | | 2102F1080 | 口岸物流 | 2 | 32 | 32 | | 4 | 8 | 7 | 考查 | 机电 |
| | | 2102F1090 | 国际物流 | 2 | 32 | 32 | | 4 | 8 | 7 | 考查 | 机电 |
| | | 2102F1100 | 物流法规 | 1 | 16 | 16 | | 2 | 8 | 7 | 考查 | 机电 |
| | | | 任选课程至少修读 | 8 | 160 | 96 | 64 | | | | | |
| | | | 专业选修课程至少修读 | 16 | 298 | 196 | 102 | | | | | |
| | | | 专业教育课程至少修读 | 59 | 1056 | 790 | 266 | | | | | |
| 实践教育 | | 2100S0010 | 军事训练 | 2 | 2周 | | 2周 | 2 | 1 | | 考查 | |
| | | 2109S0010 | 思想政治理论课实践 | 2 | 2周 | | 2周 | 2 | 1-4 | | 考查 | |
| | | 2100S0020 | 劳动实践 | 1 | | | | | 2-7 | | 考查 | |
| | | 2100S0030 | 机械工程训练 | 2 | 2周 | | 2周 | 2 | | | 考查 | |
| | | 2102S1010 | 物流企业调查 | 1 | 1周 | | 1周 | 1 | 2 | | 考查 | 机电 |
| | | 2102S1020 | 物流工程制图 | 1 | 1周 | | 1周 | 1 | 3 | | 考查 | 机电 |
| | | 2102S1030 | ERP沙盘模拟 | 1 | 1周 | | 1周 | 1 | 3 | | 考查 | 机电 |
| | | 2102S1050 | 仓储规划与库存控制课程设计 | 2 | 2周 | | 2周 | 2 | 4 | | 考查 | 机电 |

续　表

| 课程性质 | 课程编号 | 课程名称 | 学分 | 课内学时数 | | | 周学时 | 教学周 | 建议修读学期 | 考核方式 | 开课单位 |
|---|---|---|---|---|---|---|---|---|---|---|---|
| | | | | 总学时 | 讲授 | 实验（实践） | | | | | |
| 实践教育 | 2102S1070 | 物流系统规划与设计课程设计 | 2 | 2周 | | 2周 | 2 | 5 | 考查 | 机电 |
| | 2102S1080 | 学年论文 | 1 | 1周 | | 1周 | 1 | 6 | 考查 | 机电 |
| | 2102S1090 | 物流系统仿真课程设计 | 2 | 2周 | | 2周 | 2 | 6 | 考查 | 机电 |
| | 2102S1100 | 企业物流实践锻炼 | 3 | 3周 | | 3周 | 3 | 2-7 | 考查 | 机电 |
| | 2102S1110 | 物流工程前沿 | 1 | 1周 | | 1周 | 1 | 7 | 考查 | 机电 |
| | 2102S1120 | 生产实习 | 4 | 4周 | | 4周 | 4 | 7 | 考查 | 机电 |
| | 2100S0040 | 毕业实习 | 4 | 4周 | | 4周 | 4 | 7 | 考查 | 机电 |
| | 2100S0050 | 毕业论文（设计） | 8 | 12周 | | 12周 | 12 | 8 | 考查 | 机电 |
| | 2100S0060 | 创新创业实践 | 2 | | | | | 2-7 | 考查 | |
| | 2100S0070 | 第二、三、四课堂育人实践 | 4 | | | | | 2-7 | 考查 | |
| 实践教育至少修读 | | | 43 | 40周 | | | | | | | |

注：第二、三、四课堂育人实践学分根据学校相关制度执行。

表 1-10　　　　　　　物流工程专业毕业要求对培养目标支撑的矩阵

| 毕业要求 | 培养目标1 | 培养目标2 | 培养目标3 | 培养目标4 | 培养目标5 | 培养目标6 | 培养目标7 | 培养目标8 |
|---|---|---|---|---|---|---|---|---|
| 1. 工程知识 | | √ | √ | | √ | | | |
| 2. 问题分析 | | √ | √ | √ | | | | |
| 3. 设计/开发解决方案 | | | √ | √ | | | √ | √ |
| 4. 研究 | | √ | | | | | | |
| 5. 使用现代工具 | | | | √ | | | | |
| 6. 工程与社会 | | | | | √ | √ | √ | |
| 7. 环境与社会可持续发展 | √ | | | | | √ | | |
| 8. 职业规范 | √ | | | | | | | |
| 9. 个人与团队 | √ | | | √ | | | | |
| 10. 沟通 | √ | | | | √ | | √ | √ |

续　表

| 毕业要求 | 培养目标1 | 培养目标2 | 培养目标3 | 培养目标4 | 培养目标5 | 培养目标6 | 培养目标7 | 培养目标8 |
|---|---|---|---|---|---|---|---|---|
| 11. 项目管理 | | | | | √ | | √ | |
| 12. 终身学习 | √ | √ | | √ | | √ | | √ |
| 13. 体质健康 | √ | √ | √ | √ | √ | √ | √ | √ |

注：矩阵元素用"√"表示。

表1-11　　　　　　　　物流工程专业毕业要求与课程体系矩阵

| 课程编号 | 课程名称 | 1.工程知识 | 2.问题分析 | 3.设计/开发解决方案 | 4.研究 | 5.使用现代工具 | 6.工程与社会 | 7.环境与社会可持续发展 | 8.职业规范 | 9.个人与团队 | 10.沟通 | 11.项目管理 | 12.终身学习 | 13.体质健康 |
|---|---|---|---|---|---|---|---|---|---|---|---|---|---|---|
| 2109T0010 | 思想道德修养与法律基础 | √ | | | | | | | | √ | | | √ | |
| 2109T0020 | 马克思主义基本原理概论 | √ | | | | | | | | √ | | | √ | |
| 2109T0030 | 中国近现代史纲要 | √ | | | | | √ | | | √ | | | √ | |
| 2109T0040 | 毛泽东思想和中国特色社会主义理论体系概论 | √ | | | | | | | | √ | √ | | √ | |
| 2109T0050 | 简明新疆地方史教程 | √ | | | | | √ | | | √ | √ | | √ | |
| 2100T0010 | 形势与政策 | √ | | | | | √ | √ | √ | | | | | |
| 2110T001A | 大学体育 A | | | | | | | | | √ | | | | √ |
| 2110T001B | 大学体育 B | | | | | | | | | √ | | | | √ |
| 2110T001C | 大学体育 C | | | | | | | | | √ | | | | √ |
| 2110T001D | 大学体育 D | | | | | | | | | √ | | | | √ |
| 2108T001A | 大学英语 A | √ | √ | √ | √ | | | | | | √ | | √ | |
| 2108T001B | 大学英语 B | √ | √ | √ | √ | | | | | | √ | | √ | |
| 2108T001C | 大学英语 C | √ | √ | √ | √ | | | | | | √ | | √ | |
| 2108T001D | 大学英语 D | √ | √ | √ | √ | | | | | | √ | | √ | |
| 2108T0020 | 大学语文 | | | | | | √ | | | | √ | | √ | |

续 表

| 课程编号 | 课程名称 | 1.<br>工程知识 | 2.<br>问题分析 | 3.<br>设计／开发解决方案 | 4.<br>研究 | 5.<br>使用现代工具 | 6.<br>工程与社会 | 7.<br>环境与社会可持续发展 | 8.<br>职业规范 | 9.<br>个人与团队 | 10.<br>沟通 | 11.<br>项目管理 | 12.<br>终身学习 | 13.<br>体质健康 |
|---|---|---|---|---|---|---|---|---|---|---|---|---|---|---|
| 2106T001A | 高等数学 A | | | | | | | √ | | | √ | | √ | |
| 2106T001B | 高等数学 B | √ | √ | √ | | √ | | √ | | √ | | | | |
| 2106T0020 | 线性代数 | √ | √ | | √ | | | √ | | √ | | | | |
| 2106T0030 | 概率论与数理统计 | √ | √ | | √ | | | √ | | √ | | | | |
| 2100T002A | 大学生职业发展与就业指导 A | | √ | | | | √ | √ | √ | √ | √ | | √ | |
| 2100T002B | 大学生职业发展与就业指导 B | | √ | | | | √ | √ | √ | √ | √ | | √ | |
| 2100T002C | 大学生职业发展与就业指导 C | | √ | | | | √ | √ | | √ | | | √ | |
| 2100T0040 | 大学生心理健康教育 | | √ | | | | | √ | √ | | | | √ | √ |
| 2100T0030 | 军事理论 | | √ | | | | √ | | √ | | | | | √ |
| 2100T0050 | 公共艺术课程与艺术实践 | | | | | | | | | | | | | |
| 2100T0060 | 劳动教育 | | | | | | | √ | √ | √ | | | | √ |
| 2102J0010 | 大学物理及实验 | √ | √ | √ | √ | √ | √ | √ | | | | | | |
| 2101J0090 | C 语言程序设计 | | | √ | √ | √ | | | | | | | | |
| 2102J1010 | 物流工程概论 | √ | √ | | | | √ | | | √ | | √ | √ | |
| 2102J1020 | 工程制图及 CAD | √ | √ | √ | | √ | √ | | | | | | | |
| 2102J0030 | 管理学 | | √ | √ | | | | | | | | √ | √ | |
| 2102J1040 | 电工电子技术基础 | √ | √ | √ | | | | | | √ | | | | |
| 2102J1050 | 现代物流技术与装备 | √ | √ | √ | | √ | | | | √ | | | √ | |
| 2102J1060 | 物流技术经济学 | | √ | | | | √ | √ | | | | | | |
| 2102J1070 | 运筹学 | √ | √ | √ | √ | √ | | | | √ | | | | |

续　表

| 课程编号 | 课程名称 | 1.工程知识 | 2.问题分析 | 3.设计/开发解决方案 | 4.研究 | 5.使用现代工具 | 6.工程与社会 | 7.环境与社会可持续发展 | 8.职业规范 | 9.个人与团队 | 10.沟通 | 11.项目管理 | 12.终身学习 | 13.体质健康 |
|---|---|---|---|---|---|---|---|---|---|---|---|---|---|---|
| 2102J1080 | 物流系统工程 | √ | √ | √ |  | √ | √ |  |  |  |  |  |  |  |
| 2102Z1010 | 仓储规划与库存控制 | √ | √ | √ |  | √ | √ |  |  | √ |  | √ |  |  |
| 2102Z1020 | 物流信息系统 |  | √ | √ |  | √ | √ |  |  |  |  | √ |  |  |
| 2102Z1030 | 物流系统规划与设计 | √ | √ | √ | √ | √ |  | √ |  |  |  | √ | √ |  |
| 2102Z1040 | 综合运输工程 | √ | √ | √ | √ | √ |  |  |  |  |  |  |  |  |
| 2102Z1050 | 物流自动化技术及应用 | √ | √ | √ | √ | √ |  |  |  |  |  |  |  |  |
| 2102Z1060 | 供应链管理 |  | √ | √ |  |  | √ | √ |  |  |  | √ |  |  |
| 2102F1110 | 冷链物流工程 | √ | √ | √ | √ |  | √ | √ |  | √ |  |  |  |  |
| 2102F1120 | 农产品物流 |  | √ | √ |  |  | √ | √ | √ | √ |  | √ |  |  |
| 2102F1130 | 智慧物流技术 | √ | √ | √ |  |  | √ | √ |  |  |  |  |  |  |
| 2102F1210 | 生产计划与控制 | √ | √ | √ |  | √ |  |  |  | √ |  |  |  |  |
| 2102F1220 | 数据分析与计算 | √ | √ | √ | √ | √ |  |  |  |  |  |  |  |  |
| 2102F1230 | 物流系统仿真 | √ | √ | √ |  | √ | √ |  |  |  |  |  |  |  |
| 2102F1010 | 商品学 | √ |  |  |  |  | √ |  |  |  |  |  |  |  |
| 2102F1020 | 物流机械制造设计 | √ |  | √ | √ | √ |  |  |  |  |  |  |  |  |
| 2102F1030 | 采购与供应管理 |  | √ | √ |  |  |  |  | √ |  |  |  |  |  |
| 2102F1040 | 物流与物联网 | √ |  | √ |  |  | √ | √ |  |  |  |  |  |  |
| 2102F1050 | 数据科学与大数据分析 | √ | √ |  |  | √ |  |  |  |  |  |  |  |  |
| 2102F1060 | 专业英语 | √ |  |  | √ |  |  |  |  |  |  |  | √ |  |
| 2102F1070 | 人因工程 |  | √ | √ |  |  |  |  |  | √ |  |  |  |  |
| 2102F1080 | 口岸物流 | √ | √ |  |  | √ |  |  |  |  |  |  |  |  |
| 2102F1090 | 国际物流 |  | √ | √ |  |  | √ | √ |  | √ |  |  |  |  |
| 2102F1100 | 物流法规 |  |  |  |  |  | √ |  | √ |  | √ |  |  |  |
| 2100S0010 | 军事训练 |  | √ |  |  |  | √ |  |  | √ | √ |  |  | √ |

续　表

| 课程编号 | 课程名称 | 1.工程知识 | 2.问题分析 | 3.设计/开发解决方案 | 4.研究 | 5.使用现代工具 | 6.工程与社会 | 7.环境与社会可持续发展 | 8.职业规范 | 9.个人与团队 | 10.沟通 | 11.项目管理 | 12.终身学习 | 13.体质健康 |
|---|---|---|---|---|---|---|---|---|---|---|---|---|---|---|
| 2109S0010 | 思想政治理论课实践 | | √ | | | | √ | √ | √ | √ | √ | | √ | |
| 2100S0020 | 劳动实践 | | | | | √ | | | √ | √ | | | | √ |
| 2100S0030 | 机械工程训练 | √ | √ | √ | | √ | | | √ | | | | | |
| 2102S1010 | 物流企业调查 | | | | | | | | | | | | | |
| 2102S1020 | 物流工程制图 | √ | √ | √ | | √ | | | | √ | | | | |
| 2102S1030 | ERP 沙盘模拟 | √ | √ | √ | | √ | | | √ | √ | | | √ | |
| 2102S1050 | 仓储规划与库存控制课程设计 | √ | √ | √ | √ | √ | √ | √ | | √ | √ | √ | | √ |
| 2102S1070 | 物流系统规划与设计课程设计 | √ | √ | √ | √ | √ | √ | √ | | √ | √ | √ | | √ |
| 2102S1080 | 学年论文 | | √ | | | | √ | √ | | | √ | | √ | |
| 2102S1090 | 物流系统仿真课程设计 | √ | √ | √ | √ | √ | | | | √ | √ | | √ | |
| 2102S1100 | 企业物流实践锻炼 | | √ | √ | | √ | | | √ | √ | | | √ | √ |
| 2102S1110 | 物流工程前沿 | √ | √ | √ | | √ | | | | √ | √ | | √ | |
| 2102S1120 | 生产实习 | √ | √ | | | √ | | | √ | √ | | | | √ |
| 2102S0040 | 毕业实习 | √ | √ | √ | | √ | | | | √ | | | | |
| 2100S0060 | 创新创业实践 | √ | √ | √ | √ | √ | | | | √ | | | | |
| 2100S0070 | 第二、三、四课堂育人实践 | √ | √ | √ | √ | √ | √ | √ | √ | √ | √ | √ | √ | |

注：毕业论文（设计）略。

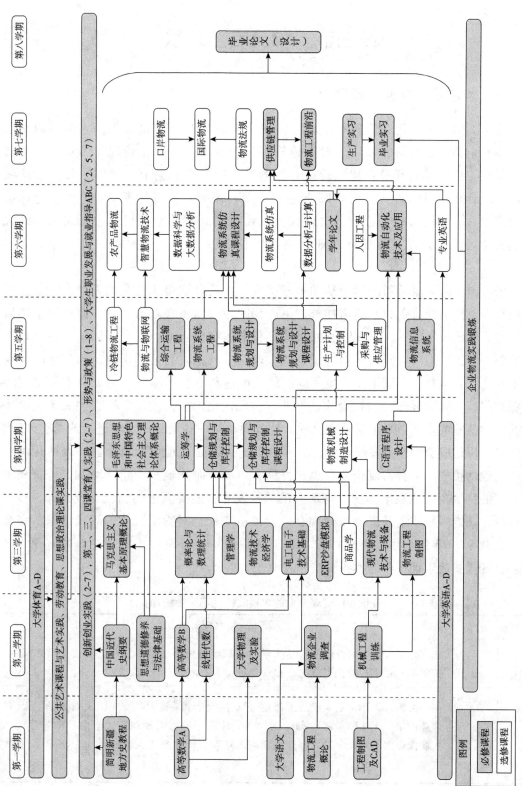

图 1-6 物流工程专业课程体系拓扑

27

# 第三节　物流专业现状

## 一、物流管理专业开设情况

我国大学本科的物流管理专业开设于 1993 年。1992 年，北京工商大学（原北京商学院）向教育部提议，将"仓储运输管理"专业改为"物流管理"专业，教育部责成北京工商大学召开设立物流管理专业的专家论证会，会上专家们一致同意这项提议，教育部批复同意，并在 1993 年修订专业目录时，物流管理专业取代了仓储运输管理专业，物流管理专业第一次正式出现在我国高校的专业目录中，北京工商大学成为全国首个开设物流管理专业的本科院校，1993 年正式招收物流管理专业本科生。

随着国内商品流通和国际贸易的不断扩大，物流业取得了长足的发展。除各流通部门和专业性的物流企业不断增加外，生产部门也开始重视物流问题，并设置了物流研究室、物流技术部等，还发展了一些国有和个体物流企业。在交通运输方面，新建了铁路、公路、港口、码头，增加了车辆，改进了技术，提高了车速，部分区段实现了电气化、高速化，开展了集装箱运输、散装运输和联合运输等，物流业本身也逐步打破部门、地区的界限，向社会化、专业化、现代化的方向发展。社会主义市场经济为我国物流业的发展带来了机遇和挑战。一方面，对一些老储运企业进行改革、改造、重组等，以适应新的形势发展需要；另一方面，积极建设现代物流企业，以迎接国外物流企业的挑战。国有物流企业在迅速发展，非公有制物流企业迅速增加，外资和中外合资的物流企业也逐渐增多。物流业的快速发展，需要大量的物流专业人才，1993年以后，国内高校陆续开设物流管理专业，以适应社会对物流人才的需求。据不完全统计，截至 2023 年 5 月，全国 1000 多所本科院校中，开设物流管理专业的有 500 多所。已开设物流管理专业的本科院校如表 1 – 12 所示。

表 1 – 12　　　　　　　已开设物流管理专业的本科院校（不完全统计）

| 序号 | 省份 | 高校名称 |
|---|---|---|
| 1 | 北京 | 北京化工大学、对外经济贸易大学、首都经济贸易大学、北京工商大学、北京物资学院、北京石油化工学院、北京交通大学、北京印刷学院 |
| 2 | 天津 | 南开大学、天津师范大学、天津财经大学、天津科技大学、中国民航大学、天津商业大学、天津职业技术师范大学、天津农学院、天津理工大学中环信息学院、天津商业大学宝德学院、南开大学滨海学院、天津理工大学、天津中德应用技术大学 |

| 序号 | 省份 | 高校名称 |
|---|---|---|
| 3 | 河北 | 石家庄铁道大学、河北农业大学、河北经贸大学、北华航天工业学院、唐山师范学院、唐山学院、廊坊师范学院、河北科技师范学院、邢台学院、河北金融学院、河北经贸大学经济管理学院、燕京理工学院、河北地质大学、河北师范大学、河北民族师范学院、河北科技学院、河北大学工商学院、河北地质大学华信学院、沧州交通学院、河北环境工程学院 |
| 4 | 山西 | 山西大同大学、太原理工大学、山西财经大学、山西农业大学、运城学院、山西财经大学华商学院、山西应用科技学院、山西工程科技职业大学、山西工学院、晋中信息学院、运城职业技术大学 |
| 5 | 内蒙古 | 内蒙古师范大学、内蒙古农业大学、内蒙古工业大学、内蒙古财经大学、赤峰学院、内蒙古民族大学 |
| 6 | 辽宁 | 营口理工学院、东北财经大学、大连海事大学、沈阳工业大学、大连工业大学、沈阳师范大学、辽宁中医药大学、大连交通大学、沈阳航空航天大学、渤海大学、沈阳理工大学、沈阳工程学院、辽宁对外经贸学院、沈阳工学院、大连理工大学城市学院、大连财经学院、辽宁石油化工大学、大连理工大学、大连科技学院 |
| 7 | 吉林 | 东北师范大学、白城师范学院、吉林大学、吉林财经大学、北华大学、吉林建筑大学、长春大学、吉林工程技术师范学院、吉林工商学院、长春工业大学人文信息学院、长春大学旅游学院、长春财经学院、延边大学、吉林化工学院、长春电子科技学院 |
| 8 | 黑龙江 | 齐齐哈尔大学、哈尔滨师范大学、黑龙江八一农垦大学、哈尔滨商业大学、佳木斯大学、牡丹江医学院、绥化学院、黑河学院、黑龙江工程学院昆仑旅游学院、黑龙江财经学院、哈尔滨广厦学院、哈尔滨信息工程学院 |
| 9 | 上海 | 华东理工大学、上海海洋大学、上海海事大学、上海电力学院、上海电机学院、上海师范大学天华学院、上海建桥学院、上海工程技术大学、上海对外经贸大学、上海第二工业大学、上海海关学院、上海商学院、同济大学、东华大学、上海财经大学、上海大学、上海立信会计金融学院 |
| 10 | 江苏 | 常熟理工学院、三江学院、泰州学院、南京航空航天大学金城学院、江苏师范大学科文学院、常州大学、苏州大学、南京财经大学、江苏科技大学、南京审计大学、苏州科技大学、常州工学院、盐城工学院、南京晓庄学院、金陵科技学院、苏州科技大学天平学院、苏州大学应用技术学院、江苏科技大学苏州理工学院、江苏大学京江学院、常州大学怀德学院、南京邮电大学通达学院、南京财经大学红山学院、南京审计大学金审学院、南京工程学院、东南大学成贤学院、南通大学、南京邮电大学、南京信息工程大学、江苏师范大学、东南大学、江苏大学、盐城师范学院、江苏海洋大学、南通理工学院、无锡学院、南通大学杏林学院、宿迁学院 |

| 序号 | 省份 | 高校名称 |
|---|---|---|
| 11 | 浙江 | 浙江大学、浙江工商大学、浙江科技学院、浙江越秀外国语学院、杭州师范大学、浙江财经大学、宁波大学、浙江海洋大学、湖州师范学院、嘉兴学院、宁波工程学院、浙江万里学院、温州商学院、绍兴文理学院元培学院、湖州学院、浙江财经大学东方学院、浙大宁波理工学院、杭州电子科技大学信息工程学院、宁波财经学院、宁波大学科学技术学院、上海财经大学浙江学院、浙江工商大学杭州商学院、浙江树人学院、浙江药科职业大学 |
| 12 | 安徽 | 合肥工业大学、安徽师范大学、安徽大学、安徽财经大学、安徽工程大学、淮北师范大学、阜阳师范大学、安庆师范大学、皖西学院、安徽科技学院、合肥学院、铜陵学院、亳州学院、马鞍山学院、安徽文达信息工程学院、安徽新华学院、安徽师范大学皖江学院、安徽大学江淮学院、安徽三联学院、安徽外国语学院、蚌埠工商学院、合肥经济学院、淮北理工学院 |
| 13 | 福建 | 福州大学、福建商学院、华侨大学、集美大学、泉州师范学院、厦门理工学院、福建工程学院（现已更名为福建理工大学）、福州工商学院、武夷学院、三明学院、福建江夏学院、集美大学诚毅学院、闽南理工学院、泉州信息工程学院、福建师范大学协和学院、福州外语外贸学院、福州大学至诚学院、厦门大学嘉庚学院、仰恩大学、福州理工学院 |
| 14 | 江西 | 南昌大学、江西财经大学、江西理工大学、东华理工大学、景德镇陶瓷大学、华东交通大学、赣南师范大学、九江学院、江西科技师范大学、南昌工程学院、江西财经大学现代经济管理学院、江西农业大学南昌商学院、江西科技学院、景德镇学院、江西应用科技学院、南昌职业大学、南昌交通学院、江西师范大学科学技术学院、豫章师范学院 |
| 15 | 山东 | 潍坊学院、山东管理学院、青岛农业大学、中国海洋大学、山东师范大学、青岛大学、青岛科技大学、山东财经大学、青岛理工大学、聊城大学、临沂大学、山东工商学院、泰山学院、菏泽学院、山东大学、青岛滨海学院、烟台南山学院、山东科技大学、山东英才学院、曲阜师范大学、齐鲁医药学院、山东女子学院、青岛黄海学院、山东现代学院、山东协和学院、青岛城市学院、山东外国语职业技术大学、山东外事职业大学、青岛工学院、青岛农业大学海都学院、山东财经大学东方学院 |
| 16 | 河南 | 河南大学、信阳农林学院、安阳工学院、河南工程学院、郑州科技学院、郑州工业应用技术学院、郑州大学、河南工业大学、郑州轻工业大学、商丘师范学院、南阳师范学院、河南财经政法大学、洛阳师范学院、郑州航空工业管理学院、安阳师范学院、新乡学院、郑州升达经贸管理学院、商丘学院、黄河科技学院、华北水利水电大学、河南科技学院、河南牧业经济学院、河南师范大学、周口师范学院、郑州工程技术学院、河南工学院、河南财政金融学院、郑州财经学院、黄河交通学院、河南开封科技传媒学院、中原科技学院、安阳学院、新乡工程学院、郑州工商学院、郑州经贸学院、郑州商学院、河南科技职业大学、郑州西亚斯学院 |

| 序号 | 省份 | 高校名称 |
|------|------|----------|
| 17 | 湖北 | 汉口学院、湖北大学知行学院、长江大学、华中科技大学、中南财经政法大学、武汉科技大学、武汉纺织大学、湖北中医药大学、三峡大学、武汉轻工大学、湖北文理学院、江汉大学、湖北汽车工业学院、湖北经济学院、武汉商学院、湖北第二师范学院、荆楚理工学院、湖北商贸学院、武汉学院、湖北经济学院法商学院、湖北汽车工业学院科技学院、湖北师范大学文理学院、湖北工业大学工程技术学院、武汉纺织大学外经贸学院、武汉设计工程学院、三峡大学科技学院、武汉东湖学院、武汉工商学院、武昌理工学院、武汉生物工程学院、武汉工程科技学院、武汉大学、武汉理工大学、黄冈师范学院、汉江师范学院、湖北理工学院、武汉晴川学院、武汉城市学院、武汉文理学院、武汉华夏理工学院 |
| 18 | 湖南 | 湖南财政经济学院、湖南应用技术学院、衡阳师范学院南岳学院、中南林业科技大学、湖南科技大学、长沙学院、湖南工程学院、湘南学院、湖南工学院、怀化学院、湖南女子学院、湖南涉外经济学院、湖南工程学院应用技术学院、湖南人文科技学院、湖南工商大学、湘潭理工学院、吉首大学张家界学院、湖南信息学院 |
| 19 | 广东 | 华南农业大学珠江学院、广东理工学院、深圳大学、暨南大学、广州大学、广东工业大学、广东外语外贸大学、广东财经大学、惠州学院、广东金融学院、广东技术师范大学、电子科技大学中山学院、广东白云学院、广东外语外贸大学南国商学院、广东培正学院、广州商学院、北京理工大学珠海学院、北京师范大学珠海分校、广东药科大学、华南师范大学、广州航海学院、广东东软学院、广州软件学院、广州南方学院、广州华商学院、广州理工学院、广州华立学院、珠海科技学院、广州工商学院、广东科技学院、广东工商职业技术大学、东莞城市学院、广州新华学院、深圳技术大学 |
| 20 | 广西 | 梧州学院、广西民族大学、桂林理工大学、桂林电子科技大学、广西科技大学、广西财经学院、广西民族师范学院、广西民族大学相思湖学院、南宁师范大学、广西科技师范学院、北部湾大学、桂林航天工业学院、柳州工学院、北京航空航天大学北海学院、广西城市职业大学、广西职业师范学院 |
| 21 | 海南 | 海南大学、海口经济学院、三亚学院、海南热带海洋学院 |
| 22 | 重庆 | 西南大学、重庆大学、重庆邮电大学、重庆工商大学、重庆交通大学、四川外国语大学、重庆理工大学、重庆第二师范学院、重庆科技学院（现已更名为重庆科技大学）、重庆人文科技学院、重庆机电职业技术大学、重庆对外经贸学院、重庆财经学院 |
| 23 | 四川 | 四川文理学院、成都师范学院、西南交通大学、西南财经大学、成都理工大学、西南科技大学、成都理工大学工程技术学院、四川工商学院、西华大学、成都信息工程大学、绵阳师范学院、宜宾学院、攀枝花学院、西南民族大学、成都工业学院、成都东软学院、四川外国语大学成都学院、四川工业科技学院、成都锦城学院、西南财经大学天府学院、四川文化艺术学院、吉利学院 |

| 序号 | 省份 | 高校名称 |
|---|---|---|
| 24 | 贵州 | 遵义师范学院、贵阳学院、贵州财经大学、贵州大学、黔南民族师范学院、贵州商学院、贵州黔南经济学院、茅台学院 |
| 25 | 云南 | 云南大学、云南财经大学、红河学院、文山学院、昆明理工大学津桥学院、曲靖师范学院、保山学院、昆明学院、云南经济管理学院、云南大学滇池学院、昆明城市学院、昆明文理学院、云南工商学院、滇西科技师范学院、滇西应用技术大学 |
| 26 | 陕西 | 长安大学、西安工业大学、西安财经大学、西安邮电大学、陕西理工大学、渭南师范学院、陕西国际商贸学院、西安欧亚学院、西安外事学院、延安大学西安创新学院、西安科技大学、咸阳师范学院、西安航空学院、陕西服装工程学院、西安交通工程学院、西安财经大学行知学院、陕西科技大学镐京学院、西安汽车职业大学 |
| 27 | 甘肃 | 兰州工业学院、兰州交通大学、甘肃政法大学、兰州财经大学、西北师范大学、兰州工商学院、兰州资源环境职业技术大学、兰州信息科技学院 |
| 28 | 宁夏 | 宁夏大学、北方民族大学、宁夏大学新华学院 |
| 29 | 新疆 | 石河子大学、塔里木大学、新疆财经大学、新疆理工学院、新疆农业大学科学技术学院、新疆大学 |

## 二、物流管理专业介绍

国家标准《物流术语》（GB/T 18354—2021）将物流管理定义为：为达到既定的目标，从物流全过程出发，对相关物流活动进行的计划、组织、协调与控制。

物流管理就是在社会再生产过程中，根据物质资料实体流动的规律，应用管理的基本原理和科学方法，对物流活动进行计划、组织、指挥、协调、控制和监督，使各项物流活动实现最佳的协调与配合，以降低物流成本，提高物流效率和经济效益。现代物流管理是建立在系统论、信息论和控制论的基础上的一门科学。

### 1. 物流管理专业简介

物流管理专业为适应社会主义市场经济需要，培养学生具有扎实的管理学、经济学和信息技术基础知识，较高的英语水平和计算机基础技能，使学生能够在掌握工科基础知识的前提下，熟悉法规，掌握现代物流管理理论，具备物流管理、规划、设计等较强实务运作能力，成为高级现代物流管理人才。本专业学生主要学习经济、会计、贸易、管理、法律、信息资源管理、计算机等方面的基本理论和专门知识。本专业培养具有一定的物流规划与设计、物流管理等能力，能在经济管理部门、贸易公司、物流企业从事政策制定和物流业运作管理的应用型、复合型、国际化的物流管理人才。

物流管理专业的专业代码是120601，修业年限是四年，授予管理学学士学位。

物流管理专业的优势主要体现在以下几个方面。

（1）宏观方面。主要是从国家政策方面考虑，物流业跻身国家十大产业振兴规划之列，可见发展物流业已上升到政策层面。这既是物流业在社会发展中重要程度的体现，也反映出我国物流业与发达国家之间的差距，需要宏观方面的政策支持。

（2）行业方面。大多数人认为物流等于运输或储存，但这是错误的观念。把物流等同于快递，更是错上加错。但由此反映出我国物流业还停留在行业发展的初级阶段，因此选择物流管理专业需要做好吃苦受累的准备，但也要看到积极的一面，正是因为我国物流业发展空间依然较大，才有上升的空间和前进的动力。我国一些物流企业通过探索已经发展起来了，如海尔物流、美的物流、宝供物流等。

（3）学生自身方面。三百六十行，行行出状元。任何行业都不缺人，但缺人才，所以关键还是学物流管理专业的学生自身要保持良好的心态，将本专业需要学习的知识掌握通透，力求精良。

**2. 物流管理专业的就业方向**

（1）物流行业背景。随着世界经济的高速发展和全球化趋势的日益突出，现代物流理论和技术已在发达国家得到了空前的应用和发展，并产生了巨大的经济效益和社会效益。面对我国物流行业的实际情况，引进和发展现代物流理论和技术，培养现代物流经营管理的高级人才，已成为当务之急。物流是一个新生行业，就业行情看好，各大城市人才缺乏，物流管理专业的人才市场缺口很大。过去商品从生产到销售需要经过几个批发商，从运输、仓储到管理，从一级批发商到二级、三级批发商，物流效率极其低下。现在通过物流信息平台，就能通知物流公司配货，大大减少了中间环节，降低了企业成本，所以物流专业很有发展前途。

（2）物流管理专业的就业现状。随着我国社会主义市场经济体系的建立和完善、世界经济一体化进程的加快和科学技术的飞速发展，物流产业作为国民经济中一个新兴的产业部门，将成为21世纪的重要产业和国民经济新的增长点。目前，许多市场意识敏锐的企业，已把物流作为提高市场竞争力和提升企业核心竞争力的重要手段，把现代物流理念、先进的物流技术和现代物流模式引入地方经济建设和企业经营和管理中。我国现代物流综合型人才严重匮乏，尤其是流通企业，更缺乏物流管理、物流系统运筹、物流运作等领域的现代物流人才，人才的缺乏阻碍了经济的发展和经济效益的提高。据有关部门抽样统计，2021年物流管理专业毕业生第一年的平均薪资约为4500元。

（3）物流管理专业的就业前景。随着社会、经济、技术的高速发展以及各种基础设施的不断完善，全球经济一体化趋势和市场竞争程度日益增加，对物流管理专业提出了更高的要求，赋予了新的内涵。现代物流是将信息、运输、仓储、库存、装卸搬运以及包装等物流活动综合起来的一种新型的集成式管理，即在传统物流的基础上，引入高科技手段，运用计算机进行信息联网，对物流信息进行科学管理，从而使物流速度加快、准确率提高、库存减少、成本降低，为顾客提供更好的服务。现在世界上比较著名的专业物流公司有美国联合包裹（UPS）、荷兰邮政、敦豪（DHL）和美国联邦快递（FedEx）。我国现代物流业的前景非常好，据中国物流与采购联合会统计，全国各省（区）、市都作出了物流业发展规划并出台了必要的产业政策，2022年国务院办公厅发布了《"十四五"现代物流发展规划》，提出了现代物流业发展的目标和主要任务。

由于有政策的扶持，企业物流发展步入快车道。我国已经形成公有制物流企业、民营物流企业与外资（含中外合资）物流企业三足鼎立的局面，公认的物流领军企业已经走向国际。80%以上的企业物流已开始外包，外包的比例与外包的领域将逐步扩大，涌现了包括海尔物流、宝供物流、招商局物流在内的一大批优秀物流企业。

物流总值的高速增长表明我国经济增长对物流的需求越来越大，经济发展对物流的依赖程度也越来越高。随着电子商务的普及，物流市场的潜力和发展前景越来越广阔。

物流管理专业的就业前景较好，毕业生适合在各级经济管理部门、工商企业中从事物流管理工作，也适合在与物流相关的铁路、航空、港口等部门从事物流管理工作与技术工作。

**3. 物流管理专业学生的就业岗位**

以大型物流中心为例，物流管理专业毕业生的就业岗位主要有以下10种。

（1）订单处理作业。物流中心的交易起始于客户的咨询、业务部门的报表，然后有订单的接收，才有业务部门查询出货日的存货状况、装卸货能力、流通加工负荷、包装能力、配送负荷等信息答复客户。当订单无法依客户的要求交货时，业务部门应加以协调。

物流中心一般都不是随货立即收取货款，而是在一段时间后结账，因此在订单资料处理的同时，业务人员须依据公司对该客户的授信状况查核其是否已超出授信额度。在特定时段，业务人员要统计该时段的订货数量，并进行调货、确认出货程序及出货数量。退货资料的处理也在此阶段进行。另外，业务部门必须按要求的计算方式制定报表，掌握客户订购的最小批量、订购方式及订购结账截止日，做好历史资料的管理工作。

（2）采购作业。自交易订单接受之后，物流中心要通过供货厂商或制造厂商订购商品，采购作业的内容包括统计商品数量、查询供货厂商交易条件，根据订货数量及供货厂商所提供的订购批量，提出采购单，采购单发出之后则进行进货的跟踪运作。

（3）进货入库作业。当采购单发出后，采购人员进行进货跟踪运作的同时，入库管理员可依据采购单上预定的入库日期，进行入库作业排程和入库站台排程。在商品入库当日，做好入库资料查核和商品检验工作，主要查核入库商品是否与采购单内容一致，当品项或数量不符时做适当的修正或处理，并将入库资料登记建档。入库管理员可按一定方式指定商品的卸货及存放。对于客户退回的商品，也应经过退货检验和分类处理后登记入库。

一般商品入库存放有两种方式，一种方式为商品入库上架，即储放在货架上，有需求时再出库。商品入库上架，由管理人员按照仓库区域规划管理原则或商品生命周期等因素指定储放位置，或在商品入库之后登记其储放位置，便于存货管理和出货查询。另一种方式为直接出库，管理人员按照出货要求，将商品送往指定的出货码头或暂存地点。在入库搬运的过程中，由管理人员选用搬运工具、调派工作人员，并做好工作时间安排。

（4）库存管理作业。库存管理作业包含仓库区的管理及库存数量控制。仓库区的管理包括商品在仓库区域的摆放方式及仓库区域的布局规划。商品进出仓库一般遵循先进先出原则。进出货方式的确定包括商品所用的搬运工具和搬运方式、仓库区储位的调整、设备的使用与保管维修等。库存数量控制一般按照商品出库数量、入库时间等确定采购数量及采购时点，并采用采购时点预警系统。库存盘点包括在一定期间清查库存数、修正库存账册、制作盘亏报表等内容。

（5）补货及拣货作业。根据客户订单资料的统计，可知商品的实际需求量。出库时，若库存数量能满足出库需求量，可根据需求单上的数量打印出库拣货单，做好拣货区的规划布置、工具选用及人员调派。同时还应注意拣货区货架上商品的及时补充，保证后续的拣货作业流畅进行，向货架上补充商品这个过程称为补货作业，该过程包括补货量及补货时点的确定、补货作业排程、补货作业人员调派等。

（6）流通加工作业。商品由物流中心配送之前可在物流中心做流通加工处理，在物流中心的各项作业中，流通加工作业可提高商品的附加值。流通加工作业包括对商品的分类、过磅、拆箱、重新包装、贴标签及商品的组合包装。流通加工过程包括包装材料及设备的管理、组合包装规则的制定、包装工具的选用、作业的排程、作业人员的调派等内容。

（7）出货作业。拣取商品或经过流通加工作业后，即可执行商品的出货作业。出货作业主要包含根据客户订单资料打印出货单，制定出货排程，打印出货批次报表、出货商品上的标签及出货检核表。由出库管理人员决定出货方式、选用集货工具、调派作业人员，并确定送货车辆的装载量与数量。

（8）配送作业。配送作业即将商品装车并实施配送的过程，配送作业必须事先规划配送区域或配送路线，根据配送路径的先后决定商品装车的顺序，并在商品配送途中进行商品的追踪及控制，从而及时对配送途中的意外状况进行处理。

（9）会计作业。商品出库后销售部门根据出货资料制作应收账单，并将账单转入会计部门作为收款凭证。商品采购入库后，由收货部门制作入库商品统计表，作为付款的依据。由会计部门制作各项财务报表以供营运政策制定及营运管理参考。

（10）营运管理及绩效管理作业。运作良好的物流中心，高层管理者要根据各种考核评估的结果进行效率和效益管理，并确立良好的营运决策及方针。营运管理和绩效管理可根据每位工作人员或中层管理人员提供的各种资讯与报表进行。营运管理和绩效管理流程包括出货销售的资料统计、客户对配送服务的评价报告、配送商品次数及所用时间的报告、配送商品的失误率、仓库缺货率分析、库存损失率报告、机具损坏及维修报告、燃料耗材等用量分析、外雇人员成本分析、机具成本分析、退货商品统计报表、人力的使用率分析等。

物流管理专业学生毕业后就业范围非常广泛，企业和其他社会部门提供的就业岗位很多。除大型物流中心外，运输企业、货运代理企业、船务代理企业、报关行、港口、机场、货运站、物流信息中心及制造类企业都需要大量的物流人才。从事的工作主要有运输调度作业、货运代理作业、船务代理作业、跟单作业、报关作业、报检作业、港口管理作业、空运代理作业、物流信息管理、制造类企业的生产物流管理等。

### 三、物流工程专业开设情况

物流工程（Logistics Engineering）最早起源于早期制造业的工厂设计。18世纪产业革命后，工厂逐步取代了小手工作坊，但长时间以来，工厂设计与管理未能摆脱小作坊生产模式，停留在经验管理阶段。19世纪末到20世纪初，工厂设计活动逐渐纳入科学管理轨道，主要包括操作法工程、工厂布置和物料搬运等，但仍以定性分析方法为主。物流工程研究物流系统的规划设计与资源优化配置、物流运作过程的计划与控制以及企业物流经营管理。本工程领域学位课程为政府行政管理部门、物流企业、生产企业或其他企业培养掌握物流设施应用、系统规划设计与评价以及物流运作管理的先进技术与方法，并具有独立担负物流技术和运作管理工作能力的高级人才。据不完全统计，截至2023年5月，已开设物流工程专业的本科院校有100多所。具体如表1-13所示。

表1-13　　　　已开设物流工程专业的本科院校（不完全统计）

| 序号 | 省份 | 高校名称 |
|---|---|---|
| 1 | 北京 | 北京交通大学、北京科技大学、北京物资学院、北京邮电大学、北京联合大学、北京邮电大学世纪学院、北京印刷学院 |
| 2 | 天津 | 天津大学、天津科技大学、北京科技大学天津学院、天津仁爱学院 |
| 3 | 河北 | 华北理工大学、河北科技大学、邯郸学院、石家庄学院、保定学院、衡水学院、河北工业职业技术大学 |
| 4 | 山西 | 太原科技大学、太原学院、山西工程科技职业大学 |
| 5 | 辽宁 | 大连海事大学、沈阳工业大学、大连理工大学、沈阳建筑大学、辽宁工业大学、大连大学、沈阳城市建设学院、辽宁理工学院、大连东软信息学院、营口理工学院、大连交通大学 |

| 序号 | 省份 | 高校名称 |
|------|------|----------|
| 6 | 吉林 | 吉林大学、吉林化工学院 |
| 7 | 黑龙江 | 东北农业大学、东北林业大学、哈尔滨商业大学、哈尔滨远东理工学院 |
| 8 | 上海 | 同济大学、上海海洋大学、上海海事大学 |
| 9 | 江苏 | 南京农业大学、南京林业大学、淮阴工学院、徐州工程学院 |
| 10 | 浙江 | 浙江工业大学、宁波工程学院、浙江水利水电学院 |
| 11 | 安徽 | 安徽工业大学、安徽农业大学、淮南师范学院、安徽科技学院、蚌埠学院、安徽新华学院、阜阳师范大学信息工程学院、滁州学院、宿州学院、合肥经济学院、安徽师范大学皖江学院 |
| 12 | 福建 | 福州大学、福建农林大学、闽江学院、厦门华厦学院 |
| 13 | 江西 | 南昌工学院、华东交通大学 |
| 14 | 山东 | 山东大学、山东科技大学、鲁东大学、山东交通学院、青岛恒星科技学院、山东农业工程学院、山东华宇工学院、滨州学院（现已更名为山东航空学院）、临沂大学 |
| 15 | 河南 | 郑州航空工业管理学院、中原工学院、河南牧业经济学院、郑州工程技术学院、黄河交通学院、商丘工学院 |
| 16 | 湖北 | 武汉科技大学、武汉理工大学、湖北经济学院、武汉工商学院、武汉轻工大学、湖北师范大学、湖北第二师范学院 |
| 17 | 湖南 | 中南林业科技大学、中南大学、长沙理工大学、南华大学、湖南工学院、中南林业科技大学涉外学院、长沙理工大学城南学院、湖南交通工程学院 |
| 18 | 广东 | 华南理工大学、广州航海学院、北京师范大学珠海分校、东莞理工学院、韶关学院、广东石油化工学院、广州城市理工学院、珠海科技学院、广州科技职业技术大学 |
| 19 | 广西 | 广西大学、广西科技大学、桂林航天工业学院、南宁师范大学、南宁学院、桂林学院 |
| 20 | 海南 | 海南大学 |
| 21 | 重庆 | 重庆大学、长江师范学院、重庆文理学院、重庆财经学院、重庆工商大学派斯学院 |
| 22 | 四川 | 西南交通大学、西华大学、成都信息工程大学、中国民用航空飞行学院、四川旅游学院、成都银杏酒店管理学院、西南交通大学希望学院、内江师范学院、绵阳城市学院 |
| 23 | 贵州 | 安顺学院 |
| 24 | 云南 | 昆明理工大学、云南财经大学 |
| 25 | 陕西 | 长安大学、陕西科技大学、陕西科技大学镐京学院、西安财经大学行知学院 |

| 序号 | 省份 | 高校名称 |
|---|---|---|
| 26 | 甘肃 | 兰州博文科技学院 |
| 27 | 宁夏 | 银川能源学院 |
| 28 | 新疆 | 新疆理工学院、新疆工程学院、新疆农业大学、喀什大学 |

## 四、物流工程专业介绍

物流工程是管理与技术的交叉学科，它与交通运输工程、管理科学与工程、工业工程、计算机技术、机械工程、环境工程、建筑与土木工程等领域密切相关。本专业研修的主要课程有政治理论课（科学社会主义理论、自然辩证法）、外国语、高等工程数学（数值计算、概率论与数理统计、运筹学、统计学等）、计算机应用、管理学概论、工程经济学、交通运输工程、规划理论、计划与调度技术、物流设施规划与设计、现代物流与供应链管理、物流装备与设施技术、物流系统建模与仿真、物流系统运作管理、项目管理、国际物流管理、物流运输管理等。

物流工程是以物流系统为研究对象，研究其资源配置及物流运作过程的控制、经营和管理的专业。物流工程属于管理学学科门类中的物流管理与工程类。物流工程也为国家开设的专业硕士中工程硕士的一种，属于硕士点。

### 1. 物流工程专业简介

经济一体化和计算机通信技术的不断发展，极大地促进了物流业的发展，使物流业迅速成为全球具有巨大潜力和发展空间的新兴服务产业，物流业已成为衡量一个国家或地区经济发展水平、产业发展环境、企业竞争力的重要标志之一。

物流工程主要运用在工业工程、系统工程和物流管理中，从物流系统整体出发，把物流和信息流融为一体，看作一个系统，把生产、流通和消费全过程看作一个整体，运用系统工程的理论和方法进行物流系统的规划和管理，选择最优方案，以低的物流费用、高的物流效率、好的顾客服务，达到提高社会经济效益和企业经济效益的目的，从整体上对物流进行分析、设计、优化和控制。根据普通高等学校本科专业目录（2024年）物流工程属于管理学学科门类中的物流管理与工程类。物流工程可授管理学或工学学士学位，专业代码为120602。

### 2. 物流工程专业培养目标和要求

本专业培养具备物流学、运筹学、管理学、交通运输组织学、运输经济学、运输商务管理等基本理论和知识，适合在物流企业、交通运输企业及机械或电子制造企业、科研院所、政府机构等，从事物流系统规划与设计、物流技术设备和物流自动化系统的设计与集成、物流系统运行与维护工作的复合型、应用型的高级工程技术与管理人才。

本专业学生主要学习物流信息系统、物流工程等方面的基本理论和专门知识，接受物流工程方面的基本训练，以具备处理物流工程方面问题的能力。

### 3. 物流工程专业知识能力和主干课程

物流工程专业要求学生具备以下专业知识能力：①掌握物流工程的基本理论；②具备物流工程的应用程序操作能力；③具备物流工程规划、管理、组织的基本能力；④进行物流工程指挥、决策的基本能力；⑤了解物流工程发展的最新动态；⑥具有较强的外语综合应用能力。

物流工程专业的主干课程包括管理学、运筹学、工程图学、机械设计基础、生产与库存控制、物流基础、物流信息系统、物流学导论、供应链管理、物流工程、物流机械技术、国际物流学、电子商务概论、物流仓储技术、物流系统工程、运输会计学、专业英语（物流）等。

### 4. 物流工程专业就业前景和发展趋势

物流工程专业就业前景良好，可就职于各类物流企业，工商企业的物流管理部门，各级物流行政管理部门，交通运输企事业单位，物流系统规划与设计部门，商业、流通业管理部门，物流设备研发、销售企业，科研院所、大专院校等。学生也可报考物流管理与工程类、管理科学与工程类、工业工程类或其他经济管理类研究生继续深造。

现代物流被企业界称为"尚未开发的新大陆"和"促进经济增长的加速器"。可见，物流行业的发展空间巨大，发展潜力无穷。物流行业发展得好，必然会带动就业。物流专业人才已被列为我国 12 类紧缺人才之一。

## 五、物流专业特色院校简介

### 1. 北京科技大学

（1）专业特色。

1985 年组建了物流工程教研室，当年开始招收物流工程研究方向的硕士研究生。北京科技大学拥有全国第一所专门从事物流教育和研究的学术机构，承担过多项国家重点科技攻关课题项目，曾获多项国家和部级科技进步奖。为数家国有特大型企业、公司及政府部门、军工单位等进行物流系统诊断、物流发展规划、方案设计、物流计算机系统设计和咨询服务。

（2）毕业生去向。

到 2022 年为止，北京科技大学培养的物流博士、硕士、本科毕业生，就业率基本达到 100%，学生在毕业前已被"预订"。毕业生分布在各行业，如联想、神州数码、华为、海尔等著名企业从事物流技术与管理工作，也有一部分在大专院校和科研院所从事物流教学及研究工作。

### 2. 大连海事大学

（1）专业特色。

主要培养具有物流企业经营管理、物流系统规划与设计及相关学科基础理论和技能的高级物流经营管理人才。1994 年，该校开设交通运输（国际多式联运）专业并招生。2002 年，该校成为教育部首批允许招收物流工程专业的 8 所院校之一。

（2）毕业生去向。

该专业毕业生就业率达到 98% 以上。主要流向国家和地方政府行政部门、物流企业、运输企业、生产企业、港口企业、高等院校和科研院所等。

## 3. 北京交通大学

（1）专业特色。

北京交通大学在物流管理专业方面，创立了国内许多个第一，如第一个获得"物资流通工程"硕士学位授予权，第一个获得"物资流通工程"博士学位授予权等。

（2）毕业生去向。

该专业本科生就业一直处于供不应求状态。除继续深造外，就业去向一般为在大型企业从事管理工作。硕士研究生与博士研究生可以师从著名物流专家，就业方向一般为各大型企业、大型机构的高级管理工作。

## 4. 对外经济贸易大学

（1）专业特色。

该校国际经济贸易学院下设国际运输与物流系，优势主要是国际物流操作。学生精通海、陆、空运和多式联运等具体操作环节，加上对外经济贸易大学的特殊背景，学生一般外语、经济学和管理学基础较好。本科生从二年级开始有专业课。

（2）毕业生去向。

该专业一直保持 100% 的就业率，毕业前经常被中国外运股份有限公司、中国远洋运输有限公司等国内外物流公司"抢购"一空，去向主要是北京、上海和深圳，甚至国外。

## 5. 北京工商大学

（1）专业特色。

北京工商大学是全国最早开办物流管理本科专业的高校之一，重点定位为"企业物流"与"物流企业"的管理。物流系统理论与方法、供应链管理、电子商务与现代物流、流通技术与方法、连锁经营与配送等是该校物流专业的特色课程。有两门课程直接采用英文原版教材，任课教师直接用英文讲授。

（2）毕业生去向。

该专业学生就业率基本达到 100%。聘用毕业生的企业有海尔、长虹、摩托罗拉、爱立信、西门子等；有些毕业生选择继续深造。

## 6. 北京物资学院

（1）专业特色。

北京物资学院物流系主要研究领域：物流系统设计、物流规划、物流管理、物流结点建设、物流信息系统、国外物流等。作为教育部最先批准开设物流管理专业的高校，现已构建物流系、物流研究中心以及物流系统与技术实验室三大体系。物流研究中心多次承担国家级、省部级课题，以及企业物流方案设计，并多次获奖，已经成为专业的物流研究、咨询基地。北京市物流系统与技术重点实验室是我国具备系统性和先进性的物流实践教学示范基地。

（2）毕业生去向。

据不完全统计，物流专业毕业生就业率达 97%，其中 18% 进入大型生产企业，18% 进入商业企业，37% 进入物流企业，6% 进入 IT 行业，6% 进入政府机关，6% 进入教科文部门，6% 考研或留学深造。

**7. 上海交通大学**

（1）专业特色。

上海交通大学正在构筑以船舶与海洋工程为主干，融海洋科学技术、港口航道工程、海岸带开发技术，以及国际航运与物流管理为一体的学科体系，以期成为能对国民经济和国防建设形成强大支撑的科技创新和高层次人才培养基地。

（2）毕业生去向。

学生毕业后可到航务管理部门，港务管理部门，港口或航道规划、勘测、研究、施工和管理单位，海岸带开发研究机构，海港安全监督部门和高等院校工作，也可从事信息产业及海洋开发事业相关的工作。

**8. 清华大学**

（1）专业特色。

物流工程是工业工程系的一个研究分支，本科阶段以工业工程专业招生。工业工程系制定的目标是与世界一流大学的工业工程系接轨看齐，采用的手段是广泛开展国际、国内合作，聘请国内外工业工程界的著名学者来校任教或开展合作研究，参照世界一流大学的培养体系建立自己的培养方案，直接选用国际一流大学工业工程专业使用的外文教材，进行双语或纯英语授课。邀请美国工程院院士、国际工效学联合会主席等多名国际知名学者给该系学生开设课程。

（2）毕业生去向。

毕业生以其数学基础好，有工程背景，善于综合平衡技术、经济、效率等方面的特长，在国内越来越受到重视，深受企业的青睐。

**实践课程**

物流管理专业调查报告

调查内容：任意查找三所本科院校物流管理专业或物流工程专业的培养计划，从专业概况、主要课程、培养目标、就业方向 4 个方面同本校比较，指出其异同，并分析本校物流专业的优势和特点。

　　完成时间：一周。

　　作业形式：交 A4 纸打印稿、电子稿各一份。

　　字数要求：2000～3000 字。

# 第二章　物流科学的起源和发展

## 引例

### "一带一路"倡议

"一带一路"（The Belt and Road，B&R）是"丝绸之路经济带"和"21世纪海上丝绸之路"的简称。"一带一路"将充分依靠中国与有关国家既有的双多边机制，借助既有的、行之有效的区域合作平台进行发展。"一带一路"旨在借用古代丝绸之路的历史符号，高举和平发展的旗帜，积极发展与沿线国家的经济合作伙伴关系，共同打造政治互信、经济融合、文化包容的利益共同体、命运共同体和责任共同体。

"一带一路"倡议提出后，截至2022年7月，中国已与149个国家、32个国际组织签署200余份共建"一带一路"合作文件，涵盖互联互通、投资、贸易、金融、科技、社会、人文、民生、海洋、电子商务等领域，覆盖27个欧洲国家、38个亚洲国家、52个非洲国家、11个大洋洲国家、9个南美洲国家和12个北美洲国家。

在新冠疫情和全球化进程受阻背景下，共建"一带一路"贸易规模逆势上扬，屡创新高。2021年，中国与沿线国家货物贸易额达1.8万亿美元，创9年来新高，同比增长32.6%，较我国当年外贸整体增速提高2.6个百分点，展现出强大的内生动力。

在全球对外直接投资下降的大趋势下，中国与共建"一带一路"国家双向投资、齐头并进，合作平台不断深化。2013—2021年，中国企业对共建"一带一路"国家直接投资累计约1613亿美元。2021年，新冠疫情持续在全球蔓延，中国境内投资者在共建"一带一路"国家直接投资214.6亿美元，占同期总额的14.8%，主要投向新加坡、印度尼西亚、马来西亚等国，有力促进了相关国家的经济恢复。

中欧班列2022年8月以来累计开行达10000列，累计发送货物97.2万标箱，同比增长5%，综合重箱率达98.4%。中欧班列已铺画了82条运行线路，通达欧洲24个国家、200个城市，逐步"连点成线""织线成网"，运输服务网络覆盖欧洲全境，运输货物品类涉及服装鞋帽、汽车及配件、粮食、木材等53大门类、5万多种品类。中欧班列高质量发展，优化了区域开放格局，扩大了中欧各国经贸往来，深化了国际产能合作，加速了要素资源跨国流动，为高质量共建"一带一路"注入了强劲动力。中欧班列穿着统一的"制服"，深蓝色的集装箱格外醒目，品牌标志以红、黑为主色调，以奔驰的列车和飘扬的丝绸为造型，成为丝绸之路经济带蓬勃发展的美好象征。

## 一、"一带一路"的背景

2013年9月，中国国家主席习近平在哈萨克斯坦纳扎尔巴耶夫大学演讲，提出共同建设"丝绸之路经济带"。2013年10月，国家主席习近平在印度尼西亚国会演讲时提出共同建设21世纪"海上丝绸之路"，从而形成了"一带一路"倡议的构思。

2015年3月，我国发展改革委、外交部、商务部联合发布了《推动共建丝绸之路经济带和21世纪海上丝绸之路的愿景与行动》，"一带一路"倡议正式开始实行。

### 1. 古代背景

丝绸之路是两汉时期中国古人开创的，连接东西方文明的陆上贸易和文化交流通道，同时也是亚欧大陆经济整合战略的体现。

西汉时期，张骞从长安（今陕西西安）出发，联络大月氏人，共同夹击匈奴。首次开拓丝绸之路，被称为"凿空之旅"。

西汉末年，由于战乱，西域各国不得不依附匈奴，丝绸之路一度中断约60年。

东汉时期，为解决匈奴边患，班超再次打通西域，并在西域经营三十多年，这是东西方文明的一次对话。也是在东汉，印度僧人沿着丝绸之路到达洛阳，在中国传播佛教，从另一个维度拓展了丝绸之路。

唐代，洛州缑氏（今河南洛阳偃师）人玄奘沿着丝绸之路到印度求取真经，历时19年，促进了中华文明与印度文明的交流，写下了《大唐西域记》。

丝绸之路是起始于中国，连接亚洲、非洲和欧洲的古代商业贸易路线。从运输方式上分为陆上丝绸之路和海上丝绸之路。丝绸之路是一条东方与西方之间在经济、政治、文化上进行交流的主要道路。它最初的作用是运输中国古代出产的丝绸、瓷器等商品。德国地理学家李希霍芬将其命名为"丝绸之路"。

### 2. 时代背景

当今世界正发生复杂而深刻的变化，国际金融危机的深层影响继续显现，世界经济复苏、发展分化，国际投资贸易格局和多边投资贸易规则深刻调整，各国面临的发展问题依然严峻。共建"一带一路"顺应了世界多极化、经济全球化、文化多样化、社会信息化的潮流，秉持开放的区域合作精神，维护全球自由贸易体系和开放型世界经济。共建"一带一路"旨在促进经济要素有序自由流动、资源高效配置和市场深度融合，推动沿线各国实现经济政策协调，开展更大范围、更高水平、更深层次的区域合作，共同打造开放、包容、均衡、普惠的区域经济合作架构。共建"一带一路"符合国际社会的根本利益，彰显人类社会的共同理想和美好追求，是国际合作以及全球治理新模式的积极探索，将为世界和平发展增添新的能量。

"一带一路"致力于亚欧非大陆及附近海洋的互联互通，建立和加强沿线各国互联互通伙伴关系，构建全方位、多层次、复合型的互联互通网络，实现沿线各国多元、自主、平衡、可持续的发展。"一带一路"的互联互通将推动沿线各国发展战略的对接与耦合，发掘区域市场的潜力，促进投资和消费，创造需求和就业岗位，增进沿线各国、各地区人民的人文交流与文明互鉴，让各国人民相逢相知、互信互敬，共享和谐、安宁、富裕的生活。

当前，中国经济和世界经济高度关联。中国将一以贯之地坚持对外开放的基本国策，构建全方位开放新格局，深度融入世界经济体系。推进"一带一路"建设既是中国扩大和深化对外开放的需要，也是加强和亚欧非及世界各国互利合作的需要，中国愿意在力所能及的范围内承担更多责任和义务，为人类和平发展作出更大的贡献。

3. 中国背景

（1）产能过剩、外汇资产过剩。

（2）中国油气资源、矿产资源对国外的依存度高。

（3）中国的工业和基础设施集中于沿海地区，由于地理位置的特殊性，有失去核心设施的风险。

（4）中国边境地区整体状况处于历史较好时期，邻国与中国加强合作的意愿普遍上升。

## 二、"一带一路"的启动

1. 启动原则

"一带一路"建设秉承的是共商、共享、共建原则。

2. 启动目的

在通路、通航的基础上通商，形成和平与发展新常态。

3. 启动意义

（1）"一带一路"打开"筑梦"空间。

（2）"一带一路"有利于将政治互信、地缘毗邻、经济互补等优势转化为务实合作、持续增长优势。

（3）通过"一带一路"，无论是"东出海"还是"西挺进"，都将使中国与周边国家形成"五通"。

（4）"一带一路"合作中，经贸合作是基石。遵循和平合作、开放包容、互学互鉴、互利共赢的丝路精神，中国与沿线各国在交通基础设施、贸易与投资、能源合作、区域一体化、人民币国际化等领域，迎来共创共享的新时代。

（5）"一带一路"在平等的文化认同框架下谈合作，是国家的战略性决策，体现的是和平、交流、理解、包容、合作、共赢的精神。

（6）"一带一路"是开放包容的经济合作倡议，不限国别范围，不是一个实体，不搞封闭机制，有意愿的国家和经济体均可参与，成为"一带一路"的支持者、建设者和受益者。

4. 启动范围

丝绸之路经济带涵盖东南亚经济整合与东北亚经济整合，并最终融合在一起通向欧洲，形成亚欧大陆经济整合的大趋势。21世纪海上丝绸之路经济带从海上连通亚欧非三个大陆，和丝绸之路经济带形成一个海上、陆地的闭环。

边境地区作为连接中国与众多邻国的门户和纽带，在"一带一路"建设中具有独特的地位和作用。边境地区的和平稳定是"一带一路"建设向前推进的必要前提和保障。

边境地区互联互通是"一带一路"建设的依托。边境口岸作为通道节点，在中国对外开放中的前沿窗口作用显现。中国积极参与亚洲公路网、泛亚铁路网规划和建设，与东北亚、中亚、南亚及东南亚国家连通的公路与铁路已开通数条。此外，油气管道、跨界桥梁、输电线路、光缆传输系统等基础设施建设取得成果。这些设施建设为"一带一路"打下了物质基础。

### 三、"一带一路"的三重使命

"一带一路"使中国与丝绸之路沿途国家分享优质产能、共商项目投资、共建基础设施、共享合作成果，内容包括设施联通、贸易畅通、资金融通、政策沟通、民心相通"五通"，比马歇尔计划的内涵更加丰富，肩负着三重使命。

1. 探寻经济增长之道

"一带一路"倡议是在后金融危机时代，作为世界经济增长火车头的中国，将自身的产能优势、技术与资金优势、经验与模式优势转化为市场与合作优势，实行全方位开放的一大创新。通过"一带一路"分享中国改革发展红利、中国发展的经验和教训。中国将着力推动沿线国家与地区实现合作与对话，建立更加平等、均衡的新型全球发展伙伴关系，夯实世界经济长期稳定发展的基础。

2. 实现全球化再平衡

传统全球化由海而起，傍海而生，沿海地区、海洋国家先发展起来，陆上国家则较落后，形成巨大的贫富差距。传统全球化由欧洲开辟，由美国发展，形成国际秩序的"西方中心论"，导致东方从属于西方，农村从属于城市，陆地从属于海洋等一系列不平衡、不合理效应。如今，"一带一路"倡议正在推动全球再平衡。"一带一路"倡议鼓励向西开放，带动西部开发以及中亚内陆国家和地区的发展，在国际社会推行全球化的包容性发展理念。同时，"一带一路"倡议是中国主动向西方推广优质产能和比较优势产业的重要推手，将使沿途、沿岸国家首先获益，也改变了历史上中亚等丝绸之路沿途地带只是作为东西方贸易和文化交流的过道而成为发展"洼地"的面貌。这就改善了全球化发展下贫富差距大、地区发展不平衡的情况，推动建立持久和平、普遍安全、共同繁荣的和谐世界。

3. 开创地区新型合作

"一带一路"倡议作为全方位对外开放的重大举措，融合了经济走廊理论、经济带理论、21世纪的国际合作理论等创新经济发展理论、区域合作理论和全球化理论。比如，"经济带"概念就是对地区经济合作模式的创新，其中中蒙俄经济走廊、新亚欧大陆桥、中国—中亚—西亚经济走廊、孟中印缅经济走廊、中国—中南半岛经济走廊等，以经济增长极辐射周边，超越了传统的经济学理论。"经济带"概念，不同于历史上出现的各类"经济区"与"经济联盟"，同这两者比较，"经济带"具有灵活性高、适用性广及可操作性强的特点，各国都是平等的参与者，本着自愿参与、协同推进的原则，发扬古丝绸之路兼容并包的精神。

# 第一节　物流的起源

物流随商品生产的出现而产生，随商品生产的发展而发展，物流是一种古老的、传统的经济活动。物流活动具有悠久的历史，从人类社会开始有交换行为时就存在物流活动。我国隋朝为了南方和北方的物资流通而开发大运河，郑和下西洋和古丝绸之路的开发也促进了进出口贸易活动的发展，这些都是传统的物流活动。传统的物流活动主要为达到两个目的，即商品地理位置的转移与商品储存时间的延续，也就是创造空间价值和时间价值。这两个目的必须通过运输与仓储实现，而在不同的时期，运输与仓储的方式是不一样的。

## 一、河姆渡文化

河姆渡遗址位于浙江省宁波市，河姆渡文化距今7000多年。河姆渡遗址是一处属于新石器时代的聚落遗址，总面积约4万平方米。遗址中出土了各种生产工具、生活器具和原始艺术品，还有水稻栽培和大面积木结构建筑的遗迹，以及驯养的猪、狗、水牛和捕猎的野生动物的遗骸，采集的植物果实遗存等。这些都展示出当时这一地区灿烂的原始农业文化。河姆渡遗址和此处出土的稻谷如图2-1所示。

河姆渡遗址的"稻作经济"反映了当时的稻作农业活动。河姆渡遗址展出的实物有7000多年前人工栽培的稻谷，稻谷芒刺清晰，颗粒饱满，令人叹为观止。此外，展出的还有骨耜、木杵、石磨盘、石球等稻作经济的耕作、加工工具。带炭化饭粒的陶片和以夹炭黑陶为主的釜、钵、盘、豆、盆、罐、盉、鼎、盂等炊、饮、贮器，说明早在7000多年前中华民族的饮食习惯已基本形成。河姆渡先民发明了农业以后，生活

图2-1 河姆渡遗址和此处出土的稻谷

状况有了根本改变，但还是不能满足他们的生活需要，从陈列的骨哨、骨箭头、弹丸等渔猎工具，以及酸枣、橡子、芡实、菱角等丰富的果实来看，渔猎和采集植物果实仍是河姆渡先民不可缺少的经济活动。

河姆渡遗址是"河姆渡文化"的命名地，是长江下游新石器时期文化的首次发现。它的发现，为研究当地新石器时代农耕、畜牧、建筑、纺织、艺术等和中国文明的起源提供了珍贵的实物资料，有力地证明了长江流域同黄河流域一样，都是中华民族远古文明的摇篮。

## 二、跨湖桥文化

跨湖桥遗址位于浙江省杭州市萧山城区湘湖旅游开发区内，距萧山城区中心约4千米，西南不远处为钱塘江、富春江与浦阳江三江交汇处。跨湖桥遗址是因古湘湖的上湘湖和下湘湖之间有一座跨湖桥而命名。古湘湖成湖于宋代，由于湖底淤泥长期沉积，遗址表土厚达3~4米，因而遗址内的文物保存比较完整。

2002年11月在跨湖桥遗址考古探方里，出土了距今约8000年的独木舟，船史专家认为这是国内外迄今发现的最早的独木舟。跨湖桥文化与河姆渡文化、良渚文化、马家浜文化等中国数十个考古文化概念并驾齐驱。跨湖桥博物馆坐落于风景秀丽的湘湖旅游度假区，是一座综合反映跨湖桥遗址考古发掘和研究成果的专题类博物馆，展陈区域由"八千年回首"主题陈列和遗址保护厅组成，建筑总体以船为造型，远远望去，它仿佛沉湎历史的一叶小舟正欲划向远方，体现了跨湖桥文化的精髓——人与自然的互动美景。跨湖桥博物馆和跨湖桥文化遗址发现的中国最早的独木舟如图2-2所示。

跨湖桥遗址经过多次发掘，出土了大量陶器、骨器、木器、石器和人工栽培的水稻等文物，经测定，其年代在距今7000~8000年。由于跨湖桥遗址的文化面貌非常新颖，跨湖桥遗址被评为2001年度全国十大考古新发现之一。2003年5月，在湘湖的下孙自然村又发现了与跨湖桥遗址同类型的遗址——下孙遗址。

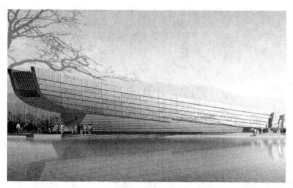

图 2-2　跨湖桥博物馆和跨湖桥文化遗址发现的中国最早的独木舟

### 三、丝绸之路

丝绸之路，简称"丝路"，是指西汉时期，张骞出使西域开辟的以长安（今陕西西安）为起点，经甘肃、新疆，到中亚、西亚，并联结地中海各国的陆上通道。因为由这条路西运的货物中以丝绸制品的影响最大，故得名"丝绸之路"。丝绸之路的基本走向定于两汉时期，包括南道、中道、北道 3 条路线。

丝绸之路是一条具有深远历史意义的国际通道，是联结中国和西方世界的第一座桥梁。通过这条古道，把古老的中国文化、印度文化、波斯文化、阿拉伯文化和古希腊、古罗马文化联结起来，促进了东西方文明的交流。正是通过这条道路，西方的葡萄、核桃（胡桃）、石榴、苜蓿、胡椒、玻璃、象牙、骏马、狮子，以及音乐、舞蹈、宗教等，大量传入中国。同时，中国的丝绸、漆器、竹器、铜铁、火药、金银器、瓷器、桃、梨，以及造纸、打井、炼铜、农田水利和制造火药的技术，也经这一路线传往西方。

# 第二节　物流科学的产生和发展

物流科学（物流学）是一门综合性、应用性、系统性和拓展性很强的科学。20 世纪 70 年代以来，物流科学在世界范围内受到广泛重视并迅速发展。物流学是研究物料流、人员流、信息流和能量流的计划、调节和控制的科学。德国的 R·尤尼曼提出：物流学（Logistics）是研究如何对系统（企业、地区、国家、国际）的物料流（Material Flow）及有关的信息流（Information Flow）进行规划与管理的科学理论。物流学是研究生产、流通和消费领域中的物流活动过程及其规律，寻求创造最大时间和空间效益的科学。

物流科学的研究对象主要是物的动态流转过程、物流系统及贯穿流通领域和生产领域的一切物料流及其有关的信息流。物流科学的重要性如图 2-3 所示。

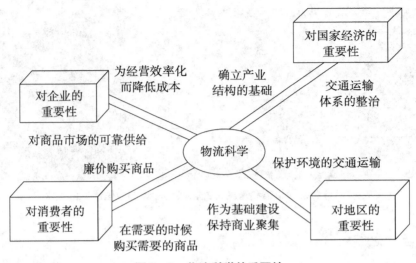

**图2-3 物流科学的重要性**

## 一、物流科学的发展阶段

### 1. 早期阶段

（1）1901年，美国学者在《农产品流通产业委员会报告》中讨论了农产品流通方面的问题，从理论上开始了对物流的认识。

（2）1915年，阿奇·萧在《市场流通中的若干问题》一书中提到"物流"一词。当时西方有些国家已经出现生产大量过剩，需求严重不足的经济危机，企业因此提出了销售和物流的问题，这时的物流指的是在销售过程中的物流。

（3）20世纪20年代，美国学者在《市场营销的原则》一书中真正把物流活动提升到理论高度进行讨论与研究，传统物流（Physical Distribution）一词也与物流联系起来。

（4）1935年，美国销售协会对物流进行了进一步的阐述：物流是包含于销售之中的物质资料和服务，与从生产场所到消费场所的流动过程中所伴随的种种经济活动。

### 2. 萌芽阶段

（1）在第二次世界大战期间，物流被称为后勤管理（Logistics Management）。

（2）第二次世界大战后，物流的运作方法及理念在企业中被广泛采用，进而有商业后勤、流通后勤的说法，这时的后勤包含了生产过程和流通过程中的物流，因而是一个范围更广的物流概念。

### 3. 综合物流阶段

（1）1962年，著名管理大师彼得·德鲁克在《财富》杂志上发表了题为《经济的黑色大陆》的文章，这篇文章首次提出物流领域的潜力，具有划时代的意义，使企业的决策者对物流的认识也得到了提高，并开始把寻求成本优势和差别化优势的视角转向物流领域，物流成为企业的"第三利润源"。从此，对企业物流管理领域的研究正式启动。不久，人们又认识到原材料的物流也同样存在巨大的利润节约潜力，并且产品物流与原材料物流可以综合起来，自此大大改进了对物流系统的管理。

（2）日本大约是在1956年引入物流这一概念的，物流全面推动了日本生产经营管理的发展。物流革新思想不仅渗透到了产业界，还渗透到了整个日本社会。到了20世纪70年代，日本物流的发展进入了世界领先行列。

（3）1985年，原美国物流管理协会正式将 National Council of Physical Distribution Management（物流管理行业组织）更名为 Council of Logistics Management（美国物流管理协会），用 Logistics 代替了 Physical Distribution，标志着现代物流理念的确立。与此同时，随着科学技术的发展、政策的放开、竞争的加剧，现代物流管理思想进一步发展，一体化物流管理的思想逐步形成。

### 4. 供应链管理阶段

大约在20世纪90年代，美国提出了供应链管理的概念，物流管理逐渐扩大到整个供应链范围。供应链管理是一个将交易关联的企业整合进来的系统，即将供应商、制造商、批发商、零售商和顾客等所有供应链上的关联者作为一个整体看待的系统结构。基于供应链管理和物流管理，使物流业为产品的实物空间位移提供时间和服务质量的保证，从而使物流管理进入了更为深入的阶段。

## 二、互联网时代物流的特点

互联网时代的到来，使信息的传播、交流发生了巨大的变化。信息是物流系统的灵魂，互联网技术所推动的信息革命使物流现代化的发展产生了巨大的飞跃，物流信息化受到空前的重视。物流信息化表现为物流信息的商品化、物流信息收集的数据库化和代码化、物流信息处理的电子化、物流信息传递的标准化和实时化、物流信息存储的数字化等。没有物流信息化，关于物流现代化的任何设想都不可能实现，信息技术在物流中的应用越来越普遍，物流信息化也是电子商务发展的必然要求。

我国有远见的物流企业都在积极关注互联网技术的发展，积极开发或引进多功能物流信息平台，以求把本企业的业务活动提高到新的水平，并尽快融入不断一体化发展的全球物流网络。

互联网时代物流呈现以下特点。

### 1. 经营全球化

由于电子商务的出现，加速了全球经济的一体化，致使企业的发展趋向多国化、全球化的模式。

面对全球化竞争日益激烈的趋势，企业的战略对策是专注于自己擅长的经营领域，力争在核心技术方面领先，而本企业不擅长的业务则分离出去，委托给在该领域有特长的、可信赖的合作伙伴。这种趋势为第三方物流、第四方物流的发展创造了条件。

最著名的案例是戴尔公司的经营模式，他们只做订货与最终组装，而将零部件的制造和物流系统运作委托给合作伙伴，通过供应链的管理与重组，有效降低了库存，缩短了生产周期，大大提高了竞争力。耐克公司也采用类似的方法，公司没有制鞋厂，只做经营与产品设计。

企业注重核心技术的趋势使物流业务从生产企业分离，为物流企业带来了良好的发展机遇。物流企业也必须精心发展自己的业务、提高服务水平，确保委托方的利益，并建立本企业的信誉。

世界五百强企业中已有 400 多家进入中国市场，今后必将有更多的跨国公司进入中国的制造业和流通业。加入世界贸易组织（WTO）以后，由于和世界经济接轨，中国经济现代化的发展速度不断加快，对物流业的发展起到有力的推动作用。许多跨国物流公司为了在中国这个世界未来最大的市场中占领一席之地，已在中国建立办事处或成立了合资企业，这将给中国物流企业的发展带来威胁，但也将加速中国地区物流网络的全球化进程。

### 2. 系统网络化

物流的网络化是电子商务时代物流活动的主要特征之一。当今世界全球信息资源的共享及网络技术的普及为物流的网络化提供了良好的支持，物流网络化将迅速发展。

完善的物流网络是现代高效物流系统的基础。全国性物流系统的基础建设，如大型物流中心的建设将会有较快发展，现代化的物流配送系统也将逐步成熟。

### 3. 供应链简约化

供应链是指将产品或服务提供给消费者全过程的上、下游企业所构成的网络。无数的供应链构成了极为复杂的社会经济网络体系。在同一供应链中的所有企业都需要上游企业供应原材料或产品，同时也不断地向下游企业供应自己的产品，形成了递阶式的体系，因此，这些企业之间具有相互依存的关系。市场竞争实际上不是供应链内部上下游企业之间的竞争，而是一个供应链与另一个供应链之间的竞争。

互联网技术为供应链所有环节提供了强大的信息支持，生产者、最终消费者和中间经营者都能够及时了解供应链的全部动态，也就是说供应链具有了更高的透明度。在供应链中，任何多余的环节、任何不合理的流程与作业都能被及时发现。特别是由于互联网提供的信息支持，供应链中原有的不必要环节将被消除。因此，供应链将变得更为紧凑，供应链的这种变化将直接影响企业的经营与发展战略。

### 4. 企业规模化

在电子商务时代，物流的小批量、多品种和快速性的特征更为显著，因此配送的难度越来越大，必须达到一定规模才能产生相应的经济效益。为了更快地在规模效益方面领先，企业的兼并、联合趋势加强。在选择合伙人时，弱者将被淘汰出局，从而形成强强联合的局势。企业必须以自己先进的经营模式、高质量的服务和强大的实施能力为依托，寻求合适的合作伙伴。与此同时，有实力的企业也可能被其他优秀的企业选为合作伙伴，在联合中不断得到发展。

我国很多企业面临的竞争来自内外两个方面，物流企业也是如此。一些新型物流公司大多规模偏小，它们需要在竞争中求联合，依据双赢战略选择合作伙伴，以图结成联盟，创造规模效益。可以预见，物流企业的强强联合趋势将加强，我国现代化超大型物流企业将出现在世界经济舞台上。

### 5. 服务一体化

由于物流系统的复杂化以及客户对物流服务水平的要求越来越高，第三方物流的发展有了广阔的市场。物流是服务行业，服务水平是其竞争力的重要因素。第三方物流业者最时髦的口号是"提供一体化物流服务"，把用户的物流业务从规划设计到运行管理全部承担下来。在保证成本的条件下，使客户拥有一个高效、通畅的物流体系。

在供应链急剧变化的时代，第三方物流企业通过增值服务扩大营业额也是重要的发展手段。加强增值服务是今后物流业发展的一个重要方向，其目的不仅是降低成本，更重要的是为用户提供期望以外的增值服务，如配货、配送和各种能提高产品附加值的流通加工服务，以及其他按客户需求提供的服务。

增值服务的内容除一般的装配、包装外，还有范围不断扩大、颇具特色的增值服务。如德国飞格（Fiege）公司对服装进行配送时，会把衣服熨好、进行商业包装或悬挂在衣架上再送达用户手中；生产吉他的芬德（Fender）国际公司委托 UPS（美国联合包裹运送服务公司）对其配送系统进行集约化和系统化整合，UPS 的增值服务为可为吉他调音。

范围扩大的增值服务不仅增加了物流企业的收入，更重要的是由于承担了上游企业和下游企业分离出来的业务，使自己成为供应链中不可缺少的组成部分，从而稳定了客户群。

在引进国外信息技术和管理模式的基础上，我国的第三方物流服务产业发展速度也将有较大幅度的增长，各种增值服务也将成为第三方物流服务的重要组成内容。

### 三、物流学科的性质

根据物流学科的研究对象和研究内容可以看出，物流学科属于经济学、管理学、工学和理学等学科互相交叉的新兴学科。此外，物流学科还与其他学科密切相关，如哲学、法学等。就学科整体而言，不能轻率地说物流学科归为哪一类。研究侧重点一旦变化，物流学科的属性就可能发生变化。

物流学科主要研究物流资源配置优化、物流市场的供给与需求、政府对物流的管理、物流的发展与增长等问题，解决这些问题就是经济学理论在物流中的具体应用。企业的物流系统规划与设计、物流业务的具体运作、物流过程的控制、物流效益的考核及评估等都是管理手段，需要管理学理论的指导。物流系统的分析、建设和管理都涉及大量的工程和技术，物流学科涉及工学类的许多专业，如机械、建筑、电子、信息、材料和交通运输等。物流的流体是商品，各种商品的物理、化学和生物特征不同，商品的检验、养护、鉴定和流通加工等作业环节需要诸如物理和化学等专业的指导。因此，物流学科从宏观管理层面，主要属性是经济学；从企业管理层面，主要属性是管理学；从运作层面，主要属性是工学；从物品管理层面，主要属性是理学。

物流学科的性质，可以从以下几个方面加深理解。

（1）物流学科是综合性交叉学科，涉及自然科学、社会科学和工程技术科学，涉及生产、流通和消费领域，涉及我国国民经济的许多部门。物流学科可以看作管理学科的一个分支，尽管物流学涉及许多工程技术，但也可看作软科学。

物流科学是融汇了技术科学和经济科学的综合科学，其内容相当广泛，包括系统科学、管理科学、环境科学、流通科学、运输科学、仓储科学、营销科学、再生科学以及机械、电子等方面的技术。物流科学是现代大生产、大流通的必然产物。

（2）物流学科属于应用科学的范畴，其实践性和应用性比较强，其研究大多是相关学科的研究成果在物流领域中的应用。

（3）物流学科具有系统科学的特征。系统性是物流学的基本特征，物流科学产生的基础就是发现了各物流环节之间存在着相互关联、相互制约的关系，证明他们是作为统一的有机整体的一部分存在的，这个体系就是物流系统。

## 四、现代物流的发展趋势

随着全球经济一体化进程的加快，企业面临着尤为激烈的竞争环境，资源在全球范围内的流动和配置大大增强，世界各国更加重视物流对本国经济发展、民生素质和增强军事实力的影响，更加重视物流的现代化，从而使现代物流呈现一系列新的发展趋势。根据国内外物流发展的新情况，未来物流的发展趋势可以归纳为信息化、网络化、自动化、电子化、共享化、协同化、集成化、智能化、移动化、标准化、柔性化、社会化和全球化。

### 1. 信息化

现代社会已步入了信息时代，物流信息化是社会信息化的必然要求和重要组成部分。物流信息化表现在物流信息的商品化、物流信息收集的代码化和商业智能化、物流信息处理的电子化、物流信息传递的标准化和实时化、物流信息存储的数字化和物流业务数据的共享化等。信息化是现代物流发展的基础，没有信息化，任何先进的技术装备都无法顺畅地使用，信息技术的应用将会彻底改变世界物流的面貌，未来更多新的信息技术在物流作业中将得到更广泛的应用。

信息化促进了物流功能的改变，使工业社会中的产品生产中心、商业贸易中心发挥的主导功能发生了转变。传统的物流业以物为对象，聚散的是物，而信息社会以信息为对象。物流不再仅传输产品，同时也在传输信息，例如物流中心的集散功能除针对实物外，还要完成各种信息的采集和传输，各种信息被聚集，经过加工、处理、使用，再共享供全社会使用。总之，信息社会使物流的功能更强大，并形成了对社会经济的综合服务。

### 2. 网络化

网络化是指物流系统的组织网络和信息网络体系。从组织上讲，它是供应链成员间的物理联系和业务体系，国际电信联盟（ITU）将射频识别技术（RFID）、传感器技术、纳米技术、智能嵌入技术等列为物联网的关键技术，这种物联网的应用过程需要高效的物流网络支持。而信息网络是指供应链上各企业之间进行业务运作时，主要通过互联网实现信息的传递和共享。例如，配送中心向供应商发放订单就可以利用电子订货系统实现，对下游分销商的送货通知也可通过分销系统，甚至是移动手持设备实现。

### 3. 自动化

物流自动化的基础是信息化，核心是机电一体化，其外在表现是无人化，效果是省力化。此外，物流自动化还能扩大物流能力、提高劳动生产率、降低物流作业的差错率等。物流自动化的技术很多，如射频识别、自动化立体仓库、自动存取、自动分拣、自动导向、自动定位和货物自动跟踪等技术。这些技术在经济发达的国家和地区已普遍用于物流作业中。在我国，虽然某些技术已被采用，但距离普遍应用还需要相当长的时间。

### 4. 电子化

电子化是指物流作业中的电子商务，它也是以信息化和网络化为基础。具体表现为业务流程的办理实现电子化和无纸化；商务流通的货币实现数字化和电子化；交易商品实现符号化和数字化；业务处理实现全程自动化和透明化；交易场所和市场空间实现虚拟化；消费行为实现个性化；企业或供应链之间实现无边界化；市场结构实现网络化和全球化等。物流作为电子商务发展的关键性因素，是商流、信息流和资金流的基础与载体。电子化使跨国物流更加频繁，使客户对物流的需求更加强烈。

### 5. 共享化

供应链管理强调链上成员的协作和社会整体资源的高效利用，以最优的资源最大化地满足整体市场的需求。企业只有在建立共赢伙伴关系的基础上，才能实现业务过程的高度协作和资源的高效利用，通过资源、信息、技术、知识、业务流程等的共享，才能实现社会资源的优化配置和物流业务的优势互补，快速对市场需求做出反应。近年，一些新型的供应链管理策略，如供应商库存管理（VMI）、JIT Ⅱ、协同计划、预测和补货（CPFR）、第四方物流、责任性采购方针（RSP）与直接输入（DI）等都实现了信息、技术、知识、客户和市场等资源的共享化。

### 6. 协同化

市场需求的瞬息万变、竞争环境的日益激烈都要求企业具有与上下游进行实时业务沟通的协同能力。企业不仅要及时掌握客户的需求，更快地响应、跟踪和满足客户的需求，还要使供应商对需求具有可预见性，把握好供应商的供应能力，确保供给的顺利进行。为了实现物流协同化，合作伙伴需要共享业务信息、集成业务流程，共同进行预测、计划、执行和绩效评估等业务。只有企业间真正实现了全方位的协同，才能使物流作业的响应速度更快、预见性更好、抵御风险的能力更强，降低成本并增加效益。

## 7. 集成化

物流业务是由多个成员与环节组成的，全球化和协同化的物流运作要求物流成员之间的业务衔接更加紧密，因此要对业务信息进行高度集成，实现供应链的整体化和集成化运作，缩短供应链的相对长度，使物流作业更流畅、更高效、更快速、更加接近客户需求。集成化的基础是业务流程的优化和信息系统的集成，二者都需要完善的信息系统支持，实现系统、信息、业务、流程和资源等要素的集成。同时，集成化也是共享化和协同化的基础，没有集成化，就无法实现共享化和协同化。

## 8. 智能化

智能化是自动化、信息化的一种高层次应用。物流涉及大量的运筹和决策，例如物流网络的设计优化、运输（搬运）路径和运输装载量的选择、多货物的拼装优化、运输工具的排程和调度、库存水平的确定与补货策略的选择、有限资源的调配、配送策略的选择等都需要借助智能的优化工具解决。近年，专家系统、人工智能、仿真学、运筹学、商务智能、数据挖掘、机器人等相关技术已经有比较成熟的研究成果，并在实际物流业中得到了较好的应用，智能化已经成为物流发展的一种新趋势，智能化还是实现物联网优化运作一个不可缺少的前提条件。

## 9. 移动化

移动化是指物流业务的信息与业务处理的移动化。它是现代移动信息技术发展的必然选择。由于物流作业更多体现在载体与载物的移动，除了暂时静态的存储环节，其他环节都处于移动状态，因此移动化对物流业具有更加重要和深远的意义。应用现代移动信息技术（通信、计算机、互联网、GPS、GIS、RFID、传感、智能等）能够在物流作业中实现移动数据采集、移动信息传输、移动办公、移动跟踪、移动查询、移动业务处理、移动沟通、移动导航控制、移动检测、移动支付、移动服务等，并将这些业务与商品形成闭环的网络系统，实现真正意义上的物联网。它不仅能降低成本、加速响应、提高效率、增加盈利，还能使物流作业更加环保、节能和安全。

## 10. 标准化

标准化是现代物流技术的一个显著特征和发展趋势，也是实现现代物流的根本保证。货物的运输配送、存储保管、装卸搬运、分类包装、流通加工等作业与信息技术的应用，都要有科学的标准，例如物流设施设备、商品包装、信息传输等环节的标准化。只有实现了物流系统各个环节的标准化，才能真正实现物流技术的信息化、自动化、网络化、智能化。特别是在经济贸易全球化的趋势下，如果没有标准化，就无法实现高效的全球化物流运作，这将阻碍经济全球化的发展进程。

**11. 柔性化**

柔性化是 20 世纪 90 年代由生产领域提出的，为了更好地满足消费者的个性化需求，实现多品种、小批量以及灵活易变的生产方式，国际制造业推出柔性制造系统（Flexible Manufacturing System，FMS），实行柔性化生产。随后，柔性化又扩展到了流通领域，根据供应链末端市场的需求组织生产、安排物流活动。物流作业的柔性化是生产领域柔性化的进一步延伸，它可以帮助物流企业更好地适应消费需求"多品种、小批量、多批次、短周期"的趋势，灵活地组织和完成物流作业，为客户提供定制化的物流服务，从而满足他们的个性化需求。

**12. 社会化**

物流社会化也是今后物流发展的方向，其最明显的趋势就是物流业出现第三方物流和第四方物流服务方式。这一方面是为了满足企业物流活动社会化要求，另一方面又为企业的物流活动提供了社会保障。第三方物流、第四方物流乃至未来发展可能出现的更多服务方式是物流业发展的必然产物，是物流过程产业化和专业化的一种形式。人们推断下一阶段的物流将向虚拟物流和第 N 方物流发展，物流管理和其他服务也将逐渐被外包出去。这将使物流业告别"小而全、大而全"的纵向一体化运作模式，转变为新型的横向一体化的物流运作模式。

**13. 全球化**

为了实现资源和商品在国际间的高效流动与交换，就需要促进区域经济的发展和满足全球资源优化配置的要求，物流运作必须向全球化的方向发展。在全球化趋势下，物流的目标是为国际贸易和跨国经营提供服务，选择最佳的方式与路径，以最低的费用和最小的风险，保质、保量、准时地将货物从某国的供方运到另一国的需方，使各国物流系统相互"接轨"，这代表着物流发展的更高阶段。

我国企业正面临着国内、国际市场更加激烈的竞争，面对资源在全球范围内的流动和配置的增强，越来越多的外国公司加速涌入中国市场，同时一大批中国企业也将真正融入全球产业链中，加剧了中国企业在本土和国际范围内与外商的竞争，这将对我国物流业提出更高的要求。在新的环境下，我国的企业必须把握好现代物流的发展趋势，运用先进的管理技术和信息技术，提高物流作业的管理能力和创新能力，提升自己的竞争力。

# 第三节　物流系统

物流系统（Logistics System）是由两个或两个以上的物流功能单元构成，以完成物流服务为目的的有机集合体。也就是围绕满足特定物流服务需求，由物流服务需求方、物流服务提供方及其他相关机构形成的一个包含所需物流运作要素的网络。物流系统是"为有效地达成物流目的的一种机制"。

随着计算机科学和自动化技术的发展，物流管理系统也向自动化管理演变，其主要标志是自动物流设备，如自动导引车（Automated Guided Vehicle，AGV）、自动存储和提取系统（Automated Storage and Retrieval System，AS/RS）、空中单轨自动车（SKY - RAV）、堆垛机（Stacker Crane），以及计算机管理与物流控制系统等。物流系统和企业物流系统如图2－4与图2－5所示。

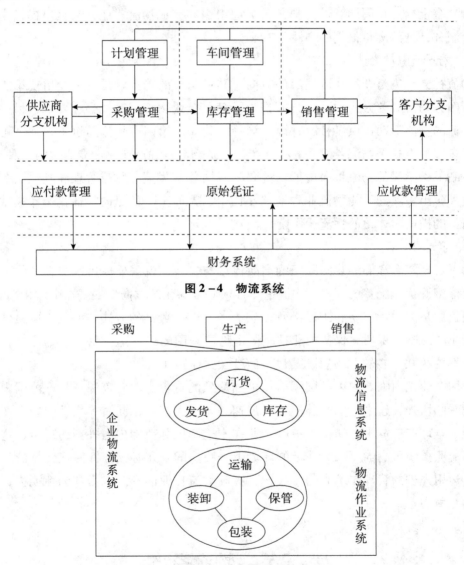

图2－4　物流系统

图2－5　企业物流系统

为了能够提供更高效的物流服务，企业物流系统分为物流作业系统和物流信息系统两个分系统。

物流作业系统的功能是在运输、保管、包装、装卸和流通加工等作业中使用各种先进技术，并使生产据点、物流据点、配送路线和运输手段等要素网络化，以提高物流活动的效率。

物流信息系统的功能是在保证订货、库存、发货和配送等信息畅通的基础上，使通信据点、通信线路和通信手段网络化，以提高物流作业系统的效率。

## 一、物流系统的特征

物流系统具有以下基本特征：明确的物流目标、明确的运作资源、明确的物流组织、统一的物流系统设计。

### 1. 明确的物流目标

物流系统的目标必须明确。每个物流系统都有自己不同的目标，不存在两个完全一样的物流系统。物流需求构成了物流系统的业务内容，它由物流服务需求方提出，物流服务提供方同意，双方达成明确的协议。如果这个物流系统存在物流业务转包和分包的情况，发包方和承包方也应该围绕具体的转包或分包业务内容确定目标。物流系统的主要目标在于追求时间和空间效益，具体包括：将商品按照规定的时间、数量送达目的地；合理配置到物流集散地，维持适当的库存；实现保管、包装、装卸等物流作业的高效化和规范化；实现从下订单到交货全过程信息的顺畅流动；维持合适的物流成本等。

### 2. 明确的运作资源

物流系统必须具备明确的运作资源，并且供给要随着需求的变化而变化。物流系统需要的运作资源是物流系统的服务供给能力。物流系统是需求和供给双方形成的一个整体，虽然一个物流系统是在市场竞争中由供需双方按多边、三边、双边或单边治理模式建立起来的，需求应该是特定的，但事实上需求并不是恒定不变的。在买方市场中，需求的变化很快，即使需求不变，由谁来满足这个需求也是充满变数的，因此，供给必须跟随需求的变化而变化。

物流系统的运作资源主要指实际使用的资源，一般包括人力资源、财力资源、物力资源、信息资源等。物流系统的运作资源可分为两类：可用的物流资源与实际使用的物流资源。

### 3. 明确的物流组织

物流系统靠物流组织将物流资源应用到日常的运作中，满足客户的物流服务需求。物流组织是物流系统运作的基础，物流服务需求方要求物流服务提供方建立固定的组织网络，物流服务提供方必须根据需要建立能够覆盖物流服务需求方市场的组织网络。根据服务客户数量的不同，物流服务提供方的组织网络有两种类型：一套网络服务于多个客户，一套网络服务于一个客户。一个特定的物流系统的物流组织必须包括两个方面：机构和管理。

（1）机构。根据客户需要确定物流组织网络的覆盖范围（需要在哪些城市设置分支机构）、机构设置、人员配备、作业流程、作业标准等。

（2）管理。物流组织需要根据客户的特定物流需求进行物流系统总体设计、资源开发、业务外包、过程监控、系统集成、管理制度制定等。

### 4. 统一的物流系统设计

统一的物流系统设计是物流系统集成的依据。物流系统是人工系统，不是自动形成的，也不能自动形成，需要经过设计和集成。物流系统的设计可以由不同的主体完成，物流服务需求方（货主）、物流服务提供方（物流公司）、专业咨询公司等都可以进行设计。为了降低物流总成本、提高物流服务水平，物流服务需求方一般要统一规划和设计一定区域内的物流系统，然后，按照规划和设计，寻找第三方物流运作商进行具体的物流运作。

## 二、物流系统的模式

物流系统一般具有输入、处理（转化）、输出、限制（制约）和反馈的功能，其具体内容因物流系统性质的不同而有所区别。

### 1. 输入

输入包括原材料、设备、劳动力、能源、资金、信息等。通过提供资源、能源的手段对某一系统发生作用，即外部环境对物流系统的输入。

### 2. 处理（转化）

处理（转化）是指物流本身的转化过程。从输入到输出之间所进行的生产、供应、销售、服务等物流业务活动统称为物流系统的处理（转化）。其具体内容有物流设施设备的建设；物流业务活动，如保管、包装、装卸、运输等；信息处理及管理工作。

### 3. 输出

物流系统的输出是指物流系统与其本身所具有的各种手段和功能，对环境的输入进行各种处理后所提供的物流服务。具体内容有产品位置与场所的转移；各种劳务活动，如合同的履行等；能源与信息。

### 4. 限制（制约）

外部环境对物流系统施加一定的约束，称为外部环境对物流系统的限制（制约）。具体内容有资源条件限制、能源限制、资金与生产能力限制、价格影响、需求变化影响、仓库容量限制、装卸与运输能力限制、政策变化影响等。

### 5. 反馈

物流系统在把输入转化为输出的过程中，由于受系统各种因素的限制，不能按原计划实现，需要把输出结果反馈给输入流程，进行调整；即使按原计划实现，也要将信息反馈，以对工作作出评价，这称为信息反馈。信息反馈的活动包括：各种物流活动分析报告，各种统计数据，典型调查报告，国内外市场信息与相关动态等。物流系统的基本模式如图2-6所示。

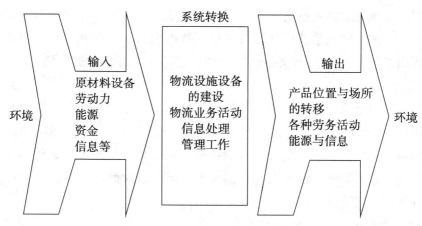

图 2-6 物流系统的基本模式

### 三、物流系统优化的 10 项基本原则

对于大多数企业来说，物流系统优化是其降低供应链运营总成本最有效的措施。但是，物流系统优化过程要投入大量的资源，是一项需要付出很多时间和精力的工程。

美国领先的货运计划解决方案供应商沃兰特公司的总裁集 30 余年为企业提供货运决策优化解决方案的经验，于 2002 年在美国物流管理协会（现已更名为：美国供应链管理专业协会）年会上提出了物流系统优化的 10 项基本原则，他认为通过物流决策和运营过程的优化，企业可以获得降低物流成本 10% ~ 40% 的商业机会。这种成本的节约必然会转化为企业投资回报率的提高。物流系统优化的 10 项基本原则如下。

1. **目标（Objectives）**

设定的目标必须是定量的和可测评的。制定目标是确定我们预期愿望的一种方法，要优化某件事情或某个过程，就必须确定如何知道目标对象已经被优化。使用定量的目标，计算机就可以判断一个物流计划是否比另一个更好。企业管理层就可以知道优化的过程能否提供一个可接受的投资回报率（Return On Investment，ROI）。

2. **模型（Models）**

模型必须如实地反映实际的物流过程。建立模型就是把物流运营要求和限制条件翻译成计算机能够理解和处理的计算机语言。例如，我们需要一个模型反映货物是如何通过组合装上卡车的。一个简单的模型不能充分反映实际的物流情况。如果使用简单的重量模型或体积模型，计算机会误认为某些实际情况下合适的载荷无法装车，某些实际上很好的装载方案会由于计算机认为不合适而被放弃。所以，如果模型不能如实地反映装载的过程，那么由优化系统给出的装车解决方案要么无法执行，要么在经济上不合算。

3. **数据（Data）**

数据必须准确、及时和全面。数据驱动了物流系统的优化过程，如果数据不准确，或有关数据不能及时地输入系统优化模型，则由此产生的物流方案就值得怀疑了。对可操作的物流方案的物流系统优化过程来说，数据也必须全面和充分。例如，如果运输车辆的体积限制了载荷上限，每次发货使用的重量数据就是不充分的。

### 4. 集成（Integration）

系统集成必须全面支持数据的自动传递。对物流系统优化来说，要同时考虑大量的数据，所以，系统的集成是非常重要的。例如，要优化每天从仓库向门店送货的过程，就需要考虑订货量、客户信息、车辆载荷、驾驶员调控和道路条件等。若采用人工输入数据的方式，哪怕只输入少量数据，也会因花费时间过多和误差率过高而不能对物流系统优化形成支持。

### 5. 表述（Delivery）

物流系统优化方案必须以一种便于执行、管理和控制的形式来表述。物流系统优化方案必须满足现场操作人员可执行，且管理人员确认已经实现预期的投资回报，才算成功。现场操作要求指令应简单明了，容易理解和执行。管理人员则要求优化方案及其实施效果在时间和资源利用等方面的关键标杆信息更综合、更集中。

### 6. 算法（Algorithms）

算法必须灵活地利用独特的问题结构。不同物流系统优化技术之间最大的差别就在于算法的不同（借助计算机的过程处理通常能够找到最佳物流方案）。关于物流问题的一个无可辩驳的事实是，每种物流系统优化技术都具有其特点。为了在合理的时间段内给出物流系统优化解决方案，必须借助优化的算法进一步开发优化技术。因此，关键的问题主要在两个方面，一方面是不同物流系统优化技术的特定问题结构必须被每个分析人员认可和理解，另一方面是所使用的优化算法应该具有某种弹性，使它们能够被"调整"到可以利用这些特定问题结构的状态。物流系统优化问题存在大量的备选方案，如发运40票零担货物，大约存在1万亿种可能的装载组合。如果不能充分利用特定问题结构计算，则意味着算法将根据某些不可靠的近似计算确定一个方案，或者计算的时间极长（也许是无限长）。

### 7. 计算（Computing）

计算平台必须具有足够的容量在可接受的时间段内给出优化方案。因为一个现实的物流问题可能存在大量对应的解决方案，所以，任何一个具有一定规模的问题都需要相当的计算能力支持。这样的计算能力应该得到能够在合理的时间内给出最佳方案的优化技术。显然，对日常执行环境中运行的优化技术来说，它必须在几分钟或几小时内给出物流系统优化方案，而不是花几天的时间计算。采取动用众多计算机同时计算的强大集群服务和并行结构的优化算法，比使用单体PC（个人计算机）或基于工作站技术的算法更快、更好地得出物流系统优化解决方案。

### 8. 人员（People）

负责物流系统优化的人员必须具备建模、数据收集和优化方案所需的领导经验和技术专长。优化技术的人员必须确保数据和模型的正确性，必须确保技术系统按照设计的程序工作。现实的情况是，如果缺乏具有技术专长和领导经验的人组织管理，复杂的数据模型和软件系统要正常运行并获得必要的支持是不可能的。没有他们大量的工作，物流系统优化就难以达到预期的目标。

9. **商务过程**（Business Processes）

商务过程必须支持优化并具有持续的改进能力。物流系统优化需要应对大量运营过程中出现的问题。物流目标、规则和过程的改变是系统的常态，这不仅要求系统化的数据监测方法、模型结构和算法等能够适应变化，而且要求负责人员能够捕捉机遇并促使系统变革。如果不能在实际的商务过程中对物流系统优化技术实施监测、给予支持和进行持续改进，就必然导致优化技术的潜力不能充分发挥，或者只能使其成为摆设。

10. **回报**（Returns）

回报必须是可以证实的，必须考虑技术、人员和操作的总成本。要证实物流系统优化的回报，必须把握两件事情：一是准确地估计全部优化成本；二是将优化技术给出的解决方案逐条与标杆替代方案进行比较。

在计算成本时，企业对使用物流系统优化技术的运营成本存在着一定程度的低估现象，尤其是企业购买的是"供业余爱好者自己开发使用"的、基于PC的软件包。这就要求企业拥有一支训练有素的使用者团队，此外开发支持人员在实际运行过程中还应具备调试系统的能力。在这种情况下，极少有有效使用物流系统优化技术的实际年度运营成本低于技术采购初始成本（如软件使用许可费、工具费等）的现象。如果物流系统优化解决方案的总成本在第二年是下降的，则很可能该解决方案的质量也会成比例下降。

在计算回报时，要确定物流系统优化技术的使用效果，必须做三件事：一是在实施优化方案之前根据关键绩效指标（Key Performance Indicator）测定基准状态；二是将实施物流系统优化技术解决方案后的结果与基准状态进行比较；三是对物流系统优化技术所达成的行为绩效进行定期的评审。

要准确地计算投资回报率，必须采用良好的方法来确定基准状态，必须对所投入的技术和人力成本有透彻的了解，必须测评实际改进的程度，还要持续地监测系统的行为绩效。但是，因为行为绩效数据很少直接可得，而且监测过程不能间断，所以，几乎不能做到真正了解物流系统优化解决方案的实际效果。

# 第四节　现代物流学的研究对象和主要内容

## 一、现代物流学的研究对象

现代物流学的研究对象是物流系统。物流系统涉及的内容很多，功能要素只是其中比较重要的一部分。如果把物流作为一种具有经济目的的"流"来分析，则可以发现这个"流"必须同时具备一些重要的组成要素，这就是物流的流动要素。流动要素是物流系统的组成部分，一个组成部分可以从多个侧面来分析，只要分析的角度不同，就会出现不同的要素组合，因此物流系统还有其他的要素组合。比如，从物流经济的角度分析，物流系统有资源要素；从物流网络的角度分析，物流系统有网络要素等。

**1. 流动要素**

从物流学角度看，物流作为"流"，与电流、水流、气流应有很多相似的特征。在经济领域，物流作为"流"，与信息流、商流、资金流有更加密切的联系和更加相似的特征，因为这4种流都是供应链的组成部分，并且相互影响、相互作用、不可分割。

根据物流的特征，从"流"的角度看，任何物流系统、任何一个具体的物流业务，都可以分解为7个流动要素，即流体、载体、流向、流量、流程、流速和流效。这种分类将物流的具体特征抽象化，不管是什么机构组织的物流，都可以从这7个方面对它们进行分析、归纳。

（1）流体（Object of Flow），流体指物流的对象，即物流中的"物"，一般指物质实体，有时也指无形对象，如服务和信息，以及军队运输中的"人"。

流体具有自然属性和社会属性。自然属性是指其物理、化学、生物的属性，物流的任务之一是保护好流体，使其自然属性不受损坏，因而需要对流体进行检验、养护，在物流过程中需要根据物质实体的自然属性合理安排保管、装卸、运输等物流作业。社会属性是指流体所体现的价值属性，以及生产者、采购者、物流作业者与销售者之间的各种关系，有些关系国计民生的重要商品作为物流的流体还肩负着国家宏观调控的重要使命，因此在物流过程中需要保护流体的社会属性不受影响。

流体的价值特性可用价值密度反映。流体的价值密度是指单位流体所含的价值，其中，单位流体可以根据需要区分为单位重量（如每吨）、单位体积（如每立方米）、单位数量（如每个）；价值可以是出厂价，也可以是销售价。一般以商品出厂价作为计算价值的基准，按重量、体积和数量分别计算出商品的重量价值密度、体积价值密度和数量价值密度，其中数量价值密度就是单价。

（2）载体（Carrier），即承载"物"的设备，指流体借以流动的设施和设备，如汽车、道路等。载体分为设施和设备两类。

①设施（Infrastructure）指铁路、公路、水路、港口、车站、机场等基础设施，它们大多是固定的，需要高额投资，使用年限较长，同时对物流的发展也是战略性的。

②设备（Equipment）指以设施为基础，直接承载并运送流体的车辆、船舶、飞机、装卸搬运设备等，它们大多可以移动，使用年限相对较短，而且必须依附固定设施才能发挥作用。

物流载体的状况，尤其是物流基础设施，直接决定物流的质量、效率和效益，也决定着物流系统中物流网络的形成与运行，基础设施的建设情况直接影响物流的发展。

（3）流向（Direction of Flow），流向指流体从起点到终点的流动方向，即"物"转移的方向。物流是矢量，流向有两类，即正向和反向。

起点是供应链的上游，终点是同一供应链的下游或者沿着下游方向的流向就是正向物流。正向是物流的主要流向，从流向的计划性角度分类可以将流向分为以下4种。

①自然流向，指由自然资源分布、工厂布局、产销关系等因素决定的商品的流向，表明一种自然的客观需要，即商品从资源富有地流向资源贫瘠地，由产地流向销地。

②计划流向，指根据流体经营者的商品经营计划而形成的商品流向，即商品从供应地流向需求地。

③市场流向，指根据市场供求规律由市场确定的商品流向。

④实际流向，指在物流过程中实际发生的流向。

起点是供应链的下游，终点是同一供应链的上游或者沿着上游方向的流向就是反向物流。以下几种情况会发生反向物流：发货错误；收货错误；贸易壁垒；用户退货；商品维修；商品召回；库存改制；包装回收；废物处理；托盘周转；车辆回空。

通过对流向的研究，准确掌握流向的变化规律，合理配置物流资源、合理规划物流流向，从而达到降低物流成本、加快物流速度的目的。

（4）流量（Amount of Flow），流量指通过载体的流体在一定流向上的数量表现，即物流的数量表现，或物流的数量、重量和体积。流量与流向是不可分割的，每种流向都有一种流量与之对应。因此，流量的分类可参照流向的分类，分为4种，即自然流量、计划流量、市场流量和实际流量。另外，根据流量本身的特点，可以将流量分为实际流量和理论流量。实际流量即实际发生的物流流量，又可分为以下5种：①按照流体统计的流量；②按照载体统计的流量；③按照流向统计的流量；④按照发运人统计的流量；⑤按照承运人统计的流量。理论流量即从物流系统合理化角度看应该发生的物流流量，也可按照与实际流量相对应的5个方面分类。

从物流管理角度看，理想状况的物流应该是所有流向上的流量都均匀分布，这样，物流资源利用率最高，组织管理最容易。

（5）流程（Distance of Flow），流程指通过载体的流体在一定流向上行驶路径的数量表现，即物流路径的数量表现，也称物流经过的里程。

流程与流向、流量一起构成了物流向量的三个数量特征，流程与流量的乘积还是物流的重要量纲，如吨千米。流程的分类与流向和流量的分类基本类似，这里不再赘述。

（6）流速（Speed of Flow），流速是指单位时间流体转移的空间的距离，即流体流动的速度。流速由两部分决定，一是流体转移的空间距离，即流程；二是这种转移所用的时间。流速就是流程除以时间得到的值。流体在转移过程中总是处于两种状态：运输过程中或储存过程中，流速衡量的就是这两种状态。由于储存需要花费时间，但是并不发生空间转移，因此，储存是导致流速降低的原因，而运输采用的具体运作方式，比如不同运输工具、不同运输网络布局、不同装卸搬运方式和工具等，也会对单位时间内流体转移的空间距离产生影响。因此，要提高流速，就必须从决定流速的两个方面着手进行合理规划。

（7）流效（Effectiveness and Efficiency of Flow），流效即物流效率（Efficiency）和效益（Effectiveness），即流体流动的效率和效益、成本与服务等。

物流效率是指单位人力、资本、时间等要素的投入所完成的物流量。可用物流的反应速度、订货处理周期（Order Cycle Time）、劳动生产率、物流集成度、物流组织化程度、第三方物流的比重等一系列定量和定性指标衡量。物流效益是指单位人力、资本、时间等要素的投入所带来的物流收益。可用成本、收益、服务水平等定量和定性指标衡量。物流效率和物流效益与物流系统的集成、物流设施设备、物流技术、物流组织、物流管理、物流运作状况等众多因素有密切关系。

物流系统的7个流动要素之间存在着一定的联系。流体的自然属性决定了载体的类型和规模，流体的社会属性决定了流向和流量，载体对流向和流量有制约作用，载体的状况对流体的自然属性和社会属性均会产生影响，流体、载体、流向、流量、流程等决定流速，物流系统的其他6个流动要素的具体运作决定了流效。

流体、载体、流向、流量、流程、流速更多地考量物流的"自然属性"，包括设施设备的要素、技术的要素等；流效则更多地考量物流的"社会属性"，包括人的要素、组织的要素、资金的要素、信息的要素等。

物流系统的每个流动要素，都要根据物流系统的整体目标进行集成和优化。每个要素的目标都由物流系统整体来确定，各要素要达到的目标应互相协调，使整体目标最优，因此需要进行系统的整体集成和优化。整体集成和优化就是不从某个要素本身出发，而从系统整体出发确定要素的目标，这时就会出现某个要素的目标要服从于另一个要素的目标的情况，但集成后物流系统的总目标是最优的。

## 2. 资源要素

《物流管理：供应链过程的一体化》中认为从物流系统的功能角度出发，物流资源要素分为信息资源、预测资源、储存资源、运输资源、仓库资源、搬运资源和包装资源，最重要的物流资源要素是运输资源和储存资源。

（1）运输资源。从流动要素的角度分析，运输资源就是物流的载体，主要包括以下两类。

①载体是运输基础设施。它们固定在某个地点或线路上，如铁路、公路、机场、港口等，其中有的连续分布在线路上（铁路、公路、专用通信线路），有的则间断地分布在线路上（雷达、信号灯、机场、港口等）。

②载体是运行设备。它们是独立的设备，以基础设施为运行条件并与之配套，有的固定在一个区域，如港口的集装箱装卸搬运车（既是运输设备也是装卸设备），有的

则是走行设备（运输工具），如汽车、火车、轮船、飞机等。管道运输具有特殊性，它的基础设施和走行设备合二为一。

（2）储存资源。储存资源也分为两类，第一类是仓储基础设施，第二类是利用这些基础设施进行具体储存运作的设备。

一个物流系统通常需要的仓储基础设施包括仓库、货场、站台、堆场等。按内部运作温度分类，仓库还可以分为普通仓库、冷藏仓库和冷冻仓库。这些是固定于一定地点的设施，配送中心和物流中心都需要这样的设施。仓库中的货架、托盘、叉车、分拣机、巷道机等则是依靠这些基础设施进行具体储存运作的设备。

除了运输资源和储存资源两种主要的物流资源要素外，物流资源要素还包括包装资源等。由于一个完善的物流系统需要的资源要素十分繁杂，因此物流系统资源不能仅依靠一个主体（如国家）进行配置，对于铁路、公路、水路、航路、管道等需要大量投资才能形成的物流系统资源，应该同时依靠市场来配置。

**3. 网络要素**

物流系统是网络要素的有机结合体。物流系统的网络由两个基本要素组成，一个是节点要素，另一个是线路要素。即仓库、物流中心、车站、码头、空港等物流据点以及连接这些据点的运输线路构成了物流系统网络。

（1）点。在物流过程中供流动的商品储存、停留以便进行相关后续物流作业的场所称为点，如工厂、商店、仓库、配送中心、车站、码头等，也称节点，点是物流基础设施比较集中的地方。根据点所具备的功能可以将点分为以下3类。

①单一功能点。这类点的主要特点是只具有某一种功能，或者以某种功能为主，比如专门进行储存、运输等单一作业，或者以其中一项功能为主，以其他功能为辅；这类点需要的基础设施比较单一，但规模不一定小；在物流过程中处于起点或者终点。例如，工厂的原材料仓库，不具备商品发运条件的储备型仓库，仅承担货物中转、拼箱、组配的铁路站台，仅供停泊船只的码头等就是这样的点。

②复合功能点。这类点的主要特点是具有两种以上主要物流功能，具备配套的基础设施，且一般处于物流过程的中间。这类点多以周转型仓库、港口、车站、集装箱堆场等形式存在，其规模可大可小，如商店后面的一个小周转仓库或一个年处理量为8万个集装箱的大型集装箱堆场。

③枢纽功能点。这类点的特点是物流功能齐全；具备庞大、配套的基础设施和附属设施；有庞大的吞吐能力；对整个物流网络起着决定性和战略性的控制作用，一旦该点形成，以后很难改变；一般处于物流过程的中间。例如，辐射亚太地区市场的大型物流中心、辐射全国市场的配送中心、一个城市的物流基地、全国或区域铁路枢纽、航空枢纽等就是这样的点。

（2）线。连接物流网络中的节点的路线称为线。物流网络中的线具有以下特点。

①方向性。一般在同一条路线上有两个方向的物流同时存在，但正向多于反向，

应该尽量避免反向物流。

②有限性。点是靠线连接起来的，一条线总有起点和终点。

③多样性。线是一种抽象的表述，公路、铁路、水路、航路、管道等都是线的具体存在形式。

④连通性。不同类型的线必须通过载体的转换才能连通，并且任何不同的线之间都是可以连通的，线间转换一般在点上进行。

⑤选择性。两点间具有多种线进行选择，既可以在不同的载体之间进行选择，又可以在同一载体的不同路径之间进行选择，物流系统理论要求两点间的流程最短，因此，需要进行路线和载体的规划。

⑥层次性。物流网络的线包括干线和支线。不同类型的线（如铁路和公路）都有自己的干线和支线，又可以进一步分为不同的等级，如铁路一级干线、公路二级干线等。

根据载体类型可以将物流的线分成5类，铁路线、公路线、水路线、航空线、管道线；根据线之间的关系可以将物流的线分为两种，干线和支线；根据线上物流的流向可以将物流的线分为上行线和下行线。物流网络是点和线之间通过有机的联系形成的，点和线其实都是孤立的、静止的，但是采用系统的方法将点和线有机结合起来以后形成的物流网络则是联系紧密的、动态的。物流系统中的点和线如图2-7所示。

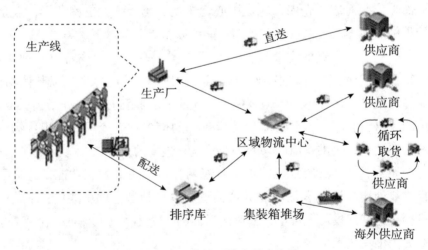

**图2-7　物流系统中的点和线**

## 二、现代物流学的主要内容

现代物流学应用经济分析和现代数学方法，特别是线性规划、运筹学及其分支，如决策论、排队论、模糊数学，以及系统论、信息论、控制论等学科，结合计算机技术，寻求物流过程优化，特别是在仓储、运输、配送子系统的过程优化上取得了物流大系统优化的理想效果。

从社会经济的不同领域看，现代物流学研究的内容涉及企业、行业、国家、地区、生产、流通、消费等主体与领域。

从不同学科的角度看，现代物流学研究主要从以下 10 个角度展开。

（1）从产业经济学角度：研究物流产业本质内涵、物流产业组织、物流产业的结构、物流产业的政策、物流与相关产业的关系和协调发展等。

（2）从地理学和区域经济学角度：研究物流与区域经济发展的关系、城市物流、物流布局与规划等。

（3）从技术科学角度：研究物流技术、物流设施设备改进、创新和发明创造、物流标准化技术、物流信息技术、物流技术的应用等。

（4）从统计学角度：研究物流产业核算制度及统计核算指标体系等。

（5）从会计学角度：研究企业物流成本核算方法等。

（6）从环境科学角度：研究环保物流、绿色物流、逆向物流等。

（7）从商品学角度：研究商品储运与包装、商品标准化与物流、重要产品的物流渠道等。

（8）从信息科学和网络经济的角度：研究物流的信息化和网络化、电子商务物流等。

（9）从市场营销角度：研究销售与供应物流。

（10）从企业管理的角度：研究企业物流战略、物流企业核心竞争力等。

研究和学习现代物流学的意义如图 2-8 所示。

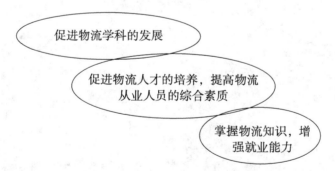

图 2-8 研究和学习现代物流学的意义

 案 例 分 析

美的公司的厨具事业部（A）2010 年 12 月 10 日 19：00 打电话给安得物流公司客户代表（B），要求在当晚 21：00 将 A 位于顺德的一车产品（电暖器 500 台，每台 0.8m³、25kg，计 400m³、12.5t）通过公路运输送到北京客户处，顺德到北京的公路运输距离约为 2400km。B 接到电话后表示半小时内告知 A 是否能够安排车辆。19：30，

B打电话告知A可以派出额定载重量为20t的卡车一辆，但需要等候1.5小时，公司从广州调来的卡车才能到达顺德。21：00，司机驾驶卡车来到A的仓库。21：30，500台电暖器装上卡车，办理好交接手续，盖好苫布，卡车出发。A要求安得物流公司追踪此卡车，并于3天内（不迟于2010年12月13日24：00）将货物交到北京客户手中，且3日内B必须每隔8小时向A汇报卡车位置。12月13日22：30，卡车准时到达北京客户处，并安全卸货。A和北京客户均很满意，并按合同向B支付运费。

思考讨论题：在美的物流系统的运输过程中，其流动要素分别指什么？

# 第三章　物流在国民经济中的作用

**引例**

## "十四五"现代物流发展规划

### 国务院办公厅关于印发"十四五"现代物流发展规划的通知

**国办发【2022】17号**

各省、自治区、直辖市人民政府，国务院各部委、各直属机构：

《"十四五"现代物流发展规划》已经国务院同意，现印发给你们，请认真贯彻执行。

国务院办公厅

2022年5月17日

### "十四五"现代物流发展规划

现代物流一头连着生产，一头连着消费，高度集成并融合运输、仓储、分拨、配送、信息等服务功能，是延伸产业链、提升价值链、打造供应链的重要支撑，在构建现代流通体系、促进形成强大国内市场、推动高质量发展、建设现代化经济体系中发挥着先导性、基础性、战略性作用。"十三五"以来，我国现代物流发展取得积极成效，服务质量效益明显提升，政策环境持续改善，对国民经济发展的支撑保障作用显著增强。为贯彻落实党中央、国务院关于构建现代物流体系的决策部署，根据《中华人民共和国国民经济和社会发展第十四个五年规划和2035年远景目标纲要》，经国务院同意，制定本规划。

**一、现状形势**

（一）发展基础

物流规模效益持续提高。"十三五"期间，社会物流总额保持稳定增长，2020年超过300万亿元，年均增速达5.6％。公路、铁路、内河、民航、管道运营里程以及货运量、货物周转量、快递业务量均居世界前列，规模以上物流园区达到2000个左右。社会物流成本水平稳步下降，2020年社会物流总费用与国内生产总值的比率降至14.7％，较2015年下降1.3个百分点。

物流资源整合提质增速。国家物流枢纽、国家骨干冷链物流基地、示范物流园区等重大物流基础设施建设稳步推进。物流要素与服务资源整合步伐加快，市场集中度提升，中国物流企业50强2020年业务收入较2015年增长超过30%。航运企业加快重组，船队规模位居世界前列。民航货运领域混合所有制改革深入推进，资源配置进一步优化。

物流结构调整加快推进。物流区域发展不平衡状况有所改善，中西部地区物流规模增速超过全国平均水平。运输结构加快调整，铁路货运量占比稳步提升，多式联运货运量年均增速超过20%。仓储结构逐步优化，高端标准仓库、智能立体仓库快速发展。快递物流、冷链物流、农村物流、即时配送等发展步伐加快，有力支撑和引领消费结构升级。

科技赋能促进创新发展。移动互联网、大数据、云计算、物联网等新技术在物流领域广泛应用，网络货运、数字仓库、无接触配送等"互联网＋"高效物流新模式新业态不断涌现。自动分拣系统、无人仓、无人码头、无人配送车、物流机器人、智能快件箱等技术装备加快应用，高铁快运动车组、大型货运无人机、无人驾驶卡车等起步发展，快递电子运单、铁路货运票据电子化得到普及。

国际物流网络不断延展。我国国际航运、航空物流基本通达全球主要贸易合作伙伴。截至2020年底，中欧班列通达欧洲20多个国家的90多个城市，累计开行超过3万列，在深化我国与共建"一带一路"国家经贸合作、应对新冠肺炎疫情和推进复工复产中发挥了国际物流大动脉作用。企业海外仓、落地配加快布局，境外物流网络服务能力稳步提升。

营商环境持续改善。推动现代物流发展的一系列规划和政策措施出台实施，特别是物流降本增效政策持续发力，"放管服"改革与减税降费等取得实效。物流市场监测、监管水平明显提升，政务服务质量和效率大幅改善。物流标准、统计、教育、培训等支撑保障体系进一步完善，物流诚信体系建设加快推进，行业治理能力稳步提升。

（二）突出问题

物流降本增效仍需深化。全国统一大市场尚不健全，物流资源要素配置不合理、利用不充分。多式联运体系不完善，跨运输方式、跨作业环节衔接转换效率较低，载运单元标准化程度不高，全链条运行效率低、成本高。

结构性失衡问题亟待破局。存量物流基础设施网络"东强西弱"、"城强乡弱"、"内强外弱"，对新发展格局下产业布局、内需消费的支撑引领能力不够。物流服务供给对需求的适配性不强，低端服务供给过剩、中高端服务供给不足。货物运输结构还需优化，大宗货物公路中长距离运输比重仍然较高。

大而不强问题有待解决。物流产业规模大但规模经济效益释放不足，特别是公路货运市场同质化竞争、不正当竞争现象较为普遍，集约化程度有待提升。现代物流体系组织化、集约化、网络化、社会化程度不高，国家层面的骨干物流基础设施网络不健全，缺乏具有全球竞争力的现代物流企业，与世界物流强国相比仍存在差距。

部分领域短板较为突出。大宗商品储备设施以及农村物流、冷链物流、应急物流、航空物流等专业物流和民生保障领域物流存在短板。现代物流嵌入产业链深度广度不足，供应链服务保障能力不够，对畅通国民经济循环的支撑能力有待增强。行业协同治理水平仍需提升。

（三）面临形势

统筹国内国际两个大局要求强化现代物流战略支撑引领能力。中华民族伟大复兴战略全局与世界百年未有之大变局历史性交汇，新冠肺炎疫情、俄乌冲突影响广泛深远，全球产业链供应链加速重构，要求现代物流对内主动适应社会主要矛盾变化，更好发挥连接生产消费、畅通国内大循环的支撑作用；对外妥善应对错综复杂国际环境带来的新挑战，为推动国际经贸合作、培育国际竞争新优势提供有力保障。

建设现代产业体系要求提高现代物流价值创造能力。发展壮大战略性新兴产业，促进服务业繁荣发展，要求现代物流适应现代产业体系对多元化专业化服务的需求，深度嵌入产业链供应链，促进实体经济降本增效，提升价值创造能力，推进产业基础高级化、产业链现代化。

实施扩大内需战略要求发挥现代物流畅通经济循环作用。坚持扩大内需战略基点，加快培育完整内需体系，要求加快构建适应城乡居民消费升级需要的现代物流体系，提升供给体系对内需的适配性，以高质量供给引领、创造和扩大新需求。

新一轮科技革命要求加快现代物流技术创新与业态升级。现代信息技术、新型智慧装备广泛应用，现代产业体系质量、效率、动力变革深入推进，既为物流创新发展注入新活力，也要求加快现代物流数字化、网络化、智慧化赋能，打造科技含量高、创新能力强的智慧物流新模式。

**二、总体要求**

（一）指导思想

以习近平新时代中国特色社会主义思想为指导，坚持稳中求进工作总基调，完整、准确、全面贯彻新发展理念，加快构建新发展格局，全面深化改革开放，坚持创新驱动发展，推动高质量发展，坚持以供给侧结构性改革为主线，统筹疫情防控和经济社会发展，统筹发展和安全，提升产业链供应链韧性和安全水平，推动构建现代物流体系，推进现代物流提质、增效、降本，为建设现代产业体系、形成强大国内市场、推动高水平对外开放提供有力支撑。

（二）基本原则

市场主导、政府引导。充分发挥市场在资源配置中的决定性作用，激发市场主体创新发展活力，提高物流要素配置效率和效益。更好发挥政府作用，加强战略规划和政策引导，推动形成规范高效、公平竞争、统一开放的物流市场，强化社会民生物流保障。

系统观念、统筹推进。统筹谋划物流设施建设、服务体系构建、技术装备升级、业态模式创新，促进现代物流与区域、产业、消费、城乡协同布局，构建支撑国内国际双循环的物流服务体系，实现物流网络高效联通。

创新驱动、联动融合。以数字化、网络化、智慧化为牵引，深化现代物流与制造、贸易、信息等融合创新发展，推动形成需求牵引供给、供给创造需求的良性互动和更高水平动态平衡。

绿色低碳、安全韧性。将绿色环保理念贯穿现代物流发展全链条，提升物流可持续发展能力。坚持总体国家安全观，提高物流安全治理水平，完善应急物流体系，提高重大疫情等公共卫生事件、突发事件应对处置能力，促进产业链供应链稳定。

（三）主要目标

到 2025 年，基本建成供需适配、内外联通、安全高效、智慧绿色的现代物流体系。

物流创新发展能力和企业竞争力显著增强。物流数字化转型取得显著成效，智慧物流应用场景更加丰富。物流科技创新能力不断增强，产学研结合机制进一步完善，建设一批现代物流科创中心和国家工程研究中心。铁路、民航等领域体制改革取得显著成效，市场活力明显增强，形成一批具有较强国际竞争力的骨干物流企业和知名服务品牌。

物流服务质量效率明显提升。跨物流环节衔接转换、跨运输方式联运效率大幅提高，社会物流总费用与国内生产总值的比率较 2020 年下降 2 个百分点左右。多式联运、铁路（高铁）快运、内河水运、大宗商品储备设施、农村物流、冷链物流、应急物流、航空物流、国际寄递物流等重点领域补短板取得明显成效。通关便利化水平进一步提升，城乡物流服务均等化程度明显提高。

"通道 + 枢纽 + 网络"运行体系基本形成。衔接国家综合立体交通网主骨架，完成 120 个左右国家物流枢纽、100 个左右国家骨干冷链物流基地布局建设，基本形成以国家物流枢纽为核心的骨干物流基础设施网络。物流干支仓配一体化运行更加顺畅，串接不同运输方式的多元化国际物流通道逐步完善，畅联国内国际的物流服务网络更加健全。枢纽经济发展取得成效，建设 20 个左右国家物流枢纽经济示范区。

安全绿色发展水平大幅提高。提高重大疫情、自然灾害等紧急情况下物流对经济社会运行的保障能力。冷链物流全流程监测能力大幅增强，生鲜产品冷链流通率显著提升。货物运输结构进一步优化，铁路货运量占比较 2020 年提高 0.5 个百分点，集装箱铁水联运量年均增长 15% 以上，铁路、内河集装箱运输比重和集装箱铁水联运比重大幅上升。面向重点品类的逆向物流体系初步建立，资源集约利用水平明显提升。清洁货运车辆广泛应用，绿色包装应用取得明显成效，物流领域节能减排水平显著提高。

现代物流发展制度环境更加完善。物流标准规范体系进一步健全，标准化、集装化、单元化物流装载器具和包装基础模数广泛应用。社会物流统计体系、信用体系更加健全，营商环境持续优化，行业协同治理体系不断完善、治理能力显著提升。

展望2035年，现代物流体系更加完善，具有国际竞争力的一流物流企业成长壮大，通达全球的物流服务网络更加健全，对区域协调发展和实体经济高质量发展的支撑引领更加有力，为基本实现社会主义现代化提供坚实保障。

### 三、精准聚焦现代物流发展重点方向

**（一）加快物流枢纽资源整合建设**

深入推进国家物流枢纽建设，补齐内陆地区枢纽设施结构和功能短板，加强业务协同、政策协调、运行协作，加快推动枢纽互联成网。加强国家物流枢纽铁路专用线、联运转运设施建设，有效衔接多种运输方式，强化多式联运组织能力，实现枢纽间干线运输密切对接。依托国家物流枢纽整合区域物流设施资源，引导应急储备、分拨配送等功能设施集中集约布局，支持各类物流中心、配送设施、专业市场等与国家物流枢纽功能对接、联动发展，促进物流要素规模集聚和集成运作。

**（二）构建国际国内物流大通道**

依托国家综合立体交通网和主要城市群、沿海沿边口岸城市等，促进国家物流枢纽协同建设和高效联动，构建国内国际紧密衔接、物流要素高效集聚、运作服务规模化的"四横五纵、两沿十廊"物流大通道。"四横五纵"国内物流大通道建设，要畅通串接东中西部的沿黄、陆桥、长江、广昆等物流通道和联接南北方的京沪、京哈—京港澳（台）、二连浩特至北部湾、西部陆海新通道、进出藏等物流通道，提升相关城市群、陆上口岸城市物流综合服务能力和规模化运行效率。加快"两沿十廊"国际物流大通道建设，对接区域全面经济伙伴关系协定（RCEP）等，强化服务共建"一带一路"的多元化国际物流通道辐射能力。

**（三）完善现代物流服务体系**

围绕做优服务链条、做强服务功能、做好供应链协同，完善集约高效的现代物流服务体系，支撑现代产业体系升级，推动产业迈向全球价值链中高端。加快运输、仓储、配送、流通加工、包装、装卸等领域数字化改造、智慧化升级和服务创新，补齐农村物流、冷链物流、应急物流、航空物流等专业物流短板，增强专业物流服务能力，推动现代物流向供应链上下游延伸。

**（四）延伸物流服务价值链条**

把握物流需求多元化趋势，加强现代物流科技赋能和创新驱动，推进现代物流服务领域拓展和业态模式创新。发挥现代物流串接生产消费作用，与先进制造、现代商贸、现代农业融合共创产业链增值新空间。提高物流网络对经济要素高效流动的支持能力，引导产业集群发展和经济合理布局，推动跨区域资源整合、产业链联动和价值协同创造，发展枢纽经济、通道经济新形态，培育区域经济新增长点。

**（五）强化现代物流对社会民生的服务保障**

围绕更好满足城乡居民生活需要，适应扩大内需、消费升级趋势，优化完善商贸、

快递物流网络。完善城市特别是超大特大城市物流设施网络，健全分级配送体系，实现干线、支线物流和末端配送有机衔接、一体化运作，加强重点生活物资保障能力。补齐农村物流设施和服务短板，推动快递服务基本实现直投到建制村，支撑扩大优质消费品供给。加快建立覆盖冷链物流全链条的动态监测和追溯体系，保障食品药品消费安全。鼓励发展物流新业态新模式，创造更多就业岗位，保障就业人员权益，促进灵活就业健康发展。

（六）提升现代物流安全应急能力

统筹发展和安全，强化重大物流基础设施安全和信息安全保护，提升战略物资、应急物流、国际供应链等保障水平，增强经济社会发展韧性。健全大宗商品物流体系。加快构建全球供应链物流服务网络，保持产业链供应链稳定。充分发挥社会物流作用，推动建立以企业为主体的应急物流队伍。

## 四、加快培育现代物流转型升级新动能

（一）推动物流提质增效降本

促进全链条降成本。推动解决跨运输方式、跨作业环节瓶颈问题，打破物流"中梗阻"。依托国家物流枢纽、国家骨干冷链物流基地等重大物流基础设施，提高干线运输规模化水平和支线运输网络化覆盖面，完善末端配送网点布局，扩大低成本、高效率干支仓配一体化物流服务供给。鼓励物流资源共享，整合分散的运输、仓储、配送能力，发展共建船队车队、共享仓储、共同配送、统仓统配等组织模式，提高资源利用效率。推动干支仓配一体化深度融入生产和流通，带动生产布局和流通体系调整优化，减少迂回、空驶等低效无效运输，加快库存周转，减少社会物流保管和管理费用。

推进结构性降成本。加快推进铁路专用线进港区、连园区、接厂区，合理有序推进大宗商品等中长距离运输"公转铁"、"公转水"。完善集装箱公铁联运衔接设施，鼓励发展集拼集运、模块化运输、"散改集"等组织模式，发挥铁路干线运输成本低和公路网络灵活优势，培育有竞争力的"门到门"公铁联运服务模式，降低公铁联运全程物流成本。统筹沿海港口综合利用，提升大型港口基础设施服务能力，提高码头现代化专业化规模化水平，加快推进铁水联运衔接场站改造，提高港口铁路专用线集疏网络效能，优化作业流程。完善内河水运网络，统筹江海直达、江海联运发展，发挥近海航线、长江水道、珠江水道等水运效能，稳步推进货物运输"公转水"。推进铁水联运业务单证电子化，促进铁路、港口信息互联，实现铁路现车、装卸车、货物在途、到达预确报以及港口装卸、货物堆存、船舶进出港、船期舱位预定等铁水联运信息交换共享。支持港口、铁路场站加快完善集疏运油气管网，有效对接石化等产业布局，提高管道运输比例。

（二）促进物流业与制造业深度融合

促进企业协同发展。支持物流企业与制造企业创新供应链协同运营模式，将物流服务深度嵌入制造供应链体系，提供供应链一体化物流解决方案，增强制造企业柔性

制造、敏捷制造能力。引导制造企业与物流企业建立互利共赢的长期战略合作关系，共同投资专用物流设施建设和物流器具研发，提高中长期物流合同比例，制定制造业物流服务标准，提升供应链协同效率。鼓励具备条件的制造企业整合对接分散的物流服务能力和资源，实现规模化组织、专业化服务、社会化协同。

推动设施联动发展。加强工业园区、产业集群与国家物流枢纽、物流园区、物流中心等设施布局衔接、联动发展。支持工业园区等新建或改造物流基础设施，吸引第三方物流企业进驻并提供专业化、社会化物流服务。发展生产服务型国家物流枢纽，完善第三方仓储、铁路专用线等物流设施，面向周边制造企业提供集成化供应链物流服务，促进物流供需规模化对接，减少物流设施重复建设和闲置。

支持生态融合发展。统筹推进工业互联网和智慧物流体系同步设计、一体建设、协同运作，加大智能技术装备在制造业物流领域应用，推进关键物流环节和流程智慧化升级。打造制造业物流服务平台，促进制造业供应链上下游企业加强采购、生产、流通等环节信息实时采集、互联共享，实现物流资源共享和过程协同，提高生产制造和物流服务一体化运行水平，形成技术驱动、平台赋能的物流业制造业融合发展新生态。

（三）强化物流数字化科技赋能

加快物流数字化转型。利用现代信息技术推动物流要素在线化数据化，开发多样化应用场景，实现物流资源线上线下联动。结合实施"东数西算"工程，引导企业信息系统向云端跃迁，推动"一站式"物流数据中台应用，鼓励平台企业和数字化服务商开发面向中小微企业的云平台、云服务，加强物流大数据采集、分析和应用，提升物流数据价值。培育物流数据要素市场，统筹数据交互和安全需要，完善市场交易规则，促进物流数据安全高效流通。积极参与全球物流领域数字治理，支撑全球贸易和跨境电商发展。研究电子签名和电子合同应用，促进国际物流企业间互认互验，试点铁路国际联运无纸化。

推进物流智慧化改造。深度应用第五代移动通信（5G）、北斗、移动互联网、大数据、人工智能等技术，分类推动物流基础设施改造升级，加快物联网相关设施建设，发展智慧物流枢纽、智慧物流园区、智慧仓储物流基地、智慧港口、数字仓库等新型物流基础设施。鼓励智慧物流技术与模式创新，促进创新成果转化，拓展智慧物流商业化应用场景，促进自动化、无人化、智慧化物流技术装备以及自动感知、自动控制、智慧决策等智慧管理技术应用。加快高端标准仓库、智慧立体仓储设施建设，研发推广面向中小微企业的低成本、模块化、易使用、易维护智慧装备。

促进物流网络化升级。依托重大物流基础设施打造物流信息组织中枢，推动物流设施设备全面联网，实现作业流程透明化、智慧设备全连接，促进物流信息交互联通。推动大型物流企业面向中小微企业提供多样化、数字化服务，稳步发展网络货运、共享物流、无人配送、智慧航运等新业态。鼓励在有条件的城市搭建智慧物流"大脑"，全面链接并促进城市物流资源共享，优化城市物流运行，建设智慧物流网络。推动物流领域基础公共信息数据有序开放，加强物流公共信息服务平台建设，推动企业数据对接，面向物流企业特别是中小微物流企业提供普惠性服务。

（四）推动绿色物流发展

深入推进物流领域节能减排。加强货运车辆适用的充电桩、加氢站及内河船舶适用的岸电设施、液化天然气（LNG）加注站等配套布局建设，加快新能源、符合国六排放标准等货运车辆在现代物流特别是城市配送领域应用，促进新能源叉车在仓储领域应用。继续加大柴油货车污染治理力度，持续推进运输结构调整，提高铁路、水路运输比重。推动物流企业强化绿色节能和低碳管理，推广合同能源管理模式，积极开展节能诊断。加强绿色物流新技术和设备研发应用，推广使用循环包装，减少过度包装和二次包装，促进包装减量化、再利用。加快标准化物流周转箱推广应用，推动托盘循环共用系统建设。

加快健全逆向物流服务体系。探索符合我国国情的逆向物流发展模式，鼓励相关装备设施建设和技术应用，推进标准制定、检测认证等基础工作，培育专业化逆向物流服务企业。支持国家物流枢纽率先开展逆向物流体系建设，针对产品包装、物流器具、汽车以及电商退换货等，建立线上线下融合的逆向物流服务平台和网络，创新服务模式和场景，促进产品回收和资源循环利用。

（五）做好供应链战略设计

提升现代供应链运行效率。推进重点产业供应链体系建设，发挥供应链核心企业组织协同管理优势，搭建供应链协同服务平台，提供集贸易、物流、信息等多样化服务于一体的供应链创新解决方案，打造上下游有效串接、分工协作的联动网络。加强数字化供应链前沿技术、基础软件、先进模式等研究与推广，探索扩大区块链技术应用，提高供应链数字化效率和安全可信水平。规范发展供应链金融，鼓励银行等金融机构在依法合规、风险可控的前提下，加强与供应链核心企业或平台企业合作，丰富创新供应链金融产品供给。

强化现代供应链安全韧性。坚持自主可控、安全高效，加强供应链安全风险监测、预警、防控、应对等能力建设。发挥供应链协同服务平台作用，引导行业、企业间加强供应链安全信息共享和资源协同联动，分散化解潜在风险，增强供应链弹性，确保产业链安全。积极参与供应链安全国际合作，共同防范应对供应链中断风险。

（六）培育发展物流经济

壮大物流枢纽经济。发挥国家物流枢纽、国家骨干冷链物流基地辐射广、成本低、效率高等优势条件，推动现代物流和相关产业深度融合创新发展，促进区域产业空间布局优化，打造具有区域集聚辐射能力的产业集群，稳妥有序开展国家物流枢纽经济示范区建设。

发展物流通道经济。围绕共建"一带一路"、长江经济带发展等重大战略实施和西部陆海新通道建设，提升"四横五纵、两沿十廊"物流大通道沿线物流基础设施支撑和服务能力，密切通道经济联系，优化通道沿线产业布局与分工合作体系，提高产业组织和要素配置能力。

**五、深度挖掘现代物流重点领域潜力**

（一）加快国际物流网络化发展

推进国际通道网络建设。强化国家物流枢纽等的国际物流服务设施建设，完善通关等功能，加强国际、国内物流通道衔接，推动国际物流基础设施互联互通。推动商贸物流型境外经贸合作区建设，优化海外布局，扩大辐射范围。巩固提升中欧班列等国际铁路运输组织水平，推动跨境公路运输发展，加快构建高效畅通的多元化国际物流干线通道。积极推进海外仓建设，加快健全标准体系。鼓励大型物流企业开展境外港口、海外仓、分销网络建设合作和协同共享，完善全球物流服务网络。

补齐国际航空物流短板。依托空港型国家物流枢纽，集聚整合国际航空物流货源，完善配套服务体系，打造一体化运作的航空物流服务平台，提供高品质"一站式"国际航空物流服务。加快培育规模化、专业化、网络化的国际航空物流骨干企业，优化国际航空客运航线客机腹舱运力配置，增强全货机定班国际航线和包机组织能力，逐步形成优质高效的国际航空物流服务体系，扩大国际航空物流网络覆盖范围，建设覆盖重点产业布局的国际货运通道。

培育国际航运竞争优势。加密国际海运航线，打造国际航运枢纽港，提升国际航运服务能力，强化国际中转功能，拓展国际金融、国际贸易等综合服务。加快推进长三角世界级港口群一体化治理体系建设。加强港口与内陆物流枢纽等联动，发展海铁联运、江海联运，扩大港口腹地辐射范围。鼓励港航企业与货主企业、贸易企业加强战略合作，延伸境外末端服务网络。

提高国际物流综合服务能力。优化完善中欧班列开行方案统筹协调和动态调整机制，加快建设中欧班列集结中心，完善海外货物集散网络，推动中欧班列双向均衡运输，提高货源集结与班列运行效率。加快国际航运、航空与中欧班列、西部陆海新通道国际海铁联运班列等协同联动，提升国际旅客列车行包运输能力，开行客车化跨境班列，构建多样化国际物流服务体系。提高重点边境铁路口岸换装和通行能力，推动边境水运口岸综合开发和国际航道物流合作，提升边境公路口岸物流能力。推进跨境物流单证规则、检验检疫、认证认可、通关报关等标准衔接和国际互认合作。

（二）补齐农村物流发展短板

完善农村物流节点网络。围绕巩固拓展脱贫攻坚成果与乡村振兴有效衔接，重点补齐中西部地区、经济欠发达地区和偏远山区等农村物流基础设施短板，切实改善农村流通基础条件。统筹城乡物流发展，推动完善以县级物流节点为核心、乡镇服务网点为骨架、村级末端站点为延伸的县乡村三级物流服务设施体系。推动交通运输与邮政快递融合发展，加快农村物流服务品牌宣传推广，促进交通、邮政、快递、商贸、供销、电商等农村物流资源融合和集约利用，打造一批公用型物流基础设施，建设村级寄递物流综合服务站，完善站点服务功能。推进公益性农产品市场和农产品流通骨干网络建设。

提升农村物流服务效能。围绕农村产业发展和居民消费升级，推进物流与农村一二三产业深度融合，深化电商、快递进村工作，发展共同配送，打造经营规范、集约高效的农村物流服务网络，加快工业品下乡、农产品出村双向物流服务通道升级扩容、提质增效。推动物流服务与规模化种养殖、商贸渠道拓展等互促提升，推动农产品品牌打造和标准化流通，创新物流支持农村特色产业品质化、品牌化发展模式，提升农业产业化水平。

（三）促进商贸物流提档升级

完善城乡商贸物流设施。优化以综合物流园区、专业配送中心、末端配送网点为支撑的商贸物流设施网络。完善综合物流园区干线接卸、前置仓储、流通加工等功能。结合老旧小区、老旧厂区、老旧街区和城中村改造以及新城新区建设，新建和改造升级一批集运输、仓储、加工、包装、分拨等功能于一体的公共配送中心，支持大型商超、批发市场、沿街商铺、社区商店等完善临时停靠装卸等配套物流设施，推进智能提货柜、智能快件箱、智能信包箱等设施建设。

提升商贸物流质量效率。鼓励物流企业与商贸企业深化合作，优化业务流程，发展共同配送、集中配送、分时配送、夜间配送等集约化配送模式，优化完善前置仓配送、即时配送、网订店取、自助提货等末端配送模式。深化电商与快递物流融合发展，提升线上线下一体服务能力。

（四）提升冷链物流服务水平

完善冷链物流设施网络。发挥国家物流枢纽、国家骨干冷链物流基地的资源集聚优势，引导商贸流通、农产品加工等企业向枢纽、基地集聚或强化协同衔接。加强产销冷链集配中心建设，提高产地农产品产后集散和商品化处理效率，完善销地城市冷链物流系统。改善机场、港口、铁路场站冷链物流配套条件，健全冷链集疏运网络。加快实施产地保鲜设施建设工程，推进田头小型冷藏保鲜设施等建设，加强产地预冷、仓储保鲜、移动冷库等产地冷链物流设施建设，引导商贸流通企业改善末端冷链设施装备条件，提高城乡冷链设施网络覆盖水平。

提高冷链物流质量效率。大力发展铁路冷链运输和集装箱公铁水联运，对接主要农产品产区和集散地，创新冷链物流干支衔接模式。发展"生鲜电商＋产地直发"等冷链物流新业态新模式。推广蓄冷箱、保温箱等单元化冷链载器具和标准化冷藏车，促进冷链物流信息互联互通，提高冷链物流规模化、标准化水平。依托国家骨干冷链物流基地、产销冷链集配中心等大型冷链物流设施，加强生鲜农产品检验检疫、农兽药残留及防腐剂、保鲜剂、添加剂合规使用等质量监管。研究推广应用冷链道路运输电子运单，加强产品溯源和全程温湿度监控，将源头至终端的冷链物流全链条纳入监管范围，提升冷链物流质量保障水平。健全进口冷链食品检验检疫制度，筑牢疫情外防输入防线。

（五）推进铁路（高铁）快运稳步发展

完善铁路（高铁）快运网络。结合电商、邮政快递等货物的主要流向、流量，完善铁路（高铁）快运线路和网络。加快推进铁路场站快运服务设施布局和改造升级，强化快速接卸货、集散、分拣、存储、包装、转运和配送等物流功能，建设专业化铁路（高铁）快运物流基地。鼓励电商、邮政快递等企业参与铁路（高铁）快运设施建设和改造，就近或一体布局建设电商快递分拨中心，完善与铁路（高铁）快运高效衔接的快递物流服务网络。

创新高铁快运服务。适应多样化物流需求，发展多种形式的高铁快运。在具备条件的高铁场站间发展"点对点"高铁快运班列服务。依托现有铁路物流平台，构建业务受理、跟踪查询、结算办理等"一站式"高铁快运服务平台，推动高铁快运与电商、快递物流企业信息对接。

（六）提高专业物流质量效率

完善大宗商品物流体系。优化粮食、能源、矿产等大宗商品物流服务，提升沿海、内河水运通道大宗商品物流能力，扩大铁路货运班列、"点对点"货运列车、大宗货物直达列车开行范围，发展铁路散粮运输、棉花集装箱运输、能源和矿产重载运输。有序推进油气干线管道建设，持续完善支线管道，打通管网瓶颈和堵点，提高干支管网互联互通水平。依托具备条件的国家物流枢纽发展现代化大宗商品物流中心，增强储备、中转、通关等功能，推进大宗商品物流数字化转型，探索发展电子仓单、提单，构建衔接生产流通、串联物流贸易的大宗商品供应链服务平台。

安全有序发展特种物流。提升现代物流对大型装备制造、大型工程项目建设的配套服务能力，加强大件物流跨区域通道线路设计，推动形成多种运输方式协调发展的大件物流综合网络。发展危化品罐箱多式联运，提高安全服务水平，推动危化品物流向专业化定制、高品质服务和全程供应链服务转型升级。推动危化品物流全程监测、线上监管、实时查询，提高异常预警和应急响应处置能力。完善医药物流社会化服务体系，培育壮大第三方医药物流企业。鼓励覆盖生产、流通、消费的医药供应链平台建设，健全全流程监测追溯体系，确保医药产品物流安全。

（七）提升应急物流发展水平

完善应急物流设施布局。整合优化存量应急物资储备、转运设施，推动既有物流设施嵌入应急功能，在重大物流基础设施规划布局、设计建造阶段充分考虑平急两用需要，完善应急物流设施网络。统筹加强抗震、森林草原防灭火、防汛抗旱救灾、医疗救治等各类应急物资储备设施和应急物流设施在布局、功能、运行等方面相互匹配、有机衔接，提高紧急调运能力。

提升应急物流组织水平。统筹应急物流力量建设与管理，建立专业化应急物流企业库和人员队伍，健全平急转换和经济补偿机制。充分利用市场资源，完善应急物流干线运输和区域配送体系，提升跨区域大规模物资调运组织水平，形成应对各类突发事件的应急物流保障能力。

健全物流保通保畅机制。充分发挥区域统筹协调机制作用，鼓励地方建立跨区域、跨部门的应对疫情物流保通保畅工作机制，完善决策报批流程和信息发布机制，不得擅自阻断或关闭高速公路、普通公路、航道船闸等通道，不得擅自关停高速公路服务区、港口码头、铁路车站和航空机场，严禁采取全城 24 小时禁止货车通行的限制措施，不得层层加码实施"一刀切"管控措施；加快完善物流通道和物流枢纽、冷链基地、物流园区、边境口岸等环节的检验检疫、疫情阻断管理机制和分类分级应对操作规范，在发生重大公共卫生事件时有效阻断疫情扩散、确保物流通道畅通，保障防疫物资、生活物资以及工业原材料、农业生产资料等供应，维护正常生产生活秩序和产业链供应链安全。

## 六、强化现代物流发展支撑体系

### （一）培育充满活力的物流市场主体

提升物流企业市场竞争力。鼓励物流企业通过兼并重组、联盟合作等方式进行资源优化整合，培育一批具有国际竞争力的现代物流企业，提升一体化供应链综合服务能力。引导中小微物流企业发掘细分市场需求，做精做专、创新服务，增强专业化市场竞争力，提高规范化运作水平。完善物流服务质量评价机制，支持企业塑造物流服务品牌。深化物流领域国有企业改革，盘活国有企业存量物流资产，支持国有资本参与物流大通道建设。鼓励民营物流企业做精做大做强，加快中小微企业资源整合，培育核心竞争力。

规范物流市场运行秩序。统筹推进物流领域市场监管、质量监管、安全监管和金融监管，实现事前事中事后全链条全领域监管，不断提高监管效能。加大物流领域反垄断和反不正当竞争执法力度，深入推进公平竞争政策实施。有序放宽市场准入，完善市场退出机制，有效引导过剩物流能力退出，扩大优质物流服务供给。引导公路运输企业集约化、规模化经营，提升公路货物运输组织效率。

### （二）强化基础标准和制度支撑

健全物流统计监测体系。研究建立物流统计分类标准，加强社会物流统计和重点物流企业统计监测，开展企业物流成本统计调查试点。研究制定反映现代物流重点领域、关键环节高质量发展的监测指标体系，科学系统反映现代物流发展质量效率，为政府宏观调控和企业经营决策提供参考依据。

健全现代物流标准体系。强化物流领域国家标准和行业标准规范指导作用，鼓励高起点制定团体标准和企业标准，推动国际国内物流标准接轨，加大已发布物流标准宣传贯彻力度。推动基础通用和产业共性的物流技术标准优化升级，以标准提升促进物流科技成果转化。建立政府推动、行业协会和企业等共同参与的物流标准实施推广机制。建立物流标准实施评价体系，培育物流领域企业标准"领跑者"，发挥示范带动作用。

加强现代物流信用体系建设。加强物流企业信用信息归集共享，通过"信用中国"网站和国家企业信用信息公示系统依法向社会公开。建立健全跨部门、跨区域信用信息共享机制，建立以信用为基础的企业分类监管制度，完善物流行业经营主体和从业人员守信联合激励和失信联合惩戒机制。依法依规建立物流企业诚信记录和严重失信主体名单制度，提高违法失信成本。

加强物流安全体系建设。完善物流安全管理制度，加强对物流企业的监督管理和日常安全抽查，推动企业严格落实安全生产主体责任。提高物流企业承运物品、客户身份等信息登记规范化水平，加强运输物品信息共享和安全查验部门联动，实现物流活动全程跟踪，确保货物来源可追溯、责任能倒查。提高运输车辆安全性能和从业人员安全素质，规范车辆运输装载，提升运输安全水平。落实网络安全等级保护制度，提升物流相关信息系统的安全防护能力。

（三）打造创新实用的科技与人才体系

强化物流科技创新支撑。依托国家企业技术中心、高等院校、科研院所等开展物流重大基础研究和示范应用，推动设立一批物流技术创新平台。建立以企业为主体的协同创新机制，鼓励企业与高等院校、科研院所联合设立产学研结合的物流科创中心，开展创新技术集中攻关、先进模式示范推广，建立成果转化工作机制。鼓励物流领域研究开发、创业孵化、技术转移、检验检测认证、科技咨询等创新服务机构发展，提升专业化服务能力。

建设物流专业人才队伍。发挥物流企业用人主体作用，加强人才梯队建设，完善人才培养、使用、评价和激励机制。加强高等院校物流学科专业建设，提高专业设置的针对性，培育复合型高端物流人才。加快物流现代职业教育体系建设，支持职业院校（含技工院校）开设物流相关专业。加强校企合作，创新产教融合人才培养模式，培育一批有影响力的产教融合型企业，支持企业按规定提取和使用职工教育经费，开展大规模多层次职业技能培训，促进现代物流专业技术人员能力提升。指导推动物流领域用人单位和社会培训评价组织开展职业技能等级认定，积极开展物流领域相关职业技能竞赛。实现学历教育与培训并举衔接，进一步推动物流领域1＋X证书制度和学分银行建设。对接国际专业认证体系，提高国际化物流人才培养水平，加大海外高端人才引进力度。实施新一轮专业技术人才知识更新工程和职业技能提升行动，推进物流领域工程技术人才职称评审，逐步壮大高水平工程师和高技能人才队伍。

**七、实施保障**

（一）优化营商环境

深化"放管服"改革，按规定放宽物流领域相关市场准入，消除各类地方保护和隐性壁垒。依托全国一体化政务服务平台，推动物流领域资质证照电子化，支持地方开展"一照多址"改革，促进物流企业网络化布局，实现企业注册、审批、变更、注销等"一网通办"，允许物流领域（不含快递）企业分支机构证照异地备案和异地审验。推动物流领域（不含快递）资质许可向资质备案和告知承诺转变。完善物流发展相关立法，推动健全物流业法律法规体系和法治监督体系。开展现代物流促进法等综合性法律立法研究和准备工作。严格依法行政依法监管，统一物流监管执法标准和处罚清单。推动跨部门、跨区域、跨层级政务信息开放共享，避免多头管理和重复监管。大力推动货车非法改装治理，研究制定非标准货运车辆治理工作方案。依托国际贸易"单一窗口"创新"通关 + 物流"服务，提高口岸智慧管理和服务水平。推动部门间物流安检互认、数据互通共享，减少不必要的重复安检。支持航空公司壮大货运机队规模，进一步简化货机引进程序和管理办法，优化工作流程，鼓励航空物流企业"走出去"。

（二）创新体制机制

完善全国现代物流工作部际联席会议制度，强化跨部门、跨区域政策协同，着力推动降低物流成本等重点工作。深化铁路货运市场化改革，推进投融资、运输组织、科技创新等体制机制改革，吸引社会资本进入，推动铁路货运市场主体多元化和服务创新发展，促进运输市场公平有序竞争。鼓励铁路企业与港口、社会物流企业等交叉持股，拓展战略合作联盟。

（三）强化政策支持

保障重大项目用地用海。依据国土空间规划，落实《国土空间调查、规划、用途管制用地用海分类指南（试行）》要求，完善物流设施专项规划，重点保障国家物流枢纽等重大物流基础设施和港航设施等的合理用地用海需求，确保物流用地规模、土地性质和空间位置长期稳定。创新物流用地模式，推动物流枢纽用地统一规划和科学布局，提升土地空间集约节约利用水平，支持物流仓储用地以长期租赁或先租后让、租让结合的方式供应。鼓励地方政府盘活存量土地和闲置土地资源用于物流设施建设。支持物流企业利用自有土地进行物流基础设施升级改造。支持依法合规利用铁路划拨用地、集体建设用地建设物流基础设施。

巩固减税降费成果。落实深化税收征管制度改革有关部署，推进现代物流领域发票电子化。按规定落实物流企业大宗商品仓储设施用地城镇土地使用税减半征收、购置挂车车辆购置税减半征收等税收优惠政策。严格落实已出台的物流简政降费政策，严格执行收费目录清单和公示制度，严禁违规收费，坚决治理乱收费、乱罚款、乱摊派，依法治理"只收费、不服务"的行为。清理规范铁路、港口、机场等收费，对主要海运口岸、机场地面服务收费开展专项调查，增强铁路货运收费透明度。对货运车辆定位信息及相关服务商开展典型成本调查，及时调整过高收费标准。

加大金融支持力度。鼓励符合条件的社会资本按市场化方式发起成立物流产业相关投资基金。发挥各类金融机构作用，按照市场化、法治化原则，加大对骨干物流企业和中小物流企业的信贷支持力度，拓宽企业兼并重组融资渠道，引导资金流向创新型物流企业。在仓储物流行业稳妥推进基础设施领域不动产投资信托基金（REITs）试点。鼓励保险公司开发农产品仓储保鲜冷链物流保险，提升鲜活农产品经营和质量安全风险保障水平。

（四）深化国际合作

推动建立国际物流通道沿线国家协作机制，加强便利化运输、智慧海关、智能边境、智享联通等方面合作。持续推动中欧班列"关铁通"项目在有合作意愿国家落地实施。逐步建立适应国际铁路联运特点的陆路贸易规则体系，推动完善配套法律法规，加强与国内外银行、保险等金融机构合作，探索使用铁路运输单证开展贸易融资。

（五）加强组织实施

国家发展改革委要会同国务院有关部门加强行业综合协调和宏观调控，协调解决本规划实施中存在的问题，确保规划落地见效。建立现代物流发展专家咨询委员会，加强对重大问题的调查研究和政策咨询，指导规划任务科学推进。推动行业协会深度参与行业治理，发挥社会监督职能，加强行业自律和规范发展，助力规划落地实施。

资料来源：中国政府网

# 第一节 物流价值的发现

## 一、物流的功能

虽然物流需求因企业的不同而有所不同，但是不同类型的物流需求之间本身具有共性，否则物流功能将较难满足客户需求。根据国内外对物流功能供给和物流需求的实际研究，物流的功能可以分为物流的基本功能和物流的增值服务功能两部分。

### 1. 物流的基本功能

物流的基本功能，是指物流活动特有的、区别于其他经济活动的职责和功能。物流的基本功能的内容是进行商品实体定向运动，这是物流的共性。不管哪一种社会形态，只要有商品交换存在，商流和物流就必然发生。

物流的基本功能是任何一个物流系统都必须具备的，它包括以下主要功能：运输、储存、包装、装卸搬运、流通加工、配送和物流信息处理。这些基本功能在第五章将详细叙述。物流的基本功能如图 3-1 所示。

### 2. 物流的增值服务功能

物流的增值服务功能是指能够满足客户特定要求，显著增加客户价值，围绕物流

图 3-1　物流的基本功能

需求而展开的创新性服务。该定义的关键点包括 4 个方面：①满足客户特定要求；②显著增加客户价值；③围绕物流需求而展开；④增值服务是创新性服务。

物流的增值服务功能是在完成物流的基本功能的基础上，根据客户需求提供各种延伸业务活动。在竞争不断加剧的市场环境下，物流企业不但要在传统的运输和仓储服务上有更高的服务质量，还要大大拓展物流业务，提供尽可能多的增值服务。

（1）增加便利性的服务。一切能够简化手续、简化操作的服务都是增值服务。简化是对消费者而言的，简化的不是服务的内容，而是消费者为了获得某种服务的过程，这当然增加了商品或服务的价值。在提供物流服务时，推行门到门一条龙服务，提供完备的作业提示、免费培训、免费维护、省力化设计或安装、代办业务、自动订货服务、信息传递、物流全过程追踪服务，并 24 小时营业，这些都是对客户有用的增值服务。

（2）快速反应的服务。快速反应是指物流企业面对多品种、小批量的买方市场，不是储备了"产品"，而是准备了各种要素，在客户提出要求时，能以最快的速度抽取要素，及时"组装"，提供所需服务或产品。

快速反应已经成为物流发展的动力之一。传统观点和做法将快速反应单纯变成对快速运输的一种要求，而现代物流的观点却认为，可以通过两条途径使过程变快，一条途径是提高运输基础设施设备的效率，如修建高速公路、铁路提速、制定新的交通管理规章等。这是一种速度的保障，但在需求方对速度的要求越来越高的情况下，它也变成了一种约束，因此必须开辟其他途径提高速度。这就催生了第二条途径，即设定具有重大推广价值的物流增值服务方案，如优化配送中心、物流中心网络，重新设计适合客户的流通渠道，以此简化物流环节，提高物流系统的快速反应能力。

（3）降低成本的服务。通过提供物流增值服务，寻找能够降低物流成本的物流解决方案，提高物流的效率和效益。可以考虑的方案包括以下几种：①采用第三方物流服务商；②采取物流共同化计划；③采用比较适用但投资较少的物流技术和设施设备；④推行物流管理技术，如运筹学中的管理技术，以及单品管理技术、条码技术和信息技术等。

（4）延伸服务。物流增值服务向上可以延伸到市场调查与预测、采购及订单处理；向下可以延伸到物流咨询、物流系统设计、物流方案的规划与选择、库存控制决策建议、货款回收与结算、教育与培训等。

关于结算功能，物流的结算不仅是物流费用的结算，在涉及代理、配送的情况下，物流服务商还要替货主向收货人结算货款。

关于需求预测功能，物流服务商应该根据物流中心商品进货、出货信息预测未来一段时间内的商品出入库量，进而预测市场对商品的需求，指导订货。

关于物流系统设计、咨询功能，物流服务商要充当客户的物流专家，为客户设计物流系统，替客户选择和评价运输网、仓储网及其他物流服务供应商。

关于物流教育与培训功能，物流系统的运作需要客户的支持与理解，向客户提供物流培训服务，可以培养其对物流中心经营管理者的认同感，可以提高客户的物流管理水平，便于确立物流作业标准。

以上这些延伸服务具有增值性，目的是满足客户需求，为客户创造价值，所以也是比较难提供的物流服务。目前，能否提供此类增值服务已成为衡量一个物流企业是否真正具有竞争力的重要标准。

## 二、物流的价值

生产、物流和消费是社会经济活动的三大组成部分，其中物流是连接生产与消费的必要环节。没有物流，商品价值、货币价值和使用价值都将无法实现，这就是物流的价值所在。物流的价值主要有以下两个方面。

### 1. 时间价值

时间价值是指"物"从供给者到需求者之间有一段时间差，通过改变这一时间差创造的价值就是时间价值。时间价值有 3 种表现方式：①缩短时间创造价值；②弥补时间差创造价值；③延长时间差创造价值。

### 2. 空间价值

空间价值是指"物"从供给者到需求者之间有一段空间差。供给者和需求者往往处于不同的空间，由于改变这一空间的差别所创造的价值就是空间价值。空间价值有 3 种表现方式：①从集中生产空间流入分散需求空间创造价值；②从分散生产空间流入集中需求空间创造价值；③从生产地流入需求地创造空间价值。

## 三、物流价值的发现和认识

### 1. 物流的系统功能价值

第二次世界大战期间，托盘、叉车运用到后勤军事系统中，该系统贯穿了军事物资从单元组合（集装）的装卸，高效连贯的运输、储存，到到达目的地的整个过程。这就促使人们认识到物流作为一种系统的活动，能够实现以往由多项活动才能完成的各种功能，让人们认识到物流系统功能的价值。托盘、叉车如图 3-2 所示。

### 2. 物流的经济活动价值

第二次世界大战以后，大量军事技术和军事组织方式转移到民间活动中，物流系

（a）托盘　　　　　　　　　（b）叉车

图 3-2　托盘、叉车

统的相关技术、相关管理方式实现了"军转民"。这就使人们认识到，物流不仅有非常重要的军事价值，而且具有非常重要的经济活动价值，可以在经济界广泛地应用，可以为企业增添新的管理思想和结构模式。第二次世界大战以后，价值工程、物流等成功地实现了向经济领域的转化，从军事活动的价值转变为经济活动的价值。

### 3. 物流的利润价值

第二次世界大战以后，有些国家的经济发展面对的是"无限的市场"，只要能够快速地、顺利地实现产品向用户转移，就能够获取利润。企业界应用物流技术和物流管理方式后，能够有效地增强企业的活力，提高企业的效率和效益，从而增加企业的利润。产业革命以后，经济领域对于人力、原材料这两个利润源泉持续进行挖掘，虽然在现代社会中仍然可以用新的方式开发这两个利润源泉，但是寻找新的利润源泉也很迫切。物流作为"第三个利润源泉"，就是在这种情况下被发现的，这也是对物流效益价值的发现。

### 4. 物流的成本价值发现

20世纪70年代初，世界爆发了"第一次石油危机"，实际上是以石油为首的能源、原材料、人力成本的全面上涨。传统的第一、第二利润源泉已经变成了企业的成本负担，在这种情况下，人们发现物流领域有非常大的降低成本的空间。企业和经济界利用物流系统技术和现代物流管理方式后，有效地缓解了能源、原材料、人力成本上扬的压力，从而使人们认识到，物流还具备非常重要的降低成本的价值，即物流的成本价值。物流这一价值的发现，大大提高了物流在国际上的地位。石油危机期间，许多经济学家预言的全世界长期的经济衰退并没有出现，这和经济领域中成功发掘物流的成本价值有很大关系。

### 5. 物流的环境价值

物流系统的开发、物流合理化的广泛推行和系统物流管理的普遍实施，在有效降低成本的同时，能够在合理的、更节约使用物流设备的情况下完成资源配置任务。物流系统化以后，物流装备可以得到全面的、系统的开发，装备的效率大大提高，同时能耗大大降低。这些成效汇集起来后，人们惊喜地发现，"物流"对改善环境、降低污染、实施可持续发展有着重要作用，这就使许多工业化城市对用"物流"这种系统经济形态来改善分立的、混乱的交通，减少运输损失、降低污染，改善企业外部供应环境格外重视。

**6. 物流对企业发展战略的价值**

物流对企业发展战略的价值的发现实际上是对物流服务价值的发现。20 世纪七八十年代后，企业普遍从过去那种狭窄的、近期的、微观的视野，从当前的利益和成本考虑转向了长期的、战略性的发展的考虑。这种长期的、战略性的发展有两个非常重要的支持因素，一个支持因素是在现代信息技术支撑下建立的稳定的、有效的"供应链"，以增强企业自身的能力；另一个支持因素就是贴近用户的服务，而这个服务是远远超出"售后服务"水平的、全面贴近用户的服务。在物流领域出现了广泛配送方式、流通加工方式，以及更进一步的"准时供应系统""即时供应系统""零库存系统"等，这些都成功地让企业获得了更长远的战略发展能力。

**7. 物流对国民经济的价值**

1997 年，东南亚爆发了经济危机，危机过后，人们在分析和总结东南亚各国、各地区的情况时发现，以物流为重要支柱产业的新加坡和中国香港有较强的抗御经济危机的能力。这个发现非常重要，它的重要性在于，物流不仅对微观企业有非常重要的意义，对国家经济发展也有非常重要的意义。物流作为一个产业，在国民经济中的地位非常重要，它能够起到完善结构、提高国民经济总体质量和抗御危机的作用。

## 四、现代物流价值的提升因素

现代物流价值的提升因素主要有以下几个方面。

**1. 物流社会化**

社会分工的发展必然导致物流与生产领域的分离，极大促进了第三方物流和公共物流的发展。现代物流中心和配送中心的大量出现，使物流在一定半径之内进行空间上的集约，实现合理化物流，从而大大节约流通费用，还能节约大量社会流动资金，实现资金流的合理化，即实现经济效益和社会效益双提高。显然，完善和发展物流中心、批发中心、配送中心是物流社会化的必然趋势。物流社会化运作体系的形式如图 3 - 3 所示。

**2. 物流信息化**

全球经济一体化的趋势使物流向着无国界的方向发展，电子数据交换（EDI）与互联网等信息技术的应用，为物流质量、效率的提升带来了巨大的空间，因而物流信息化就成为现代物流价值提升的重要因素之一。物流信息化是指商品代码和数据库的建立，运输网络唯一化，销售网络系统化，物流中心管理电子化，电子商务和物品条码技术应用等。物流信息平台的主要功能如图 3 - 4 所示。

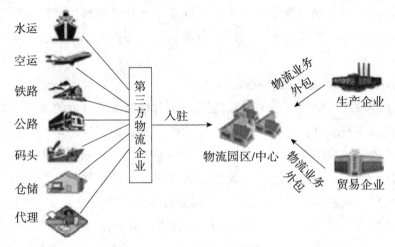

**图 3 - 3　物流社会化运作体系的形式**

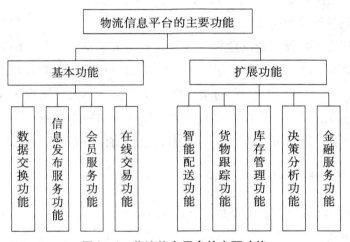

**图 3 - 4　物流信息平台的主要功能**

### 3. 物流系统化

现代物流把社会物流与企业物流有机地结合在一起，产品从采购物流开始，通过生产物流、销售物流，经过包装、运输、仓储、装卸、加工和配送，到达用户手中，最后进行回收物流。

可见，现代物流是通过统筹协调、合理规划，控制整个商品的流动，以达到效益最大、成本最小，同时满足客户需求多样化。因此，为了适应"经济一体化"，物流系统成为跨部门、跨行业、跨区域的社会系统，它是国家流通现代化的主要标志，体现着综合国力。综合物流管理可减少流通环节，节约流通费用，实现科学管理，提高效率和效益，进而提高国民经济的质量与效益。物流系统化如图 3 - 5 所示。

### 4. 物流现代化

现代物流离不开基础设施和物流装备，特别是仓储与运输，仓储现代化要求高度的机械化、自动化、标准化，以组织高效人机协作的物流系统；运输现代化要求建立

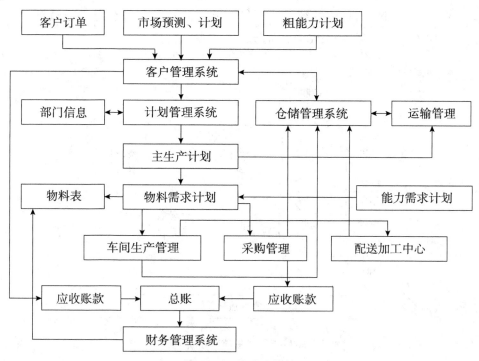

图 3 – 5　物流系统化

铁路、公路、水路、航空与管道的综合运输体系。

因此，大力改进运输方式（如集装箱运输），采用先进的物流技术（如托盘技术），开发新的装卸机械，应用现代化物流手段等，将成为提升物流价值的重要因素。现代化仓库和集装箱货运站如图 3 –6 所示。

（a）现代化仓库　　　　　　　　（b）集装箱货运站

图 3 –6　现代化仓库和集装箱货运站

### 5. "三流"一体化

按照流通规律，商流、物流、信息流是三流分离的，但在现代社会，不同商品形成了不同的流通方式与营销途径，如生产资料不仅有直达供货与经销制，还有配送制、连锁经营制、代理制等，这就要求物流随之变化。许多国家的物流中心、配送中心已经实现了商流、物流、信息流的统一，而且这种"三流"一体化趋势已逐渐被物流界人士认可。"三流"一体化如图3-7所示。

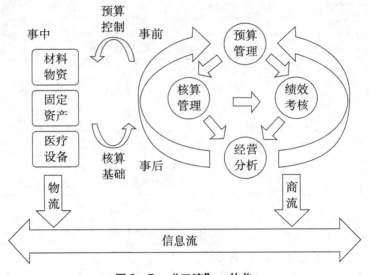

图3-7 "三流"一体化

通过现代物流价值的提升，以实现物流系统追求的"7S"目标：将适当数量（Right Quantity）的适当产品（Right Product），在适当的时间（Right Time）和适当的地点（Right Place），以适当的条件（Right Condition）、适当的质量（Right Quality）和适当的成本（Right Cost）交付给客户。"7S"目标：服务（Service）目标；快捷（Speed）目标；节约（Space Saving）目标；规模优化（Scale Optimization）目标；库存（Stock Control）目标；安全性（Safe）目标；总成本（Sum Cost Minimum）目标。

# 第二节　物流与经济社会

## 一、物流在经济社会中的作用

物流的产生和发展是社会再生产的需要，是流通的主要因素。物流在国民经济中占有重要地位，主要表现在以下5个方面。

**1. 物流是国民经济的动脉系统，它联结社会生产各个部分，使之成为一个有机整体**

任何一个社会（或国家）的经济，都是由众多的产业部门和企业组成的，这些产业部门和企业又分布在不同的地区，属于不同的所有者，它们之间相互供应产品用于对方的生产性消费和职工的生活消费，它们互相依赖又互相竞争，形成错综复杂的关系。物流就是维系这些复杂关系的纽带。马克思对此曾有过论述：交换没有造成生产领域之间的差别，而是使不同的生产领域发生关系，并把它们变成社会总生产中互相依赖的部门。"商流"和"物流"一起，把各个生产部门变成社会总生产中互相依赖的部门。

**2. 物流是社会不断进行再生产，以创造社会物质财富的前提条件**

社会生产的重要特点是它的连续性，这是人类社会得以发展的重要保证。一个社会不能停止消费，同样也不能停止生产。而连续不断的再生产总是以获得必要的生产原材料并使之与劳动力结合而开始。一个企业要不间断地生产，一方面，必须按照生产需要的数量、质量、品种、规格和时间不间断地供给原材料、燃料、工具、设备等生产资料；另一方面，又必须及时地将产成品销售出去。也就是说，必须保证物质资料不间断地流入生产企业，经过加工后又不间断地流出生产企业。在生产企业内部，各种物质资料也需要在各个生产场所和工序间相继传送，经过一步步深加工，使它们成为价值更高、使用价值更大的新产品。厂内物流和厂外物流如果出现故障，生产过程就必然受到影响，甚至会使生产停滞。

**3. 物流是保证商流顺畅进行，实现商品价值和使用价值的物质基础**

在商品流通过程中，物流是伴随着商流而产生的，同时它又是商流的物质内容和物质基础。商流的目的在于变换商品的所有权（包括支配权和使用权），而物流才是商品交换过程要解决的社会物质变换过程的具体体现。我国著名经济学家于光远在祝贺中国物流学会成立的题词中写道："货币的运动只是实物运动的反映，后者是第一性……不仅要研究货币流通，还必须研究物资流通，把这两种流通科学地结合起来。"此论述充分说明没有物流过程，也就无法完成商品的流通过程，包含在商品中的价值和使用价值就不能实现。

**4. 物流技术的发展是决定商品生产规模和产业结构变化的重要因素**

商品生产的发展要求生产社会化、专业化和规范化，但是，没有物流的促进作用，这些要求是难以实现的。物流技术的发展，从根本上改变了产品的生产和消费条件，为经济发展创造了重要前提。随着现代科学技术的发展，物流对生产发展的制约作用越来越明显。

**5. 物流的改进是提高微观经济效益和宏观经济效益的重要源泉**

物流组织的好坏直接决定生产过程能否顺利进行，决定产品的价值和使用价值能否实现，且物流费用已成为生产成本和流通成本的重要组成部分。根据国外相关资料显示，英国工厂每年支付的物流搬运费大约占工厂成本的1/4。据估计，美国每年支出的包装材料费就超过110亿美元，美国通用电气公司的包装材料费仅次于其主要原材料铜和钢的支出，他们把包装看成发展市场的重要工具。总的来看，在日本和欧美等经济发达的国家和地区，由于劳动生产率的提高，原材料、燃料节约已经取得较大成果，而产品包装、储存、搬运、运输等方面的费用则在生产费用中占越来越大的比重。因此，物流已被称为"第三利润源"。特别是随着科学技术的进步，工业发达的国家通过降低物料消耗而获取利润（即"第一利润源"）和通过节约劳动消耗而增加利润

（即"第二利润源"）的潜力已经越来越小，而降低物流费用以取得利润（即"第三利润源"）的潜力却很大。

## 二、影响物流需求的环境因素

在世界经济一体化的大背景下，物流作为一个体现新的思维模式和管理方式的现代概念，已经受到越来越多的重视，其自身也有了很大的发展。在发达国家，物流已发展到供应链物流管理阶段。在我国，物流概念也日益普及，现代化的物流管理理念无论在微观层面（企业物流）、中观层面（区域物流）还是宏观层面（社会物流）都被高度重视。但是，不可否认的是，我国的物流水平与发达国家相比还存在一定的差距，这主要是由我国的总体经济水平决定的。影响物流需求的环境因素主要包括以下几个方面。

### 1. 产业结构的变化

随着科学技术的进步和社会经济的发展，我国产业结构日趋优化。2023年第三产业增加值增速高于第一、第二产业，而且第三产业占GDP的比重也超过第二产业，这是结构调整和转型升级的趋势化，也是经济缓中趋稳的一道亮丽风景线。第三产业的比重继续提高，服务业增加值增速快于工业。自2013年服务业增加值比重第一次超过工业以来，2023年延续了这样的趋势。这就意味着我国正在由原来的工业主导型经济向服务主导型经济转变。这种趋势将对经济增长、就业等方面带来深远而持久的影响。目前，我国工业内部结构调整也在加快，新产业、新业态、新产品保持较快的增长速度，经济全局向中高端迈进的态势非常明显。

20世纪70年代，日本的铁路货运量下降，而公路货运量却大幅上升，两者在货运总量中所占的比例随之改变。对此，日本日通综合研究所进行了一次调查，发现货主在选择运输手段时考虑的因素主要有运输速度、到达时间的准确性、到达日期的可预测性、机动性、运输的频率、货物的安全性和单位运输量7个方面。这个结果说明，作为货物运输服务需求者的货主企业对于货物运输更多地采用公路运输而非铁路运输的理由是"铁路迟缓""铁路到达时间不准确、不可预测"，从而导致了铁路运输量下降而公路运输量急剧增长。

类似的情况在我国也曾出现。20世纪90年代中期以后，我国铁路连续出现大幅亏损的状况。究其原因有许多，也包括管理不善等人为因素。但是，不可否认的是，速度慢、到达时间不准确和不可预测是主要原因。这种情况促使我国铁路连续几次大提速。

### 2. 消费者需求的多样化、个性化

经济的发展必然带来国民收入水平的提高，在满足基本的生活需求后，人们就会追求更高水平的物质产品需求。高水平的物质产品需求不仅是对产品质量的要求，更多的是对产品的多样化和个性化的需求。消费者对产品的品类、规格型号、内在质量

（包括生鲜食品的新鲜程度）及售后服务等都提出了越来越高的要求。这种情况对采购、进货方式、产品配送等环节产生着深刻的影响，导致订货周期越来越短，配送的时间性要求越来越强。而这些都需要系统化、合理化的物流服务提供支持和保证。

### 3. 企业经营合理化的趋势

随着经济的发展，市场由卖方市场转变为买方市场，企业为适应市场需求的变化，改变原来单一品种大批量生产和销售的体系，建立多品种小批量以及按需生产的弹性化生产经营体制，出现经营合理化的趋势。为适应这种趋势，物流的方式也要发生相应的变革。

### 4. 物资采购环境的变化

社会主义市场经济体制不断发展和完善，作为市场经营主体的企业，在获得充分的经营自主权的同时，也必须自行承担经营的风险。物资市场供给充足、价格灵活、物资供应方的服务越来越贴近用户的需求等现状，都使物资采购环境发生了根本性的变化。为了适应这种变化，企业开始改变采购管理方式，努力降低库存水平，从而有效地降低物流成本，使物流真正成为"第三利润源"。

### 5. 企业市场营销政策的影响

激烈的市场竞争，迫使企业努力采取差别化营销策略，其中开发新产品成为竞争的焦点。而新产品的开发，也包括产品的外形设计、包装等环节，也就是说，企业不仅要使自己的产品在质量和功能上与众不同，而且要使产品在形状和包装上与众不同，使自家产品具有从内到外的鲜明特点，从而巩固或提高市场占有率。这样的营销策略导致物流朝着多品种、小批量的方向发展，同时不可避免地增加了物流管理和物流作业的难度，也使物流费用增加。

### 6. 流通结构的变化

随着国民收入的增加，人们的购买力日益提高。消费者不仅要选购品种多样、高质量的商品，对购物环境也提出了更高的要求。为了适应这种要求，我国的零售业业态也发生了巨大的变化，超市、连锁商店、连锁便利店以及无人超市等新型零售业主体大批出现。从根本上说，零售企业追求规模效益，这与消费者的多样化需求是效益背反关系，此消彼长，满足消费者的多样化需求促生了新型零售业，而高效率的物流则是新型零售业发展的重要基础。

### 7. 电子商务的影响

电子商务是运用计算机和现代通信技术完成商品交易的活动，一般是指基于互联网的商流活动。电子商务不受时间和空间的限制，极大地扩大了交易范围，提高了商流的效率，使流通方式发生了革命性的变革，并且在很大程度上影响了企业的运作模式。但是，电子商务解决的只是商流（可以在互联网上传递的数字化商品除外）问题，有形商品的物流环节还必须依靠现实的方式，才能实现空间位移。这样就出现了速度快、范围广的商流电子化与物流之间的适应问题。也就是说，电子商务对物流提出了要求，要求物流能够适应商流电子化，提高反应速度，扩大服务范围，而物流只有通过电子化才能做到这一点。需要指出的是，没有物流的电子化，电子商务就不是真正意义上的电子商务，而只能是电子商流。

# 第三节　"十四五"现代物流发展规划重点解读

2022 年 5 月 17 日，国务院印发《"十四五"现代物流发展规划》（以下简称《规划》），规划主要包括现状形势、总体要求、精准聚焦现代物流发展重点方向、加快培育现代物流转型升级新动能、深度挖掘现代物流重点领域潜力、强化现代物流发展支撑体系、实施保障七大部分。

《规划》进一步明确和提升了现代物流的产业高度，指出现代物流一头连着生产，一头连着消费，高度集成并融合运输、仓储、分拨、配送、信息等服务功能，是延伸产业链、提升价值链、打造供应链的重要支撑，在构建现代流通体系、促进形成强大国内市场、推动高质量发展、建设现代化经济体系中发挥着先导性、基础性、战略性作用。物流业作为兼具"先导性""基础性""战略性"的产业，它的健康持续发展对于促进产业结构调整、转变发展方式、提高国民经济竞争力和建设生态文明具有重要意义。

《规划》分析了我国现代物流业面临的形势、发展的基础和取得的成果，直面了物流降本增效、结构性失衡、大而不强、短板突出等问题，提出了现代物流发展的指导思想、基本原则和主要目标，这里对《规划》中的重点建设工程解读如下。

## 一、国家物流枢纽建设工程

优化国家物流枢纽布局，实现东中西部物流枢纽基本均衡分布。发挥国家物流枢纽联盟组织协调作用，建立物流标准衔接、行业动态监测等机制，探索优势互补、资源共享、业务协同合作模式，形成稳定完善的国家物流枢纽合作机制。积极推进国家级示范物流园区数字化、智慧化、绿色化改造。

## 二、铁路物流升级改造工程

大力组织班列化货物列车开行，扩大铁路"点对点"直达货运服务规模，在运量较大的物流枢纽、口岸、港口间组织开行技术直达列车，形成"核心节点 + 通道 + 班列"的高效物流组织体系，增强铁路服务稳定性和时效性。有序推动城市中心城区既有铁路货场布局调整，或升级改造转型为物流配送中心。到 2025 年，沿海主要港口、大宗货物年运量 150 万吨以上的大型工矿企业、新建物流园区等的铁路专用线接入比例力争达到 85% 左右，长江干线主要港口全面实现铁路进港。

### 三、物流业制造业融合创新工程

在重点领域梳理一批物流业制造业深度融合创新发展典型案例，培育一批物流业制造业融合创新模式、代表性企业和知名品牌。鼓励供应链核心企业发起成立物流业制造业深度融合创新发展联盟，开展流程优化、信息共享、技术共创和业务协同等创新。研究制定物流业制造业融合发展行业标准，开展制造企业物流成本核算对标。

### 四、数字物流创新提质工程

加强物流公共信息服务平台建设，在确保信息安全的前提下，推动交通运输、公安交管、市场监管等政府部门和铁路、港口、航空等企事业单位向社会开放与物流相关的公共数据，推进公共数据共享。利用现代信息技术搭建数字化、网络化、协同化物流第三方服务平台，推出一批便捷高效、成本经济的云服务平台和数字化解决方案，推广一批先进数字技术装备。推动物流企业"上云用数赋智"，树立一批数字化转型标杆企业。

### 五、绿色低碳物流创新工程

依托行业协会等第三方机构，开展绿色物流企业对标贯标达标活动，推广一批节能低碳技术装备，创建一批绿色物流枢纽、绿色物流园区。在运输、仓储、配送等环节积极扩大电力、氢能、天然气、先进生物液体燃料等新能源、清洁能源应用。加快建立天然气、氢能等清洁能源供应和加注体系。

### 六、现代供应链体系建设工程

现代供应链创新发展工程。总结供应链创新与应用试点工作经验，开展全国供应链创新与应用示范创建，培育一批示范城市和示范企业，梳理一批供应链创新发展典型案例，推动供应链技术、标准和服务模式创新。

制造业供应链提升工程。健全制造业供应链服务体系，促进生产制造、原材料供应、物流等企业在供应链层面强化战略合作。建立制造业供应链评价体系、重要资源和产品全球供应链风险预警系统。提升制造业供应链智慧化水平，建设以工业互联网为核心的数字化供应链服务体系，深化工业互联网标识解析体系应用。选择一批企业竞争力强、全球化程度高的行业，深入挖掘数字化应用场景，开展制造业供应链数字化创新应用示范工程。

### 七、国际物流网络畅通工程

国际物流设施提升工程。培育一批具备区域和国际中转能力的海港、陆港、空港。发挥国家物流枢纽资源整合优势，加快中欧班列集结中心建设，完善物流中转配套能力，加快形成"干支结合、枢纽集散"的高效集疏运体系；开展航空货运枢纽规划布局研究，提升综合性机场货运设施服务能力和服务质量，稳妥有序推进专业性航空货运枢纽机场建设。

西部陆海新通道增量提质工程。发挥西部陆海新通道班列运输协调委员会作用，提升通道物流服务水平。加强通道物流组织模式创新，推动通道沿线物流枢纽与北部湾港口协同联动，促进海铁联运班列提质增效。推动通道海铁联运、国际铁路联运等运输组织方式与中欧班列高效衔接。

## 八、冷链物流基础设施网络提升工程

国家骨干冷链物流基地建设工程。到 2025 年，面向农产品优势产区、重要集散地和主销区，依托存量冷链物流基础设施群布局建设 100 个左右国家骨干冷链物流基地，整合集聚冷链物流市场供需、存量设施以及农产品流通、生产加工等上下游产业资源，提高冷链物流规模化、集约化、组织化、网络化水平。探索建立以国家骨干冷链物流基地为核心的安全检测、全程冷链追溯系统。

产地保鲜设施建设工程。到 2025 年，在农产品主产区和特色农产品优势产区支持建设一批田头小型冷藏保鲜设施，推动建设一批产地冷链集配中心，培育形成一批一体化运作、品牌化经营、专业化服务的农产品仓储保鲜冷链物流运营主体，初步形成符合我国国情的农产品仓储保鲜冷链物流运行模式，构建稳定、高效、低成本运行的农产品出村进城冷链物流网络。

## 九、应急物流保障工程

研究完善应急物流转运等设施和服务标准，对具备条件的铁路场站、公路港、机场和港口进行改造提升，建设平急两用的应急物资运输中转站。完善应急物流信息联通标准，强化各部门、各地区、各层级间信息共享，提高应对突发事件物流保障、组织指挥、辅助决策和社会动员能力。

## 十、现代物流企业竞争力培育工程

支持具备条件的物流企业加强软硬件建设，壮大发展成为具有较强国际竞争力的现代物流领军企业，参与和主导全球物流体系建设和供应链布局。支持和鼓励中小微物流企业专业化、精益化、品质化发展，形成一批"专、精、特、新"现代物流企业。

## 十一、物流标准化推进工程

研究制定现代物流标准化发展规划，完善现代物流标准体系。加强多式联运、应急物流、逆向物流、绿色物流等短板领域标准研究与制订。制修订一批行业急需的物流信息资源分类与编码、物流单证、智慧物流标签标准，以及企业间物流信息采集、信息交互标准和物流公共信息服务平台应用开发、通用接口、数据传输等标准。完善包装、托盘、周转箱等标准，加强以标准托盘为基础的单元化物流系统系列标准制修订，加快运输工具、载运装备、设施体系等标准对接和系统运作，提高全社会物流运行效率。推动完善货物运输、物流园区与冷链、大件、药品和医疗器械、危化品等物流标准规范。推进危险货物在铁路、公路、水路等运输环节标准衔接。加快制定智慧物流、供应链服务、电商快递、即时配送、城乡物流配送等新兴领域标准。推进面向数字化与智慧化需求的物流装备设施标准制修订。积极参与国际物流标准制修订。

机遇与压力共存，信心与动力同行。自国务院《物流业发展中长期规划（2014—2020年）》颁布以来，我国物流业进入了发展的快车道。《"十四五"现代物流发展规划》站得更高，想得更远，堪称"高瞻远瞩"，是我国物流产业发展的"总蓝图"。《"十四五"现代物流发展规划》的公布与施行给物流业界既带来了机遇也带来了压力，但相信"物流人"获得更多的是动力和信心。

# 第四章 物流的基本理论

引例

## 被忽略的硬币两面

由于很多品牌最开始接触到的电子商务就是淘宝网，而该网站又有较高的人气和固定的物流系统，所以很多企业对电子商务的运营没有深入了解，忽略了电子商务营销和物流两大重要板块，这两大板块恰恰是未来电子商务的竞争所在。

**一、网络营销力度不够**

除了淘宝网自身进行的营销活动，很少能看到哪个家纺品牌主动做电子商务的品牌营销，大部分品牌都是被动接受品牌营销，如"双11"活动。很多家纺品牌从中受益，增加了人气和销量，但是由于缺乏品牌自身特色的推广，并没有哪个品牌能够从众多品牌中突围，抢占更多客户资源。

打开淘宝网家纺分区，消费者表示面对众多家纺品牌无从选择，最终还是会选择在百货商场经常看到的、知名的品牌。这也是淘宝网促销活动中出现的问题——品牌的消费群体相对固定，线下喜欢该品牌，网购时还是选择购买该品牌商品。这不完全是因为消费者对品牌的忠诚度高，还因为消费者没有获取更多的营销信息，如哪个品牌推出了什么新品，新品的优点是什么？

在线下，每个品牌都很重视产品信息，想尽各种办法让客户了解产品特点，而到了线上这个信息流通更快、传播更方便的平台，大部分家纺企业反而变得"内敛"，信息发布并不多。究其原因，还是品牌对电子商务营销不够了解，没有充分做好品牌的网络推广工作。家纺品牌应该主动出击，通过各电商平台及时向消费者传递最新的品牌信息。

电子商务是一个重要的销售渠道，然而有些新锐品牌没有抓住电子商务的营销要领，错失了营销机会，最终网上商城的品牌排名与线下的品牌排名如出一辙，老品牌依然稳坐泰山，新品牌难以"出线"。

电子商务营销的策略甚至比实体营销还要广泛，如网站广告、竞价排名、邮件营销、社区营销、积分反馈等。通过电子商务平台，企业可以很便捷地建立客户信息档案，因此通过简单的意见反馈表就能得知消费人群的特点和偏好，再通过与线下门店联手收集客户信息，向目标客户群发邮件进行有针对性的营销。

电子商务家纺品牌"觉"引起了网络消费者的关注。"觉"是由一群年轻设计师和管理者打造的针对网络销售的品牌。由于其主要面向的消费群体为潮流青年，故在品牌初期推广阶段运用了诸多创新的营销手法，如让消费者通过填写对品牌的认识与期待申请试用产品。运营总监说："虽然我们只推出了3款产品进行试用，但在短短几天内收到上千份试用申请，很多年轻的消费者在对产品试用后都表达了他们的直观看法，甚至有些人讲述了他们自己的故事，表明了他们对品牌的期待。"

上千份试用申请，直接帮助这个新品牌提高了关注度。运营总监说："品牌在创立之初，就坚定了要打破一切束缚的信念。'觉'品牌强调独立与新鲜元素融合的魅力，风格独特、设计出位、用色大胆、创意新颖，以'引领消费者追求自我生活态度'为品牌主旨，'Start Your Dream'是我们的目标，也是品牌首次亮相推出的标语。"

**二、物流方式不能单一**

物流是品牌最容易忽视的问题，然而在"双11"淘宝促销活动中，物流成为最致命的问题。由于促销期间，淘宝网的订单量激增，快递公司出现了爆仓现象，买家往往需要等待平时2~3倍的时间才能拿到商品。这让消费者怨声载道，甚至还有部分消费者退货，给商家造成一定困扰。

某家纺品牌吸取了上一年的经验教训，做好充足的物流准备，和多个快递公司提前沟通，以保证商品以最快的速度出库并送达。在此次活动中，该家纺品牌在物流方面打了漂亮的一仗。

事实上，快是企业对物流最基本的要求。物流还直接影响商品的送达质量以及退换货问题。目前，电子商务物流分为两种形式，一种是由快递公司送货，另一种是由网站或商家的物流部门送货。显然，第二种物流方式更有保证，首先是保证了货品的安全性。很多消费者反映，有过商品被调包或损坏等经历，遇到这种情况，由于无法认定买卖双方的责任，只能不了了之。这样品牌在消费者心中就留下了不好的印象，影响回购。其次，第二种物流方式提供了更多的结算方式，如货到付款，让消费者能够更加安心地购物。最后，由网站自身的物流人员送货还可以及时解决退换货问题。网购最大的缺陷就是图片有色差、摸不着面料，消费者无法完全把握产品的真实信息，因此消费者在拿到产品后不满意在所难免。作为个人卖家可以不承诺退换货，但是品牌却不能如此，如果通过物流能够很好地解决退换货问题，可以大大提升消费者的满意度。

# 第一节　物流科学的若干理论认识

物流活动从人类社会产生就已存在，历史久远。随着商品经济的发展，物流活动的形式由简单到复杂，范围由小到大，技术水平由低到高。在物流活动实践不断发展的基础上，必然发展出研究物流的学问。物流的学问不断增添和积累到一定程度，就形成了相对完整和独立的物流科学。所谓物流科学就是以物流活动的全过程为对象，研究物品实体流动的概念、理论、规律、技术和方法的学科。

## 一、商物分离学说

商物分离是指作为流通的两个组成部分，商业流通和实物流通都各自按照自己的规律和渠道独立运动。商物分离是社会进步的结果，商物分离是物流科学赖以生存的先决条件。物流科学正是在商物分离的基础上，得以对物流进行独立的思考，进而形成的科学。

社会进步使流通从生产中分化出来，并没有结束分工与分化的深化和继续。列宁在谈到这个问题时提出，分工把每种产品的生产，甚至把产品每个部分的生产都变成专门的工业部门。这种分化、分工的深入也表现在流通领域。在流通领域，比专业化流通这种分工形式更重要的分工是流通职能的细化。流通统一体中有不同的运动形式，这一点马克思早有论述，并将之区分为"实际流通"和"所有权转让"，他说，要使商品实际进行流通，就要有流通工具，而这是货币无能为力的，商品的实际流通，在空间上和时间上都不是由货币实现的，货币只体现商品的价格，从而把商品的所有权转让给买家，货币不使商品流通，而是使商品所有权证书流通。

后来，商业流通和实物流通出现了更明显的分离，从流通的两种不同形式逐渐成为两个有一定独立运动能力的运动过程，这是进一步的商物分离。"商"指"商流"，即商业性交易，实际是商品的价值运动，是商品所有权的转让，流动的是"商品所有权证书"，是通过货币实现的；"物"即"物流"，即马克思讲的"实际流通"，是商品实体的流通。本来商流和物流是紧密结合在一起的，进行一次交易，商品便易手一次，商品实体便发生一次运动，商流和物流是相伴而生并形影相随的，两者共同运动，只是运动形式不同而已。在现代社会诞生之前，流通大多采用这种形式，时至今日，这种情况仍不少见。商物分离形式如图4-1所示，物流因其自身的特殊性与商流过程分离，显然这样更加合理。物流本身不创造物品的使用价值，但创造价值，物流活动具有服务性。在流通过程中，物流与商流既相互区别又有联系。

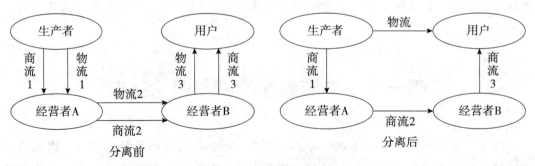

图4-1 商物分离形式

商物分离并非绝对，在现代科学飞速发展的今天，优势既可以通过分工获得，也可以通过趋同获得。事实上，有一些国家的学者和一些领域的操作者都提出了商流和物流在新的基础上的一体化问题，欧洲的一些国家对物流的理解本来就包含企业的营销活动，即在物流的研究中包含着商流。在企业中，最初是把独立设置物流部门看成一种进步，而现在，则是更多地对物流和商流进行综合的战略管理，已不再单独地将它们分离进行研究。

## 二、"黑大陆"学说和"物流冰山"学说

### 1. "黑大陆"学说

著名的管理学家彼得·德鲁克在《经济的黑暗大陆》一文中指出流通是经济领域里的黑大陆，德鲁克泛指的是流通，但是，由于流通领域中物流活动的模糊性尤其突出，是流通领域中人们认识不清的领域，所以黑大陆学说现在主要针对物流而言。德鲁克提出物流是降低成本的最后领域，强调要高度重视物流管理，对实业界和产业界产生了巨大的推动作用。

黑大陆学说主要是指尚未认识、尚未了解的空间。如果理论研究和实践探索照亮了这块黑大陆，那么摆在人们面前的可能是一片不毛之地，也可能是一片宝藏之地。"黑大陆"学说是对20世纪经济界存在的愚昧的一种反对和批判，指出在当时资本主义繁荣和发达的状况下，科学技术和经济发展都是没有止境的。"黑大陆"学说也是对物流本身的正确评价，这个领域未知的还有很多，理论和实践尚不成熟。

### 2. "物流冰山"学说

"物流冰山"学说是由日本早稻田大学西泽修教授提出的，他在研究物流成本时发现，现行的财务会计制度和会计核算方法都不可能掌握物流成本的真实情况。一般情况下，企业只核算支付给外部运输企业、仓库企业的支出，实际这些支出在整个物流成本中只是很小的一部分。真正占比较大的是企业内部发生的各种物流成本，如物流基础设施建设、企业利用自有车辆运输、企业利用自有仓库保管货物、企业安排自己的工人进行包装和装卸等产生的成本，而这些都没有计入物流成本内。人们对物流成本的了解不够深入，甚至有很大的虚假性，他把这种情况比喻成物流冰山。物流是一座冰山，其中沉在水平面以下的是人们看不到的黑色区域，而人们所能看到的，不过是物流的一部分。物流冰山如图4-2所示。

西泽修教授通过对物流成本的具体分析，验证了德鲁克的"黑大陆"学说。事实证明，物流领域的很多方面我们研究得还不够深入，黑大陆和冰山下部正是物流待开发的领域，这是物流的潜力所在。

"物流冰山"学说之所以成立，有三个方面的原因。一是物流成本的计算范围太大，包括原材料物流、厂内物流、从工厂到仓库和配送中心的物流、从配送中心到商店的物流等，这么大的范围，涉及的企业和部门非常多，牵涉的面也很广，很容易漏

**图4-2 物流冰山**

掉其中的某一部分。计算哪部分、漏掉哪部分，都会导致物流成本的差异。二是运输、仓储、包装、装卸和信息等物流环节中，以哪种环节作为物流成本的计算对象问题。如果只计运输和仓储费用，不计其他费用，与运输、仓储、包装、装卸和信息等费用全部计算，两者的结果相差会很大。三是选择哪种费用列入物流成本中的问题。比如，向外部支付的运输费、仓储费、装卸费等一般都容易列入物流成本，可是本企业内部发生的物流费用，如与物流相关的人工费、物流设施建设费、设备购置费，以及折旧费、维修费、电费、燃料费等，是否也列入物流成本中？此类问题都与物流成本的大小直接相关。因而，我们说物流成本确实犹如一座大海里的冰山，露出水面的仅是冰山的一角。

### 三、"第三利润源"学说

"第三利润源"学说主要出自日本，也是日本早稻田大学西泽修教授提出的。"第三利润源"是对物流潜力和效益的描述。经过半个世纪的探索，人们已经肯定物流这个"黑大陆"是一片富饶之地。从历史发展看，人类历史上有过两个大量提供利润的领域：一个是资源领域，另一个是人力领域。在资源领域，起初是廉价原材料的掠夺，其后是依靠科技进步，节约利用、综合利用、回收利用，乃至通过使用大量人工合成资源而获取高额利润，习惯上称之为企业的"第一利润源"。在人力领域，起初是廉价劳动，其后则是依靠科技进步提高劳动生产率，采用机械化、自动化降低人力耗用，从而降低成本、增加利润，习惯上称之为企业的"第二利润源"。在前两个利润源的开发潜力越来越小、利润开拓越来越困难的情况下，物流领域的潜力被人们重视，按时间序列称为"第三利润源"。这三个利润源分别针对生产力的不同要素："第一利润源"挖掘的对象是生产力要素中的劳动对象，"第二利润源"挖掘的对象是生产力要素中的劳动力，"第三利润源"挖掘的对象是生产力要素中的劳动对象和劳动者的潜力，因而更具全面性。"第一利润源"指的是资源领域，"第二利润源"指的是人力领域，"第三利润源"指的是现代物流领域。"第三利润源"与"物流冰山"学说如图4-3所示。

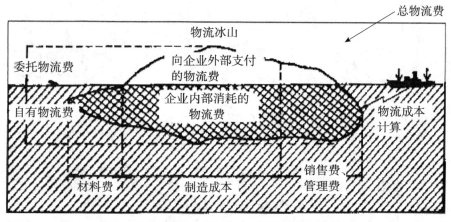

图4-3　"第三利润源"与"物流冰山"学说

对"第三利润源"学说的最初认识基于以下几个方面。

（1）物流可以完全从流通中分化出来，自成体系，有独立的目标，可以进行管理，因而物流能进行独立的总体判断。

（2）物流和其他独立的经济活动一样，不是总体的成本构成因素，而是单独的盈利因素，所以物流可以成为"利润中心"。

（3）从物流服务角度，通过有效的物流服务，可以给接受物流服务的生产企业创造更多盈利的机会，成为生产企业的"第三利润源"。

（4）通过有效的物流活动，可以优化经济系统，降低整个社会的运行成本，提高国民经济的总效益。

## 四、效益背反和物流的整体观念

效益背反又称二律背反，效益背反指的是物流系统的若干功能要素之间存在着交替损益的矛盾，即某一个功能要素的优化和利益发生的同时，往往会存在另一个或几个功能要素的利益损失。这种此长彼消，此盈彼亏的现象，存在于许多领域。

这一术语表明两个相互排斥而又被认为是同样正确的命题之间的矛盾。效益背反是物流领域中很普遍的现象，是物流领域内部矛盾的表现，是物流的若干功能要素之间存在着损益矛盾的具体体现。

物流系统的效益背反包括物流成本与物流服务水平的效益背反和物流各功能活动之间的效益背反，效益背反如图4-4所示。

### 1. 物流成本与物流服务水平的效益背反

高水平的物流服务是由高水平的物流成本控制作保证的。在没有较大技术进步的情况下，物流企业很难做到既提高物流服务水平，又降低客户的物流成本。一般来讲，提高物流服务水平，物流成本即上升，两者之间存在着效益背反的规律。而且，物流服务水平与物流成本之间并非呈现线性关系。

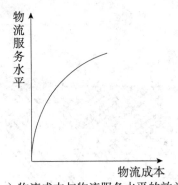 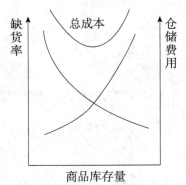

（a）物流成本与物流服务水平的效益背反　（b）物流各功能活动之间的效益背反

**图4-4　效益背反**

### 2. 物流各功能活动之间的效益背反

现代物流是由运输、仓储、包装、装卸、流通加工、配送及信息处理等物流活动组成的集合。在构成物流系统的各个环节（活动）之间存在着效益背反状态。要想较好地达到某个方面的目的，必然会使其他方面的目的受到一定的影响。也就是一方成本降低，导致另一方成本增加，这便是物流各功能活动之间的效益背反。

物流系统是以成本为核心，按最低成本的要求，使整个物流系统优化。它强调的是调整各要素之间的矛盾，强调要素之间的有机结合。这就要求必须从总成本的角度出发，以系统的角度看问题，追求整个物流系统的总成本最低。

企业物流管理肩负着"降低物流成本"和"提高物流服务水平"两大任务，这是一对相互矛盾的关系。整个物流系统合理化，需要用总成本评价，这反映出企业物流成本管理的效益背反特征及企业物流对整体概念把控的重要性。美国学者用"物流森林"的结构概念表述物流的整体观念，指出物流是一种结构。对物流不能只见功能要素而不见结构，即不能"只见树木而不见森林"，物流的总体效果是森林的效果，这可以归纳成一句话："物流是一片森林，而非一棵棵树木。"对这种总体观念的描述还有许多，如物流系统观念、多维结构观念、物流一体化观念、综合物流观念、后勤学和物流的供应链管理等，都是这种思想的另一种描述或同一思想的延伸和发展。

### 五、其他学说

成本中心学说、利润中心学说、服务中心学说和战略中心学说实际上是对物流系统的作用和目的的不同观念，派生出的不同的管理方法。

### 1. 成本中心学说

成本中心的含义是指物流在企业战略管理中，只对企业营销活动的成本起作用，物流是企业成本的重要产生点，因而，解决物流问题，主要并不是通过合理化和现代化，不在于保障其他活动，而是通过物流管理和物流的一系列活动降低成本。所以，成本中心学说既指主要成本的产生点，又指降低成本的关键点。

显然，成本中心学说没有将物流放在主要位置，尤其是没有放在企业发展战略的主要位置，如果改进物流的目标只是降低成本，势必会影响物流本身的战略发展。当然，成本和利润是相关的，成本和企业的生存也密切相关，成本中心学说也不是只考虑成本，它代表了人们对物流主体作用和管理目标的认识。以某年我国煤炭行业为例，其运输、仓储、配送、流通加工、包装等成本占总成本的62.8%，物流成本较高，降低物流成本是煤炭行业提高效益的重要手段。煤炭行业物流成本分析如图4-5所示。

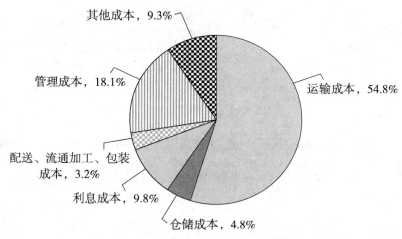

**图4-5 煤炭行业物流成本分析**

### 2. 利润中心学说

利润中心的含义是物流可以为企业提供大量直接和间接的利润，是形成企业经营利润的主要活动。对国民经济而言，物流也是一项主要活动。物流的这一作用被表述为"第三利润源"。物流费用的降低，就意味着利润的提高。在全行业的共同努力下，我国社会物流成本水平稳步下降，2023年，社会物流总费用与GDP的比率为14.4%，较2012年下降3.6个百分点，与主要经济体差距不断缩小。

### 3. 服务中心学说

服务中心学说代表了美国和欧洲一些国家和地区的学者对物流的认识，他们认为物流活动最大的作用并不在于为企业降低成本或提高利润，而是在于提高企业对用户的服务水平，进而提高企业的竞争力。因此，他们使用"后勤"一词描述物流，特别强调其服务保障的职能。通过物流的服务保障，企业以其整体能力来压缩成本，增加利润。服务中心学说如图4-6所示。

### 4. 战略中心学说

战略中心学说是当前非常盛行的说法，实际上，学术界和产业界越来越多的人逐渐认识到，物流更具有战略性，是企业发展的战略而不是一项具体的操作任务。这种观点把物流放在了很高的位置。将物流和企业的生存和发展直接联系起来的战略中心学说，对促进物流的发展具有重要意义。物流战略规划领域集中说明了应主

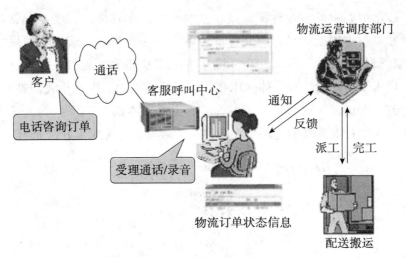

**图 4-6　服务中心学说**

要解决的 4 个方面问题：客户服务目标、设施选址、库存决策和运输。战略中心学说如图 4-7 所示。

**图 4-7　战略中心学说**

# 第二节　物流学若干成熟观念

　　了解物流从思想到理论的形成，关注国内外物流理论研究的新进展，尤其是第三方物流产业的研究，对推动物流理论的深入研究，进而促进物流实践的发展具有现实而重要的意义。

## 一、西方物流理论的新拓展

　　20 世纪 90 年代后，西方物流理论发展很快，并跟随社会经济发展的需要，开创性地提出和研究一些新的理论问题，如精益物流理论、绿色物流理论、逆向物流理论、供应链管理理论和需求工程理论等，把环保、可持续发展等经济理念带到了物流研究领域。

**1. 精益物流理论**

精益物流理论这个新型概念来自"精益理念"在物流理论的分析与应用，而"精益理念"则出自美国麻省理工学院教授詹姆斯·P. 沃麦克所著的《改变世界的机器》和《精益思想》。它的核心思想是从客户的角度出发，消除物流中的非增值消耗，开发出新的产品，进而提高客户的满意度。精益生产和精益物流如图4-8所示。

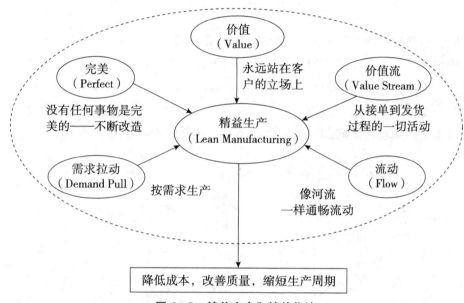

**图4-8 精益生产和精益物流**

**2. 绿色物流理论**

1987年，世界环境与发展委员会发表了名为《我们共同的未来》的研究报告。报告认为，为了实现长期、持续、稳定的发展，必须采取各种措施维护自然环境。环境共生型物流就是要改变原来经济发展与物流、消费生活与物流的单向作用关系，在抑制物流对环境造成危害的同时，形成一种能够促进经济发展和人类健康发展的物流系统，向绿色物流、循环型物流转变。绿色物流如图4-9所示。

1994年，著名的物流专家詹姆斯·考帕在实证研究的基础上，通过对库存策略和运输工具的选择，以及即时生产战略的分析，进一步探讨了绿色物流的重要性。

**3. 逆向物流理论**

相对于"正向物流"的"逆向物流"最早是由詹姆士·斯托克提出的。他在1992年给美国物流管理协会的一份研究报告中指出逆向物流是一种包含了产品退回、物料替代、物品再利用、废弃处理、再处理、维修与再制造等流程的物流活动。

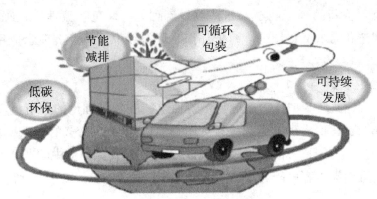

图4-9 绿色物流

此后，逆向物流研究在欧美国家受到理论界和实业界人士相当的重视，研究成果中最有代表性的，是由斯托克撰写的《逆向物流》（*Reverse Logistics*）和《逆向物流计划的制订与实施》（*Development and Lmplementation of Reverse Logistics Programs*）。这两部著作针对产品缺损、过期、发货差错、以旧换新等原因造成的反向流动过程，比较系统地探讨了逆向物流理论问题。逆向物流系统结构如图4-10所示。

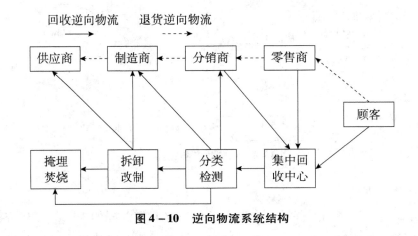

图4-10 逆向物流系统结构

### 4. 供应链管理理论

供应链指的是从采购原材料到最终用户的功能网链模式。供应链管理是对这一无缝的物流链过程进行规划、设计、组织与控制的活动体系。

供应链管理理论于20世纪80年代末被提出以来，在全球企业尤其是制造业企业的管理中得到广泛应用，基于供应链管理进行战略思考已成为制定企业战略的基础工作。日趋激烈的市场竞争，要求企业集中核心能力以维持其市场竞争优势，企业要充分利用外部资源处理企业的非核心业务，将一项或一部分服务交给另外一个经济实体去组织与经营。承担物流业务外包的企业即第三方物流企业。供应链管理如图4-11所示。

### 5. 需求工程理论

需求开发以及需求管理已经逐步形成了一套成熟的理论。需求是所有后续工

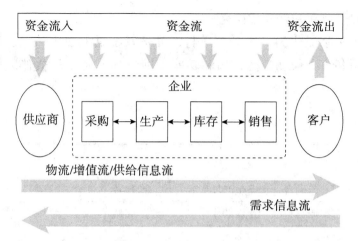

**图 4 - 11 供应链管理**

作的基础，如果不解决需求问题，后面的路就会很长、很难且代价高昂。根据业界经验，客户并不清楚自己的真实需求，要获得真实的需求，需要交互式的需求探索过程，需要有效的机制、方法和工具提供支持。解决需求方面的理论是需求工程理论。

第三方物流、需求工程理论、生产制造三者相关的因素是生产周期的长度，我们常把较长的生产周期、较少的生产线和生产的经济性联系在一起，然而，这容易引起某一类产品的存货过多。因此，最终需要管理层仔细权衡生产周期长短的优缺点再做决策。许多行业现在都趋于缩短生产周期并减少生产线运行的时间与费用。采用零库存方法进行存储与计划的公司更是如此。需求工程理论示意如图 4 - 12 所示。

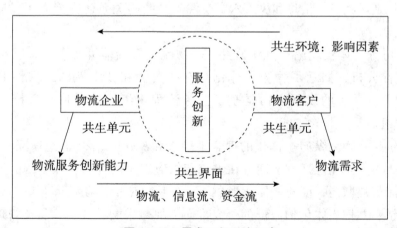

**图 4 - 12 需求工程理论示意**

## 二、我国物流理论研究的进展与突破

我国物流理论研究主要集中在以下几个方面。

### 1. 物流系统论和供应链集成研究

物流系统论把物流作为一个理论学科，置于系统论框架中研究，让读者通过物流要素、结构分析，了解物流的作用和功能。供应链上各合作伙伴之间的各种流如图 4－13 所示。

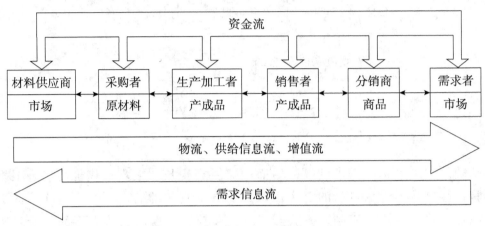

**图 4－13　供应链上各合作伙伴之间的各种流**

在此基础上，有的学者通过建立区域物流系统动力学模型，把系统放在一个区域范围内进行实证分析和研究：如有的学者将研究视角放在了供应链与物流管理的结合点上，从企业的产业链静态层面和物流、信息流、增值流等动态层面，分析集成供应链的形成；有的学者把企业内外部物流集成化作为我国当今企业发展的新模式，推动了物流管理功能独立的组织形式和职能的集成化；还有的学者根据供应链所涉及的研发、资源、制造、物流、信息和决策六个柔性子系统的关系研究建立了供应链柔性系统集成模型。

论文《物流一体化理论与方法研究——物流业务流程重组》，通过对我国物流案例的实证性分析，揭示了物流一体化具有社会性和技术性的二重性的本质，指出物流管理信息系统的发展方向是基于业务流程重组的管理信息系统，丰富了物流一体化重组。

当供应链还在物流纵向一体化的理念中融入和深化时，20 世纪末互联网的产生，使大量研究人员开始注意到电子商务在物流和供应链中的惊人作用，因为通过电子商务平台，或者战略联盟，横向一体化形成了一条从供应商到制造商再到分销商，贯穿所有企业的链，并把一体化物流链的研究推向了战略采购、分销、品类管理和库存管理等内容。企业面对一体化的选择，可以实施非核心业务外包的策略，以突出核心业务竞争力，最大限度地取得竞争优势。

所以，从纵向一体化到横向一体化的供应链研究是一次理论研究与实践的飞跃，这是因为全球制造链及由此产生的供应链管理是横向一体化管理思想的典型代表。这样，从供应链流程的形式而言，一体化物流或物流一体化包括三种形式：垂直一体化物流、水平一体化物流和物流网络。不仅如此，为了推进供应链管理的边界研究，有学者提出实现产品和服务与顾客的需求无缝连接，从而提高企业的柔性和顾客价值。

### 2. 物流战略研究

物流战略研究主要体现在三个角度。一是从货主物流需求的角度，研究即时物流战略、协同或一体化物流战略、高度化物流战略。二是从竞争优势的角度，进行战略选择，探讨物流战略的内容对竞争战略及物流战略选择的影响。在这个问题上，有人认为，战略选择可以直接导致其模式的改变，所以，物流战略往往决定了物流模式的选择。有学者专门针对我国第三方物流存在的问题，提出了精益物流、价值链联盟、虚拟化战略三种可供选择的第三方物流企业发展战略。还有人深入研究了第三方物流战略的形成动机，认为它是核心能力和资源外取理论的一种衍生形式。三是从理论应用的角度，从物流与商贸流通的关系入手，研究区域性商贸流通现代化进程的物流跨越式、社会化、一体化、集成化和专业化发展战略及其规划和选择。有学者进一步提出，通过培育中国物流企业的核心能力，用品牌战略构建中国物流业的竞争战略。物流战略研究的内容如图 4 - 14 所示。

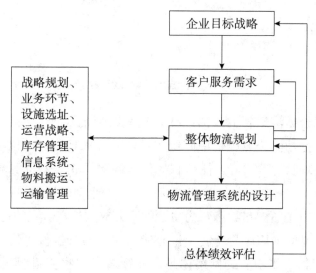

**图 4 - 14 物流战略研究的内容**

### 3. 物流组织研究

价值链的形成和发展不仅改变了传统企业内部组织结构，也改变了产业间的关系和结构，产生了第三方和第四方物流组织。物流联盟形成机理研究，在论证物流联盟是节约交易费用的制度安排的基础上，提出物流联盟也是为有效利用组织和市场双重优势的一种组织，揭示了物流联盟的形成机理。现代物流业形成发展机理与推进策略研究，认为物流联盟是交易双方在物流领域的战略合作中主动进行的一种有组织的市场交易，物流联盟在交易费用方面的针对性和效果超出一般的双边规制，所以，交易协调的三方规制在物流领域的应用就是第三方物流，同时，联盟企业双方在相互合作、组织协调交易的同时，仍可保持各自的相对独立性。物流联盟是一个利用组织和市场的有效交易组织，但它是不是一个克服市场失灵和组织失灵的制度安排，还值得进一步研究。物流配送中心组织结构如图 4－15 所示。

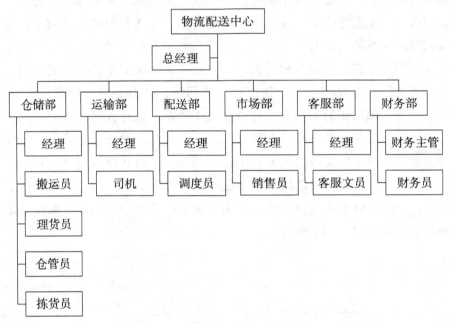

**图 4－15　物流配送中心组织结构**

　　互联网的出现给经济运转方式的改变和组织改变的实现提供了一个真正的平台。有研究指出，第三方物流企业组建中间组织性的企业联盟——虚拟物流企业联盟，是符合中国物流产业现状的，它可以使已有的任务导向性企业和资源导向性企业网络组织进行有机的结合。这种研究把物流组织研究带入一个新的境地。

　　一时间，以"电子商务与物流"为主题的研究成为热点。有的运用系统分析方法，提出核心能力伙伴之间采用风险合同，核心能力伙伴与外围伙伴物流组织之间采用动态合同的双层虚拟物流组织契约网络体系，并针对虚拟物流组织的暂时性、动态性、多利益团体性等特点对契约的主要内容做分析研究。

### 三、现代物流的观念创新

　　现代物流与传统物流的区别主要体现在经济背景不同；被动管理与主动的服务；分散管理与系统管理；人工控制与物流管理信息化、专业化、集成化；现代物流服务的社会化。因此现代物流必须进行观念创新，现代物流的新观念主要有渗透性服务、核心竞争力、创造需求、共赢、品牌依托和形象展示六种。

**1. 渗透性服务**

生产经营企业选择物流外包，是经营观念转变的一大体现。其将物流运作纳入专业化竞争市场，一方面是从节约主要物流功能成本的角度出发，让物流环节成本显性化，从而加强控制，拓展盈利空间；另一方面拟通过专业设施及现代物流网络增强物流时效性，从而强化时间成本控制，争取商机，把握市场。从这两点出发，传统物流企业要面临的是管理和服务方面新观念的建立。为适应外包需求，物流客户服务应是渗透性的，主动从节约功能成本、时间成本为客户规划物流方案，变被动的需求服务为主动，把核心客户做专做精。

**2. 核心竞争力**

核心竞争力体现在企业本身的优势发挥上，任何一个物流企业都不可能把所有物流功能完善。突出资源优势，体现专有功能特点并做强做大，尽显差异化竞争优势，才是专业物流公司发展的一大核心竞争力。物流企业的核心竞争力如图 4 – 16 所示。

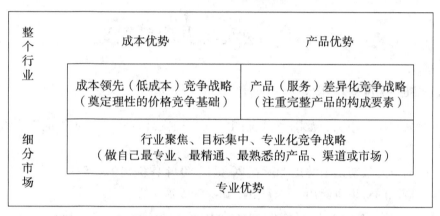

**图 4 – 16　物流企业的核心竞争力**

**3. 创造需求**

从等待需求转向创造需求，客户困难是企业寻求商机的切入点。功能业务创新源于企业外部的需求发现。

**4. 共赢**

物流利益的取得绝非以客户成本增加为代价，而是要体现互利共赢的合作模式。现代物流经营模式是在满足合作方需求的运营中生存发展，只有从对方利益出发，让合作者真正获得价值体验，自身才可能有长远的发展。从客户价值出发，物流企业才有可能获得溢价收益，从而增强企业信誉与实力，客户也会对企业良好的服务形成依赖，促进合作双方稳定长期的合作关系。

**5. 品牌依托**

人们可以通过品牌认识企业，也可以通过企业认可产品。同样，服务是品牌，人们一样可以通过服务认可企业，也可以通过品牌承认服务，因此创建企业服务品牌，用品牌做依托，是物流企业发展的一大诚信保证。客户对品牌选择的自主空间越来越大，这需要企业在服务体系上下功夫。从服务质量管理精细化、品质化方面迎合客户需求，以更多的形式为客户服务，而不是以固有化模式等待市场适应自己。

### 6. 形象展示

物流企业应树立良好信誉形象，重视服务质量体系认证，建立良好企业服务体系。通过认证，一方面指导客户选购满意的物流服务，另一方面也是物流服务方取得客户信任的手段。因此物流企业取得相应质量体系认证尤其重要。这一工作的开展是物流企业服务质量不断规范化、系统化的过程，同时也是物流企业对外展示服务形象和信誉的过程。认证的取得将是物流企业持续发展的金字招牌。物流服务涉足面广，企业不仅应注重自身经营观念的转变，同时还要不断接受各行业的创新思想观念、管理观念、服务营销观念，以新的观念营造新的物流企业管理模式，才能在市场竞争中得以长足发展。观念变化伴随现代物流发展的进程，第三利润源的产生依赖物流观念的创新。

# 第三节　物流与供应链管理

## 一、供应链的基本概念

由于研究对象、环境、范围及角度的不同，国内外许多学者对供应链存在着不同的理解与解释。

供应链的概念最初是由美国专家在20世纪80年代提出的。像一切新生事物一样，人们对这一概念的认识也经历了一个由浅到深的发展过程。

我国2021年12月1日实施的中华人民共和国国家标准《物流术语》（GB/T 18354—2021）对供应链的定义是：生产及流通过程中，围绕核心企业的核心产品或服务，由所涉及的原材料供应商、制造商、分销商、零售商直到最终用户等形成的网链结构。由此可见，供应链是一个范围更广的企业结构模式；供应链是一条联结供应商到用户的增值链；每个贸易伙伴既是其客户的供应商，又是其供应商的客户。供应链网络结构模型如图4-17所示。

### 1. 供应链的特征

从供应链网络结构模型可以看出，供应链是一个网链结构，由围绕核心企业的供应商、供应商的供应商、用户、用户的用户组成。一个企业是一个节点，节点企业和节点企业之间是一种需求与供应的关系。供应链主要具有以下特征。

（1）复杂性。因为供应链节点企业组成的跨度（层次）不同，供应链往往由多个、多类型甚至多国企业构成，所以供应链结构比一般单个企业的结构更为复杂。

（2）动态性。供应链管理因企业战略和适应市场需求变化的需要，节点企业需要动态地更新，这就使供应链具有明显的动态性。

（3）面向用户需求。供应链的形成、存在、重构，都是基于一定的市场需求而发生的，并且在供应链的运作过程中，用户的需求拉动是供应链中信息流、产品/服务

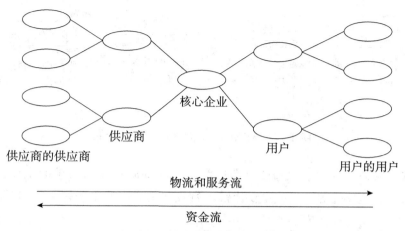

图 4 – 17 供应链网络结构模型

流、资金流运作的驱动源。

（4）交叉性。节点企业可以是这个供应链的成员，同时又是另一个供应链的成员，众多的供应链形成交叉结构，增加了协调管理的难度。

（5）协调性、整合性。供应链本身就是一个整体合作、协调一致的系统，它有多个合作者，像链条般环环连接在一起，大家为了一个共同的目标，相互协调，紧密配合。每个供应链成员企业都是"链"中的一个环节，都要与整个链的动作一致，绝对服从于全局，做到方向一致、动作一致。

**2. 供应链的类型**

根据不同的划分标准，我们可以将供应链分为以下几种类型。

（1）根据供应链存在的稳定性划分，可以将供应链分为稳定的供应链和动态的供应链。稳定的供应链是基于相对稳定、单一的市场需求而组成的供应链，稳定性较强。动态的供应链是基于变化相对频繁且复杂的需求而组成的供应链，动态性较高。在实际管理运作中，要根据不断变化的需求，相应地改变供应链的组成。

（2）根据供应链容量与用户需求的关系划分，可以将供应链分为平衡的供应链和倾斜的供应链。平衡的供应链是指一个供应链具有一定的、相对稳定的设备容量和生产能力（所有节点企业能力的综合，包括供应商、制造商、运输商、分销商、零售商等），但用户需求处于不断变化的过程中，当供应链的容量能满足用户需求时，供应链处于平衡状态。倾斜的供应链是指当市场变化加剧，造成供应链成本增加、库存增加、浪费增加时，企业不是在最优状态下运作，供应链则处于倾斜状态。平衡的供应链可以实现各主要职能（采购/低采购成本、生产/规模效益、分销/低运输成本、市场/产品多样化、财务/资金运转快）之间的均衡。平衡的供应链和倾斜的供应链如图 4 – 18 所示。

（3）根据供应链的功能模式（物理功能和市场中介功能），可以把供应链划分为反应型供应链和有效型供应链。有效型供应链主要体现供应链的物理功能，即以最低的成本将原材料转化成零部件、半成品、产品，以及在供应链中的运输等。反应型供应

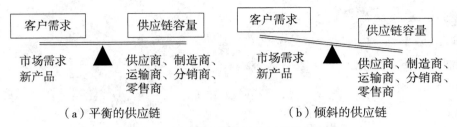

（a）平衡的供应链　　　　　　　　（b）倾斜的供应链

**图4-18　平衡的供应链和倾斜的供应链**

链主要体现供应链的市场中介功能，即把产品分配到满足用户需求的市场，对不可预测的需求做出快速反应等。反应型供应链和有效型供应链的比较如表4-1所示。

表4-1　　　　　　　　　　反应型供应链和有效型供应链的比较

|  | 反应型供应链 | 有效型供应链 |
|---|---|---|
| 基本目标 | 尽可能快地对不可预测的需求做出反应，使缺货、降价、库存最小化 | 以最低的成本供应可预测的需求 |
| 制造的核心 | 配置多余的缓冲库存 | 保持高的平均利用率 |
| 库存策略 | 部署好零部件和成品的缓冲库存 | 使整个链的库存最小化，以降低成本 |
| 提前期 | 大量投资以缩短提前期 | 尽可能缩短提前期（在不增加成本的前提下） |
| 供应商的标准 | 以速度、柔性、质量为核心 | 以成本和质量为核心 |
| 产品设计策略 | 创建调节系统，允许产品差异化发生 | 绩效最大化、成本最小化 |

（4）根据供应链动力因素的来源划分，可以将供应链分为推动式供应链和拉动式供应链。

推动式供应链以生产商为核心，以需求预测为基础，并在客户订货前进行运作，产品出厂后通过分销商逐级推向终端需求客户。分销商和零售商一般处于被动地位，供应链各节点间的整体协调程度比较低，但产品的生产供给或库存水平一般较高，通常依靠这种较高的生产供给量或库存水平应对市场需求的变动。由于供应链上的产品供给水平较高，使这种供应链模式对需求变动的响应速度和柔性变得相对较差。推动式供应链的推动力主要来自供应链上游，一般适用于市场需求量较大，且需求稳定的通用型或同质性较高的产品，其指导思想是"以生产为中心"，且生产中强调以规模经济取得效应并注重计划性。在该模式下，因可提供同质产品的生产商容易加入市场，导致该模式的适用范围越来越窄，但该运作模式在实践中实施起来相对容易，以生产商为核心的推动式供应链整合运作模式如图4-19所示。

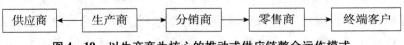

**图4-19　以生产商为核心的推动式供应链整合运作模式**

　　拉动式供应链是以市场终端用户需求为核心牵引力而展开运作的。运作时强调需求导向，根据顾客实际需求（订单）而不是预测需求实施整合，实际运作时甚至可实施定制化服务。此模式要求供应链中的信息交换速度以及整体协调程度处于较高水平，但产品的生产供给或库存水平一般可以较低。虽然此模式一般可获得较高的整合绩效，但由于供应链终端需求具有较高不确定性以及需求稳定的周期较短等特性，使这种模式对供应链各节点成员的技术基础或相应能力有较高要求。拉动式供应链一般适用于个性化要求较强、供给的产品异质性较高、强调需求导向的情况，实际整合运作中应重视差异化整合策略的实施。该模式如果运作成功，则会获得相对较高的市场需求响应速度和柔性。需求导向的拉动式供应链整合运作模式如图 4 - 20 所示。

**图 4 - 20　需求导向的拉动式供应链整合运作模式**

　　从以上两种模式的各自特点可见，基于需求导向的拉动式供应链整合运作模式是一种逆向牵引模式，驱动力来源于市场终端客户，与正向的推动式供应链整合运作模式有着本质的区别，即正向推动模式以生产为中心，而逆向牵引模式以用户为中心。两种不同模式分别适用于不同的市场环境，并有着不同的运作要求与效果，反映了供应链整合理念从"以生产为中心"向"以客户为中心"的转变。实践中，随着供应链整合程度的逐步提高，及供应链节点成员整合能力的增强，供应链运作模式也逐步由"推动式"向"拉动式"演变，由此体现企业经营观念的转变和供应链逐渐重视顾客需求的发展趋势。推动式和拉动式供应链整合运作模式的特征如表 4 - 2 所示。

表 4 - 2　　　　　　　　推动式和拉动式供应链整合运作模式的特征

| 特征 | 推动式 | 拉动式 |
|---|---|---|
| 驱动方式 | 生产供给推动 | 需求拉动 |
| 生产供给依据 | 依据生产供给能力生产 | 依据订单生产 |
| 生产供给特点 | 注重生产计划性和规模效应 | 重视柔性生产和差异化供给 |
| 满足需求的基础 | 需求预测及产出规模 | 敏捷响应个性化需求 |
| 库存或生产供给水平 | 较高 | 较低 |
| 对供应链整体协调性要求 | 低 | 高 |
| 需求响应能力 | 较低 | 较高 |

　　（5）根据供应链涉及的范围划分，可将供应链分为内部供应链和外部供应链。内部供应链是指企业内部产品生产和流通过程中所涉及的采购部门、生产部门、销售部门等组成的供需网络。外部供应链是指企业外部的，与企业相关的产品生产和流通过程中涉及的供应商、制造商、分销商、零售商以及最终用户组成的供应网络。内部供

应链和外部供应链共同组成了从原材料到成品，再到消费者的供应链，可以说，内部供应链是外部供应链的缩小版。如对于制造商，其采购部门就可看作外部供应链中的供应商。它们的区别只在于外部供应链范围大，涉及的企业多，企业间的协调更困难。在电子商务中，更加注重B2B下从产品供应商到订购产品企业的外部供应链的综合管理。内部供应链和外部供应链如图4-21所示。

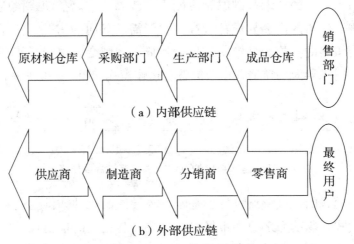

图4-21　内部供应链和外部供应链

### 3. 供应链的结构模型

（1）供应链的链状结构模型。有一种供应链是链状结构，供应链的各成员企业构成链状结构的各个节点，物流、信息流、资金流构成供应链的连线，供应链的链状结构模型如图4-22所示。供应链管理通过信息流（需求方向供应方流动，如订货合同、加工单、采购单等）将供应商、制造商、分销商、零售商及最终用户连成一个整体，对整个供应链系统进行计划、协调、操作、控制和优化的各种活动。

（2）供应链的网状结构模型。网状结构的供应链模型更能说明现实社会中企业间复杂的供应关系，供应链的网状结构模型如图4-23所示。从广义的角度看，网状结构模型理论上可以涵盖世界上所有的企业组织，每个企业都可看作它上面的一个节点，同时可以认为这些节点之间存在着供需联系。当然，这些联系有强有弱，并且在不断地变化着。从狭义的角度看，通常一个企业仅与有限的企业发生联系，但这丝毫不影响我们对供应链的网状结构模型的理论设定。供应链的网状结构模型对企业供应关系的描述很直观，适合宏观把握企业间的供应关系。供应链强调的是一个网络（企业、供应商、客户、合作伙伴等），企业与企业的竞争是供应链与供应链间的竞争。

## 二、供应链管理的概念和内涵

### 1. 供应链管理的概念

中华人民共和国国家标准《物流术语》（GB/T 18354—2021）把供应链管理定义

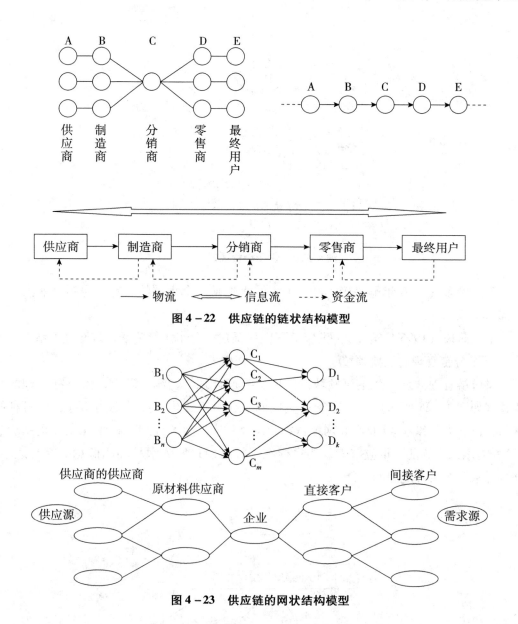

图 4 – 22　供应链的链状结构模型

图 4 – 23　供应链的网状结构模型

为从供应链整体目标出发，对供应链中采购、生产、销售各环节的商流、物流、信息流及资金流进行统一计划、组织、协调、控制的活动和过程。主要是利用计算机网络技术全面规划供应链中的商流、物流、信息流、资金流等。首先，供应链管理把对成本有影响和在产品满足顾客需求的过程中起作用的每个因素都考虑在内。其次，供应链管理的目的在于追求效率和整个系统的有效性。最后，供应链管理包括公司许多层次上的活动。供应链管理的产生如图 4 – 24 所示。

**2. 供应链管理的发展**

第一阶段（1980 年至 1989 年）：供应链管理是企业生产的内部过程，是单一过程关系。

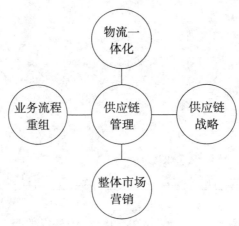

图4-24 供应链管理的产生

第二阶段（1990年至1995年）：供应链管理是一个集成的思想，包括企业内部和外部的集成。

第三阶段（1996年至今）：供应链管理强调建立合作伙伴关系，是网链关系。

**3. 供应链管理的主要领域**

供应链管理涉及四个主要领域，供应、生产计划、物流、需求，供应链管理的主要领域如图4-25所示。供应链管理是以同步化、集成化生产计划为指导，以各种技术为支持，尤其以互联网/内联网为依托，围绕供应、生产计划、物流（主要指制造过程）、需求来实施的。供应链管理的目标在于提高用户服务水平和降低总的交易成本，并且寻求两个目标之间的平衡。

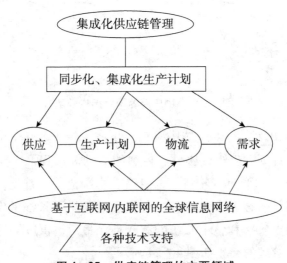

图4-25 供应链管理的主要领域

在以上四个领域的基础上，我们可以将供应链管理细分为职能领域和辅助领域。职能领域主要包括产品工程、产品技术保证、采购、生产控制、库存控制、仓储管理、分销管理。辅助领域主要包括客户服务、制造、设计工程、会计核算、人力资源、市场营销。由此可见,供应链管理关心的不仅是物料实体在供应链中的流动,除了企业内部与企业之间的运输问题和实物分销,供应链管理还包括以下内容:①战略性供应商和用户合作伙伴关系管理;②供应链产品需求预测和计划;③供应链的设计(全球节点企业、资源、设备等的评价、选择和定位);④企业内部与企业之间物料供应与需求管理;⑤基于供应链管理的产品设计与制造管理、集成化生产计划、跟踪和控制;⑥基于供应链的用户服务和物流(运输、库存、包装等)管理;⑦企业间资金流管理(汇率、成本等问题);⑧基于互联网/内联网的全球信息网络。

供应链管理注重总的物流成本(从原材料到最终产成品的费用)与客户服务水平之间的关系,为此要把供应链各职能部门有机地结合在一起,从而最大限度地发挥供应链整体的力量,达到供应链企业群体获益的目的。

**4. 供应链管理的特征**

供应链管理的特征主要有以下几点:①管理目标多元化,管理领域拓宽;②管理要素增多,管理系统的复杂程度增加;③管理全过程的战略化和流程的集成化;④全新的库存管理观和以最终客户为中心的管理思想。

**5. 供应链管理的作用**

供应链管理的作用主要有以下几点:①降低库存量;②为决策人员提供服务;③改善企业与企业之间的关系;④提高服务质量,刺激消费需求;⑤实现供求的良好结合。

**6. 供应链管理的原则**

供应链管理的原则主要有以下几条:①以客户需求为中心;②相关企业间共享利益、共担风险;③应用信息技术、实现管理目标;④信息共享。

**7. 供应链管理的牛鞭效应**

需求信息的不真实性沿着供应链逆流而上,产生逐级放大的现象,叫作需求变异加速放大原理,即牛鞭效应,如图4-26所示。

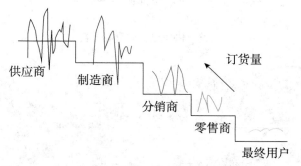

**图4-26 牛鞭效应**

(1)牛鞭效应产生的主要原因:①需求预测变动;②批量订购;③价格波动;④限量供给与短缺博弈。

（2）应对牛鞭效应的三种途径：①利用信息技术将市场需求直接提供给供应链内各级企业；②减少供应链级数（如零售商直接向制造商订货）；③卖方管理库存（供应商直接管理库存）。

### 三、供应链管理的优势

#### 1. 供应链管理与传统物料管理模式的区别

供应链管理与传统物料管理模式有着明显的区别，主要体现在以下四个方面。

（1）供应链管理把供应链中所有节点企业看作一个整体，供应链管理涵盖整个物流，即从供应商到最终用户的采购、制造、分销、零售等职能领域全过程。

（2）供应链管理强调和依赖战略管理。"供应"是整个供应链上节点企业之间事实上共享的一个概念（任意两节点之间都是供应与需求关系），同时它又是一个有重要战略意义的概念，因为它影响或者决定了整个供应链的成本和市场占有率。

（3）供应链管理最关键的是需要采用集成的思想和方法，而不仅是节点企业、技术方法等资源简单的连接。

（4）供应链管理具有更高的目标，通过管理库存和合作关系达到高水平的服务，而不仅是完成一定的市场目标。

#### 2. 供应链管理为企业带来的正面影响

（1）降低管理成本：据有关资料显示，某企业进行供应链管理后，总成本由原来占总销售额的8% ~12%下降到4% ~5%。

（2）加快资金的回收：企业从购进原材料到资金回笼，进行供应链管理前企业资金循环周期在100天左右，而进行供应链管理后最好水平达到30天。

（3）提升交付能力：进行供应链管理时，某企业提前交货与按时交货的百分比最好水平为94%，未进行供应链管理的水平为69% ~81%。

研究表明，加强对整个供应链的管理可以大大降低企业的库存和运输成本，提高企业长期的核心竞争力。供应链管理的效益如图4 - 27 所示。

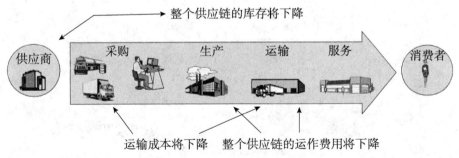

图4 - 27　供应链管理的效益

# 第五章　物流的基本环节

## 顺丰的物流运作模式

**1. 物流不是我们的优势**

炎热的夏季，不愿走出门购物的人会选择点点鼠标在网上购物。不仅是服装，近年来生鲜电商网站也成为热门——将生鲜蔬果放进"购物车"下单，傍晚下班食品直接被快递员送到家门口的运作模式，得到了广大白领的青睐。

顺丰集团旗下电商网站"顺丰优选"自从上线后一直低调运营着，大约在 2016 年才逐渐掀起宣传攻势。外界普遍认为，顺丰做生鲜电商最大的优势在于自身拥有一套强大的物流体系。谈及这种观念，顺丰优选总裁助理认为顺丰优选的优势并不在此，他认为这只是基础，任何一家企业只要资金充足都能做到这一点，而顺丰的优势在于提供优质产品。

**2. 海内外直采＋海陆空运输＝速度和稳定**

2017 年前后，众多电商开拓生鲜领域，其竞争也从物流转变至对产品原产地的布局。为了 5 月的"荔枝大战"，顺丰优选早在 1 月就开始蹲点荔枝原产地，调查供应商情况、气候条件以及周边环境。

除了北京、深圳，顺丰优选在华东、华南的很多城市同样成立了工作点，并且组织采购团队去全国各地进行原产地直采。在买手们亲自挑选完食品并封箱后，就可以利用顺丰的一张王牌——与深圳泰海合资组建的"顺丰航空"，使跨地域物流的时效得到保证。顺丰优选总裁助理说："我们能在 24 小时内让食物'从枝头到舌头'，只要不遇到不可控的自然因素，保证每天都能一样快速和稳定。"

对于生鲜电商一直以来"最后一公里"的难题，总裁助理介绍，顺丰现具备可控温度的运输车，并且一直严格按照冷链的要求执行。供应链缩短之后，就能有价格优势，接着通过运营效率提升和创新的商业模式，把成本压下去，最终让利给消费者。

**3. 专注于食品，聚焦中高端消费者**

目前看来，生鲜电商这块蛋糕还很小，虽然越来越多的企业涉足该领域，使竞争加剧，但顺丰优选总裁助理认为生鲜电商的消费者的购买习惯还需大家共同培养，只有越多的人参与，这块蛋糕才能做大，电商才能从中分一杯羹。字里行间透露着对未来生鲜领域的信心和野心。

据了解，顺丰优选，已经在上海、深圳、杭州和南京等地推出了常温食品配送服务，但生鲜类食品并未在此次开通的服务范围内。

向来"谨慎"的顺丰优选在面对天猫、京东等品牌时，也表达了会专注在食品领域的决心。总裁助理多次强调顺丰优选不会成为综合性平台，"网站上生鲜的比例已达到 30%，再加上母婴食品、酒水饮料，三者一共达到了 50% 左右的份额。专注和聚焦，做深和做精，是我们的宗旨和目标，虽然顺丰优选的商品种类已超过一万种，但仍会坚守食品领域的底线"。

业界有分析认为，为降低损耗及成本，生鲜电商只有依靠高单价、高毛利产品来经营。总裁助理透露，目前顺丰优选网站的人均消费额在 200 元以上。虽然有越来越多的综合类电商平台进入生鲜领域，但总裁助理表示，顺丰优选专注做食品的定位不会改变，"我们的最终目标是成为消费者购买全球美食的首选平台"。

4. 物流不是我们的优势，优质产品才是

物流环节对整个生鲜电商起着至关重要的作用，冷链物流体系的建立和完善是真正推进这个市场发展的关键。由于拥有强硬"后台"——至少 13 万个快递员以及 20 多架飞机，顺丰优选似乎并不担心运输这一环节，在冷链方面摸索了一番之后，丰富的经验让顺丰优选已在华东、华南做好了冷链仓储准备。

"供应链管理很复杂，采和销不能达到一个平衡的话，就会出现损耗很高的问题，由于我们刚刚起步，品牌知名度还不够，客户还不够多，供应链还不够完善。"在问及发展过程中遇到什么困难，总裁助理如是说。他同时表示，顺丰优选随时都保持着一个学习者的姿态，寻找经验，或向行业前辈学习。

目前，顺丰优选几乎每个月客户增长率都保持在 50% 以上，总裁助理强调，顺丰优选的第一要务不是速度、规模，而是品质。总裁助理认为，商品的上乘品质，以及供应链逐步优化和运营效率的大幅提升才是顺丰优选的最大优势，对于仓储和冷链物流，假使一家企业有足够的资金就能做到。

对于如何做食品物流，以及如何在物流运输过程中保证进口食品的品质，总裁助理略带自豪地说："顺丰优选的采购人员都曾在传统大型零售行业从事过相关工作，对原产地直采有着丰富的经验。我们会派专业人员去做市场调查以及进口食品的研究，一方面找国内的进口商拿货，另一方面自身也在做着直采。"

谈及接下来的计划，总裁助理表示将把重点放在产品种类上，丰富顺丰优选的最小存货单位（SKU），另外，继续加强原产地直采以及海外直采等工作。对于未来，总裁助理希望能够得到消费者的认可，"当消费者需要某些生鲜蔬果食品时，第一个能想到我们就足够了"。

资料来源：锦程物流网

广义物流包含了企业活动的除生产、采购、销售以外的所有环节，甚至有人提出要将采购、销售也纳入物流的范畴。大多数学者认为，这种过于宽泛的概念无法真正表现出物流的内涵。

物流的基本环节（功能）包括运输、储存、包装、装卸搬运、流通加工、配送、物流信息处理7大环节，也是物流的基本功能的具体体现。物流的基本功能，就是指物流活动特有的、区别于其他经济活动的职责和功能。物流的基本功能的内容是进行商品实体定向运动，这是物流的共性。不管是哪一种社会形态，只要有商品交换存在，商流和物流就必然会发生。物流的基本功能是任何一个物流系统必须具备的功能。物流的基本功能如图 5-1 所示。

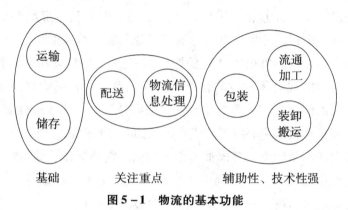

图 5-1　物流的基本功能

# 第一节　运输

## 一、运输的基本概念

国家标准《物流术语》（GB/T 18354—2021）规定：运输是利用载运工具、设施设备及人力等运力资源，使货物在较大空间上产生位置移动的活动。其中包括集货、分配、搬运、中转、装入、卸下、分散等一系列操作。

运输是物品发生位移的唯一途径，也就是物流最重要的环节。可以说没有运输就没有物流。运输是物流最基本的形式。

在运输过程中，集装箱的应用使物流更为便捷和安全。多式联运是现代运输的标志，也是物流得以迅速发展的基础。

运输的作用是使流体产生空间上的转移，即因为生产、流通和消费活动需要，使流体发生从一个地点转移到另一个地点的空间位移。流体转移形式有以下几种。

**1. 有形流体的转移**

对于有形流体的转移，要靠道路等基础设施和车辆等物流设备共同完成。

### 2. 无形流体的转移

对于无形流体，比如信息，要靠通信线路等基础设施和计算机等设备共同完成；电力、天然气等要利用流体自身的性质，依靠电线、管道等特殊的输送设施设备实现运输功能。

### 3. 特殊流体的转移

有些特殊的生产、流通和消费活动产生特殊的流体，生产、流通和消费活动发生的过程中以及发生后流体本身并不发生空间转移。如不动产的流通，发生空间转移的只是商品所有权凭证。

### 4. 期货交易流体的转移

对于期货交易，买卖各方经过无数次买卖交易，但是只有那些购买到期和约的买家才进行实物交割，即运输才发挥功能，这是商流与物流分离的最好例子。

运输功能是在运输服务提供方和运输服务需求方共同参与下完成的。运输的主要功能有两个，第一，实现流体的空间位移。空间位移越大，运输费用就越高。设计运输功能首先要考虑的问题是流体是否需要发生空间位移、有多少流体要发生空间位移、发生什么样的空间位移（位移的方向、距离、时间、频率等）。第二，降低运输费用。在必须满足服务目标的基础上，考虑如何组织运输才能使运输总成本最小。

在有形的货运市场上，参与交易的可以是运价、运力、运量等，运输公司、代理商、货主之间可以通过市场公开出价，由另一方公开竞价，一旦双方达成交易，就要按照市场章程和合同规定执行。在无形的货运市场上，主要以互联网或者其他信息网络为货运信息采集、发布、查询、交换和业务成交的手段，一般实行会员制，会员包括注册客户、联盟运输企业和会员司机，网络为会员提供网上交易服务，网上交易区分为网上车场和网上货场。

综上所述，运输服务需求商要在几种不同的运输方式之间进行选择，同时要在不同的运输服务提供商之间进行选择，运输服务提供商要选择提供的运输方式类型以及如何提供这种运输服务。运输功能就是在供需双方之间的选择中发挥出来的，在我国运输市场不完善的情况下，进行这种选择的成本很高。运输功能的发挥受运输方式特点、载体状况和供求关系等因素的影响。

## 二、运输的方式

我国交通运输体系由铁路、公路、水路、航空和管道五种运输方式构成。各种运输方式要适应物流的发展，就要确立综合运输的思想。综合运输即各种运输方式按照其自身技术经济特征，共同形成既分工又协作的有机整体。综合运输的思想比较适合现代物流的运作和发展，而且从我国综合运输的现状及发展趋势看，我国交通运输体系也正在朝着适应物流发展和运作的方向努力。

运输是物流系统最重要的构成要素，运输方式的选择对于物流效率的提高是十分重要的，在决定运输方式时，必须权衡运输系统要求的运输服务和运输成本，可以把运输工具的服务特性作为判断的基准，如运费，运输时间，频率，运输能力，货物的安全性以及时间的准确性、适用性、伸缩性、网络性，信息化等。常见的运输方式如图 5 - 2 所示。

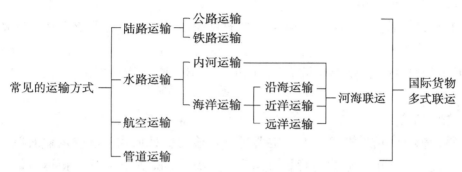

**图 5 - 2　常见的运输方式**

### 1. 公路运输

公路运输主要是使用汽车运输，也可以使用其他车辆（如人力车、畜力车）在公路上进行客货运输。水路运输、铁路运输主要承担长途、大批量货运，而公路运输主要承担近距离、小批量的客货运输，它是短途运输方式。由于公路运输有很强的灵活性，在没有铁路、水路的地区，距离较远的大批量运输也开始使用公路运输。

公路运输的主要优点是灵活性强，易于因地制宜，对收货、到站设施要求不高，可以采取"门到门"运输形式，即从发货者门口接货直接运到收货者门口，而不需要转运或反复装卸搬运。公路运输也可作为其他运输方式的衔接手段。随着高速公路的发展，公路运输的经济半径也随之扩大，一般在 500 千米以内。

### 2. 铁路运输

铁路运输是使用铁路列车运送旅客、货物的一种运输方式。铁路运输适于承担长距离、大批量的客货运输，在没有水路运输条件的地区，几乎所有大批量货物都依靠铁路运输，它是在干线运输中起主力运输作用的运输形式。

铁路运输的优点是不太受自然条件限制，运量大，运输成本较低，主要缺点是灵活性差，只能在固定线路上实现运输，而且需要其他运输手段的配合和衔接。铁路运输经济里程一般在 200 千米以上。

### 3. 水路运输

水路运输（水运）是使用船舶运送客货的一种运输方式。水运适宜承担大批量、长距离的运输，是在干线运输中起主力作用的运输形式。在内河及沿海，也常有小型水路运输工具使用，担任补充及衔接大批量干线运输的任务。

水运的主要优点是成本低，能进行低成本、大批量、远距离的运输。但是，水运也有显而易见的缺点，主要是运输速度慢，受港口、水位、季节和气候影响较大，因而某些航道一年中中断运输的时间较长。水运有以下四种形式。

（1）沿海运输。这是使用船舶通过大陆附近沿海航道运送客货的一种方式，一般使用中小型船舶。

（2）近海运输。这是使用船舶通过邻近国家海上航道运送客货的一种运输形式，视航程可使用中型船舶或小型船舶。

（3）远洋运输。这是使用船舶跨大洋的长途运输形式，主要依靠运量大的大型船舶。

（4）内河运输。这是使用船舶在内陆的江、河、湖、川等水道进行运输的一种方式，主要使用中小型船舶。

### 4. 航空运输

航空运输是使用飞机或其他航空器进行运输的一种形式。航空运输的单位成本很高，因此，主要适合运载的货物有两类：一类是价值高、客户承担运费能力强的货物，如贵重设备的零部件、高档产品等；另一类是紧急需要的物资，如救灾抢险物资等。

航空运输的主要优点是速度快，不受地形的限制，在火车、汽车都无法到达的地区也可依靠航空运输，因而航空运输具有重要的作用。公路、铁路、水路和航空运输如图5-3所示。

图5-3　公路、铁路、水路和航空运输

### 5. 管道运输

管道运输是指利用管道输送气体、液体和粉状固体的一种运输方式，其运输形式是依靠物体在管道内顺着压力方向循序移动实现的，管道运输和其他运输方式主要的区别在于管道设备是静止不动的。管道运输的主要优点有采用密封设备，在运输过程中可最大限度地避免散失、丢失等情况；运输量大，适合量大且需要连续不断运送的物资。

### 三、运输合理化

**1. 影响物流运输合理化的因素**

运输是物流中最重要的功能要素之一，物流合理化在很大程度上依赖于运输合理化。运输合理化的影响因素很多，起决定性作用的有以下五个因素，称作运输合理化的"五要素"，如图 5 - 4 所示。

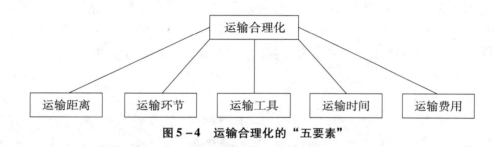

**图 5 - 4　运输合理化的"五要素"**

（1）运输距离。在运输时，运输时间、运费、运输周转工具以及货损等运输的若干技术经济指标，都与运输距离有一定的关系。运输距离的长短是判断运输是否合理的基本因素。因此，缩短运输距离从宏观、微观角度看都会带来好处。

（2）运输环节。每增加一个运输环节，都会增加起运的费用和总费用，而且必须增加运输的附属活动，如装卸、包装等，各项技术经济指标也会因此下降。所以，减少运输环节，尤其是同类运输工具的环节，对合理运输有促进作用。

（3）运输工具。各种运输工具都有其使用的优势领域，对运输工具进行优化选择，按运输工具特点进行装卸运输作业，最大限度地发挥所用运输工具的作用，是运输合理化的重要一环。

（4）运输时间。运输是物流过程中需要花费较多时间的环节，尤其是远程运输，在全部物流时间中，运输时间占绝大部分，所以，运输时间的缩短对整个物流时间的缩短有决定性作用。此外，运输时间短，有利于运输工具的加速周转，充分发挥运力的作用，有利于货主资金的周转，有利于运输线路通过能力的提高，对运输合理化有很大帮助。

（5）运输费用（运费）。运费在物流费用中占很大比例，运费在很大程度上决定了整个物流系统的竞争能力。实际上，运费的降低，无论对货主企业来讲，还是对物流经营企业来讲，都是运输合理化的重要目标。运费也是各种合理化措施实施效果最终的判断依据之一。

**2. 不合理运输的形式**

不合理运输是指在现有条件下可以达到某运输水平而未达到，从而造成运力浪费、运输时间增加、运费超支等问题的运输形式。目前主要存在的不合理运输的形式有以下几种。

（1）返程或起程空驶。空驶是不合理运输中最严重的形式。在实际运输组织中，有时候必须调运空车，从管理上不能将其看成不合理运输。但是，因调运不当，货源计划不周全，不采用运输社会化而形成的空驶是不合理运输的表现。空驶的货车如图5-5所示。造成空驶的原因主要有以下几种。

①能利用社会化的运输体系而未利用，只依靠自备车送货、提货，这往往会出现单程载货、单程空驶的不合理运输。

②由于工作失误或计划不周全，造成虚假货源，导致车辆空去空回，形成双程空驶。

③由于车辆过分专用，无法装载回程货，只能单程载货，回程周转。

图5-5 空驶的货车

（2）对流运输。对流运输也称相向运输、交错运输，指同一种货物，或彼此间可以互相代用又不影响管理、技术及效益的货物，在同一线路或平行线路上做相对方向的运送，而与对方运程的全部或一部分发生重叠交错的运输，对流运输如图5-6所示。已经制定了合理流向的货物，一般必须按合理流向进行运输，如果与合理流向指定的方向相反，也属于对流运输。

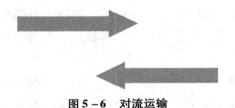

图5-6 对流运输

在判断对流运输时需注意的是，有的对流运输是不明显的。例如，不同时间的相向运输，从发生运输的那个时间看，并没有出现对流，可能做出错误的判断，所以要注意隐蔽对流。

（3）迂回运输。迂回运输是一种舍近求远的运输方式，可以选取短距离进行运输，却选择较长路线进行运输的一种不合理形式，迂回运输如图5-7所示。迂回运输有一定复杂性，不能简单处理，只有当计划不周、地理不熟、组织不当而发生的迂回运输，才属于不合理运输，如果最短距离有交通阻塞、道路情况不好或有对噪声、排气等特殊限制而不能使用时发生的迂回，不能称为不合理运输。

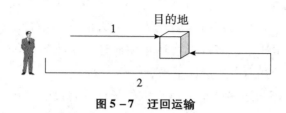

**图5-7　迂回运输**

（4）重复运输。重复运输表现为两种形式。一种形式是本来可以直接将货物运到目的地，但是在未达目的地之处或目的地之外的其他场所将货物卸下，再重复装运，送达目的地。另一种形式是同品种货物在同一地点，一边运进，又一边向外运出。重复运输的最大缺陷是增加了非必要的中间环节，延缓了流通速度，增加了物流费用，增大了货损。

（5）倒流运输。倒流运输是指货物从销售地或中转地向产地或起运地回流的一种运输现象，倒流运输如图5-8所示。其不合理程度要超过对流运输，原因在于，往返的双程运输都是非必要的，形成了双程的浪费。倒流运输有时候也是不明显的。

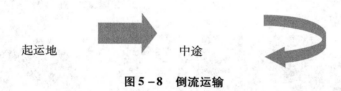

起运地　　　　　　中途

**图5-8　倒流运输**

（6）过远运输。过远运输是指调运物资舍近求远，即舍掉近处资源而调运远处资源，这就造成可采取近程运输却未采取，拉长了货物运距。过远运输占用运力时间长、运输工具周转慢、物资占压资金时间长，远距离不可控因素更多，更易出现货损，会增加费用支出。

（7）运力选择不当。运力选择不当是指未选择合理的运输工具，而造成不合理现象的行为，常见有以下几种形式。

①弃水走陆。由于所运货物价值较低，在同时可以利用水运及陆运时，不利用成本较低的水运或水陆联运，而选择成本较高的铁路运输或汽车运输，使水运优势不能发挥。

②铁路、大型船舶的过近运输。这是指利用铁路及大型船舶等运力进行非经济运行里程运输的不合理做法。主要不合理之处在于铁路及大型船舶起运及到达目的地的准备、装卸时间长，且机动灵活性不足，在过近距离中不能发挥运速快的优势。相反，

由于装卸时间长，反而会延长运输时间。另外，和小型运输设备比较，铁路及大型船舶装卸难度大，费用也较高。

③运输工具承载能力选择不当。这是指不根据承运货物数量及重量进行选择，而盲目选择运输工具，造成超载或货物不满载，从而导致车辆损坏或浪费运力的行为，尤其"大马拉小车"情况发生较多。由于装载量小，单位货物运输成本必然增加。

（8）托运方式选择不当。托运方式选择不当是指对于货主而言，可以选择更好的托运方式而未选择，造成运力浪费及费用支出加大的一种不合理行为。例如，应选择整车运输而采取了零担托运，应选择直达运输而选择了中转运输，应当中转运输而选择了直达运输等都属于托运方式选择不当。

（9）超限运输。超限运输是指超过规定的长度、宽度、高度和重量，容易引起货损、车辆损坏和公路路面及公路设施的损坏，还会造成严重事故的运输。超限运输如图5-9所示。

**图5-9　超限运输**

上述各种不合理运输形式都是在特定条件下表现出来的，在进行判断时必须注意其不合理的前提条件，否则容易出现判断失误。例如，同一种产品，由于商标不同、价格不同所发生的对流，不能绝对看成不合理，因为其中存在着市场机制引导的竞争，优胜劣汰，如果强调为避免表面的对流而不允许运输，就会起到保护落后的选择、阻碍竞争，甚至助长地区封锁的负面作用，类似的例子有很多。

以上对不合理运输的描述，主要就形式本身而言，主要是从微观角度观察得出的结论。在实践中，必须将其放在物流系统中做综合判断，若不在系统中做分析和综合判断，很可能出现效益背反现象。单从一种情况来看，避免了"不合理"，做到了"合理"，但它的"合理"却使其他部分出现"不合理"。只有从系统角度，综合进行判断才能有效避免效益背反，从而优化整个系统。

**3. 运输合理化的措施**

由于运输是物流中最重要的功能要素之一，物流合理化在很大程度上依赖于运输合理化。因此，加强运输合理化研究是运输管理一项十分重要的工作。具体措施有以下几项。

（1）提高运输工具的实载率。实载率有两个含义：一是单车、单船实际载重与运距之乘积和标定载重与行驶里程之乘积的比率，这是在安排单车、单船运输时，作为判断装载合理与否的重要指标；二是车船的统计指标，即一定时期内车船实际完成的货物周转量（以吨千米计）占车船载重吨位与行驶千米之乘积的百分比。在计算车船行驶的千米数时，不仅包括载货行驶，还包括空驶。

提高实载率的意义在于充分利用运输工具的额定能力，减少车船空驶和不满载行驶的时间，减少浪费，从而求得运输的合理化。

（2）提高运行效率。采取减少运力投入、增加运输能力的有效措施，使运输合理化。这种合理化的要点是少投入、多产出，走高效率之路。运输的投入主要是能耗和基础设施的建设，在设施建设已定型和完成的情况下，尽量减少能源投入，是少投入的核心。做到这一点就能大大节约运费，降低单位货物的运输成本，达到运输合理化的目的。国内外在这方面的有效措施有以下几项。

①满载超轴法。就是在机车能力允许的情况下，加挂车皮。我国在货运紧张时，也采取加长列车、加挂车皮的办法，在不增加机车的情况下增加运输量。

②水运拖带法。竹、木等物资的运输，可利用竹、木本身的浮力，不用运输工具载运，而采取水运拖带法运输，可省去运输工具本身的动力消耗，从而求得运输的合理性。将无动力驳船编成一定队形，一般是"纵列"，用拖轮拖带行驶，具有比船舶载运量大的优点，求得运输合理化。

③顶推法。这是我国内河货运常采取的一种有效方法。将内河驳船编成一定队形，由机动船顶推前进。其优点是航行阻力小，顶推量大，速度较快，运输成本很低。顶推运输法示意如图5-10所示。

**图 5 – 10　顶推运输法示意**

④汽车挂车法。汽车挂车的原理和船舶拖带、火车加挂基本相同，都是在充分利用动力的基础上，增加运输能力。

（3）发展社会化的运输体系。运输社会化的含义是发展运输的规模优势，实行专业分工，打破一家一户自成运输体系的状况。

一家一户的小生产运输，车辆自有，自我服务，不能形成规模，且一家一户运量需求有限，难于自我调剂，因而容易出现空驶、运力选择不当的情况。因运输工具有限，经常出现不能满载等浪费现象，且配套的接发货设施、装卸搬运设施也很难有效地运行，造成浪费。实行运输社会化，可以统一安排运输工具，避免对流、倒流、空驶、运力选择不当等不合理形式，不仅可以实现组织效益，还可以实现规模效益，所以发展社会化的运输体系是运输合理化非常重要的措施。

当前社会化运输体系中铁路运输已经比较完善，而在公路运输中，小生产方式还比较普遍，是完善社会化运输体系的重点。社会化运输体系中，各种联运体系是其中水平较高的方式，联运体系充分利用面向社会的各种运输系统，通过协议进行一票到底的运输，有效打破了一家一户的小生产运输，是未来运输体系发展的主要方向。

（4）根据经济运输里程选择最佳的运输方式。铁路、公路、水路、航空、管道五种运输方式各有其特点，所适用的货运对象也有所差别。运输方式选择的考虑因素包括运输成本、安全性、可靠性等，综合考虑这些因素后再选择最佳的运输方式。

（5）尽量发展直达运输。直达运输主要是指运输部门尽量减少货物运输的中间环节，把货物从产地直接运送给客户。直达运输是追求运输合理化的重要形式，其对合理化的追求要点是通过减少中转、过载、换载，提高运输速度，省去装卸费用，降低中转货损。直达运输的优势在一次运输批量和用户一次需求量达到一整车时最为突出。此外，在生产资料、生活资料的运输中，通过直达运输，建立稳定的产销关系和运输系统，也有利于提高运输的计划水平，可以采用最有效的技术来实现这种稳定运输，从而大大提高运输效率。

值得一提的是，如同其他合理化措施一样，直达运输的合理性也是在一定条件下才会有所表现，不能绝对认为直达一定优于中转。这要根据用户的要求，从物流总体出发做出综合判断。如果从用户需求量来看，批量大到一定程度直达是合理的，批量较小时中转是合理的。

（6）配载运输。这是一种充分利用运输工具载重量和容积，合理安排装载的货物及载运方法以求得合理化的运输方式。配载运输也是提高运输工具实载率的一种有效形式。

配载运输往往是轻重货物的混合配载，在以重质货物运输为主的情况下，同时搭载一些轻泡货物，如海运矿石、黄沙等重质货物，在舱面搭运木材、毛竹等；铁路运输矿石、钢材等重物时，上面搭运轻泡农、副产品等。在基本不增加运力投入、不减少重质货物运输的情况下，解决了轻泡货物的运输，因而效果显著。

（7）"四就"直拨。"四就"直拨是减少中转运输环节，力求以最少的中转次数完成运输任务的一种形式。一般批量到站或到港的货物，首先要进入分销部门或批发部门的仓库，然后再按程序直拨或销售给用户，这样往往出现不合理运输。

"四就"直拨，首先是由管理机构预先筹划，然后就厂、就码头、就库、就车（船）将货物分送给用户，而无须再入库。

（8）发展特殊运输技术和运输工具。依靠科技进步是运输合理化的重要途径。例如，专用散装车及罐车，解决了粉状、液状物运输损耗大、安全性差等问题；袋鼠式车厢和大型半挂车解决了大型设备整体运输问题；滚装船解决了车载货的运输问题；集装箱船比一般船能容纳更多的箱体；集装箱高速直达车船加快了运输速度等，都是通过应用先进的科学技术实现合理化的。

（9）通过流通加工，使运输合理化。有不少产品由于其本身形态及特性问题，很难实现运输的合理化，如果进行适当加工，就能够有效解决这一问题，如将造纸材料在产地预先加工成干纸浆，然后压缩体积运输，就能解决造纸材料运输不满载的问题；轻泡产品预先捆紧包装成规定尺寸再装车，就容易提高装载量；水产品及肉类预先冷冻，就可提高车辆装载率，并降低运输损耗。

（10）通过优化运输路线，使运输合理化。优化运输路线，通常采用数学方法，数学方法很多，表上作业法和图上作业法是两种常用方法，这里不再赘述。

运输合理化的目标要考虑运输系统的基本特性。对于不同地区之间的长距离运输（干线输送），在货物的批量大且对时间要求不苛刻的情况下，运输合理化的目标的重点是降低运输成本。对于不同地区或城市间的短距离运输（末端输送），是以向顾客配送为主要内容的，货物批量小，应及时、准确地将货物运达，这种情况下的运输合理化的目标，应以提高物流服务质量为主。

不同客户的需求侧重点不同，因此应为客户"量身定做"物流运作方案，细化客户差异性需求，确定每个客户的需求模型，相应地设计物流运作方案。

# 第二节　储存

## 一、储存的概念

储存/仓储，国家标准《物流术语》（GB/T 18354—2021）规定：仓储是利用仓库及相关设施设备进行物品的入库、储存、出库的活动。储存即贮藏、保护、管理物品。

储存是物流的另一个重要环节，在物流系统中起着缓冲、调节和平衡作用。由于储存的地点主要是仓库和堆场，所以又称为仓储。按照作业类型划分，储存包括仓储管理和库存控制两类具体功能。

储存的基本目的有三个：①满足生产和销售对自愿库存的需要；②尽可能降低库

存成本，尤其要降低非自愿库存的成本；③降低储存作业成本，加快储存作业速度。

从宏观物流的角度看仓储，仓储的作用丝毫不亚于运输，因为仓储在国家战略储备物资的流通中起着不可替代的作用。

从微观物流的角度看仓储，虽然对于企业生产物流有零库存之说，但是全物流系统的零库存是很难实现的。

## 二、仓储管理

"仓"也称为仓库，为存放物品的建筑物或场地，具体可以分为房屋建筑、大型容器、洞穴、特定的场地等，具有存放和保护物品的功能。"储"表示收存以备使用，具有收存、保管、交付使用的意思，当适用于有形物品时也称为储存。"仓储"则为利用仓库存放物品，储存未即时使用的物品的行为。简言之，仓储就是在特定的场所储存物品的行为。常见的仓库如图5-11所示。

图5-11　常见的仓库

仓储管理是对在库或者在途物品的数量和品质以及运作进行的管理，以防物品数量短缺、质量发生变化。同时，提高劳动生产率，减少在储存作业过程中的保管、装卸、包装费用以及物品损耗，缩短物品在仓储过程中的作业时间。

仓储的基本机能是储存和保管，扩展机能是调节运力和调节供需，优化机能是配送和流通加工。

## 三、库存控制

库存是指储存作为今后按预定的目的使用而处于闲置或非生产状态的物品。广义的库存还包括处于制造加工状态和运输状态的物品。

产生库存的原因如下：①为了消除产销分离；②为了防止供货短缺；③为了防止

供货延迟；④为了应对需求波动；⑤为了应对突发自然灾害和战争。前四类库存是企业生产、经营的库存，一般称为库存；后一类是国家安全库存，一般称为储备。

库存成本是指为取得和维持一定规模的存货所发生的各种费用的总和，由物品购入成本、订货成本、库存持有成本（含存货资金占用成本、保险费用、仓储费用）等构成。

库存控制是对库存的数量和结构进行规划和管理的物流作业活动。换而言之，库存控制是对物流过程中库存的数量、时间、地区分布等进行的计划、协调和控制。库存控制的主要目的是在满足客户需求、保证供应的前提下，尽量降低库存成本。

企业生产和经营性库存可以分为自愿库存和非自愿库存。自愿库存是维持正常生产和经营活动所必需的库存，是企业自愿保持的库存。非自愿库存则是由于流通过程的停滞而产生的库存。

物品会在物流过程中处于两种状态，表现出两种不同的库存形式。在仓库等专用储存设施中储存的物品，我们称为第一类库存；在运输工具等产品转运设备中存在的物品，即在途储存，我们称为第二类库存。即时生产是指第一类库存为零，这就是通常所说的"零库存"。但第二类库存依然存在，并且如果生产、交换和消费过程要连续进行，这类库存就无法消失。"零库存"并不是真正的库存总量为零，而是库存总量很少，接近于零而不等于零，"零库存"不是轻易能够实现的，也不是任何一种产品的物流系统都应该实现"零库存"。

# 第三节　包装

## 一、包装在物流中的地位

国家标准《物流术语》（GB/T 18354—2021）规定：包装是为在流通过程中保护产品、方便储运、促进销售，按一定技术方法而采用的容器、材料及辅助物等的总体名称，也指为了达到上述目的而采用容器、材料和辅助物的过程中施加一定技术方法等的操作活动。包装是将物品包封并予以适当的标志的工作总称。简而言之，包装是包装物及包装操作的总称。

在现代物流观念形成以前，包装被看作生产的终点，因而包装一直是生产领域的活动。包装的设计主要从生产终结的要求出发，因而常常不能满足流通的要求。

物流研究者则认为，包装与物流的关系，比包装与生产的关系要密切得多，包装作为物流起点的意义比作为生产终点的意义要大得多。因此，包装应纳入物流系统之中。

包装在物流系统中具有十分重要的作用。包装是生产的终点，同时又是物流的起点，它在很大程度上制约物流系统的顺畅运行。将产品按一定数量、形状、重量、尺寸配套进行包装，并按产品的性质采用适当的材料和容器，不仅方便装卸搬运、堆码存放、计量清点等，还能提高运输工具和仓库的使用效率。

## 二、包装的特性与功能

包装有三大特性，即保护性、单位集中性及便利性，这三大特性延伸出保护商品、方便物流、促进销售和方便消费四大功能。

### 1. 保护商品功能

保护商品是包装的基本功能。在物流过程中各种自然因素（温度、湿度、光照、有害物质等）对商品的质量产生影响，会使商品损坏、变质。在装卸搬运、运输过程中，撞击、震动也会使商品受损。为了维持商品在物流过程中的完整性，必须对商品进行科学的包装，避免各种外界不良因素对商品的影响。

### 2. 方便物流功能

经过包装的商品能为商品流转提供许多方便。运输、装卸搬运通常是以包装的体积、重量为基本单位的，托盘、集装箱、货车等也是按一定包装单位装运的。合适的包装形状、尺寸、重量和材料，能够方便运输、装卸搬运和保管的操作，提高其他物流环节的效率，降低流通费用。

### 3. 促进销售功能

包装是商品的组成部分，它是商品的形象。包装上的商标、图案、文字说明等，是商品"无声的推销员"，它是宣传、推销商品的媒介，激发消费者的购买欲望。包装的作用如此重要，应引起足够重视。

### 4. 方便消费功能

为消费者提供方便是包装必备的功能，商品包装的大小、形状、材料、重量、标志等各要素应为消费者使用、保管创造方便。同时，包装拆装应简便快捷，拆装后的包装材料应当容易处理。

## 三、包装的分类

包装的分类方法很多，按其功能的不同可分为商业包装和运输包装。

### 1. 商业包装

商业包装（也称销售包装）是指以促进销售为主要目的的包装，这种包装的特点是外形美观，有必要的装潢，包装单位满足顾客的购买量以及商店陈设的要求。在流动过程中，商品越接近顾客，越要求包装有促进销售的效果。销售包装是将生产出来的商品包装成具有统一数量标准和规格的单元，以利于展示和销售，这种包装作业是生产过程的一部分。

### 2. 运输包装

运输包装是指以强化输送、保护商品为目的的包装，为便于物流过程中的运输、储存、装卸、堆码、发货、收货、销售等作业，需要将一定数量的、以销售包装存在的商品，再包装成一定的数量单元，或者对包装进行加固、分装、重新包装等操作，这种包装就是运输包装（也称物流包装）。运输包装的重要特点是在满足物流要求的基础上，包装费用越低越好。为此，必须在包装费用和物流中的损失两者之间寻找平衡。商品的运输包装如图 5－12 所示。

图 5－12　商品的运输包装

在物流过程中，为了便于货物交接，防止错发错运，便于识别，便于运输、仓储和海关等有关部门进行查验等，也便于收货人提取货物，在货物的外包装上标明的记号就是包装标志。常见的包装标志如图 5－13 所示。

图 5－13　常见的包装标志

此外，按包装的保护技术可分为防潮包装、防锈包装、防虫包装、防腐包装、防震包装、危险品包装等。

## 四、包装合理化

包装合理化是指在包装过程中使用适当的材料和适当的技术，制成与商品相适应的容器，节约包装费用，降低包装成本，既满足包装保护商品、方便储运、利于销售的要求，又能提高包装的经济效益的包装综合管理活动。包装合理化主要体现在以下五个方面。

1. 包装的轻薄化

由于包装只是起保护作用，对商品使用价值的增加没有帮助，因此在强度、寿命、成本相同的条件下，更轻、更薄、更小的包装，可以提高装卸搬运的效率。轻薄化的反面示范，过度包装如图5-14（a）所示。

2. 包装的单一化

为了提高包装作业的效率，包装材料及规格应力求单一化，包装形状和种类也应单一化。包装的单一化如图5-14（b）所示。

3. 包装的集装单元化和标准化

包装的规格与托盘、车厢的装载关系密切，也应考虑到与运输车辆、搬运机械的匹配，从系统的角度制定包装的尺寸标准。包装的集装单元化和标准化如图5-14（c）所示。

4. 包装的机械化与自动化

为了提高作业效率和包装现代化水平，各种包装机械的开发和应用是很重要的。包装的机械化与自动化如图5-15（a）所示。

5. 包装的绿色化

包装要有利于环保。包装是产生大量废弃物的环节，处理不好可能会造成环境污染。包装材料最好可回收再利用，在包装材料的选择上，还要考虑不对人体健康产生影响，不对环境造成污染，即所谓的"绿色包装"。包装的绿色化如图5-15（b）所示。

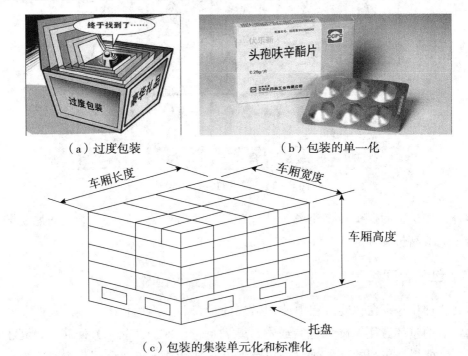

（a）过度包装　　　　　　　（b）包装的单一化

（c）包装的集装单元化和标准化

图5-14　过度包装、包装的单一化、包装的集装单元化和标准化

（a）包装的机械化与自动化　　　　　　　（b）包装的绿色化

**图 5 – 15　包装的机械化与自动化、包装的绿色化**

在包装过程中，还要注意包装与其他环节的配合。包装是物流系统的组成部分，需要和装卸搬运、运输、仓储等环节综合考虑。

# 第四节　装卸搬运

## 一、装卸搬运的概念

国家标准《物流术语》（GB/T 18354—2021）规定：装卸是指在运输工具间或运输工具与存放场地（仓库）间，以人力或机械方式对物品进行载上载入或卸下卸出的作业过程。搬运是指在同一场所内，以人力或机械方式对物品进行空间移动的作业过程。

装卸是物品装上运输工具或从运输工具上卸下。搬运是物品在同一地域范围内的短距离的位移。有时还包括在仓库和堆场内的堆垛、移送、入库、出库。对于有些货物，可能还要进行拣选、分类等活动。

为了衔接储存和运输等物流作业，需要将物品从载体上卸下，或者从发货地装上载体，有时还需要进行很短距离的搬运作业。装卸分为装、卸和搬运三种业务。物流系统需要配备一定的装卸搬运设施设备来进行大批量重复性的装卸搬运作业，以提高劳动生产率，降低物品损耗。在劳动力成本很高的国家里，装卸搬运环节一般都实现了自动化。装卸和搬运如图5-16所示。

图5-16　装卸和搬运

## 二、装卸搬运的基本作业

装卸搬运的基本作业包括：装卸、搬运、堆码、取出、分类、集货等。货品的堆码如图5-17所示。常见的堆码方式如图5-18所示。

图5-17　货品的堆码

## 三、装卸搬运的特点

与生产领域和流通领域的其他环节相比，装卸搬运具有如下特点。

### 1. 装卸搬运是附属性、派生性的活动

装卸搬运是物流每项活动开始及结束时必然发生的活动，例如，一般的汽车

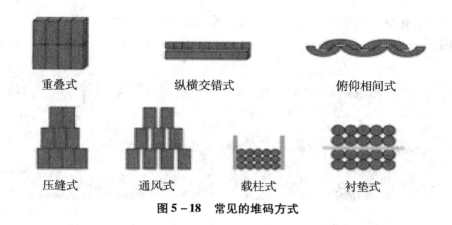

重叠式       纵横交错式       俯仰相间式

压缝式       通风式       载柱式       衬垫式

**图 5-18 常见的堆码方式**

运输，实际就包含了装卸搬运活动，仓库中泛指的保管活动，也含有装卸搬运活动。

**2. 装卸搬运是支持性、保障性的活动**

装卸搬运的附属性不能理解成被动的，实际上，装卸搬运对其他物流活动有一定影响。装卸搬运会影响其他物流活动的质量和速度，例如，装车不当会造成运输过程中的损失，卸放不当也会造成货损。许多物流活动在有效的装卸搬运的支持下，才能实现高水平运作。

**3. 装卸搬运是衔接性的活动**

装卸搬运是衔接各种物流环节的必要活动，因而，装卸搬运往往成为物流效率的"瓶颈"，是物流各功能之间形成有机联系和紧密衔接的关键，是一个系统高效运行的关键。建立一个有效的物流系统，关键看这一衔接是否顺畅。

装卸搬运不产生有形的产品，而是提供劳动服务，是生产领域与流通领域的其他环节的配套保障和服务性作业。在物流成本中，装卸搬运所占比重较高，因此是企业降低物流成本的重要环节。

# 第五节 流通加工

## 一、流通加工的概念

国家标准《物流术语》（GB/T 18354—2021）规定：流通加工是根据顾客的需要，在流通过程中对产品实施的简单加工作业活动的总称。简单加工作业活动包括包装、分割、计量、分拣、刷标志、拴标签、组装、组配等。

在流通过程中对商品进行的加工实际上是生产过程在流通过程的延续。由于要契合本地消费者的需求，有些商品的加工要结合当地消费者的实际需求进行，如贴有当地语言的标签，并按实际需要将大批量的商品进行分割、裁剪、喷漆、染色、洗净、挑选、分级、称量、包装等，这些作业大多借助手工完成，效率比较低。常见的流通加工如图5-19所示。

图5-19　常见的流通加工

传统观念认为加工属于生产环节，物流仅是物品的位移。然而进入较为发达的经济社会以后，流通加工的事例不断出现：自行车装配是在商店里完成的；家具是送到用户家中才安装的；蛋糕是在甜品店里裱花的；混凝土是在运输途中搅拌的，等等。将一些简单的加工过程放在流通环节中完成有以下好处：①节省加工场所的土地占用；②便于运输、搬运、装卸和包装；③适用于生产个性化产品；④缩短了产品从生产到消费的时间。

## 二、流通加工与一般生产加工的区别

流通加工与一般生产加工在加工方法、加工组织、生产管理方面并无显著区别，但在加工对象、加工程度方面差别较大，主要差别如下。

（1）流通加工的对象是进入流通领域的商品，以此来区别多环节生产加工中的一环。一般生产加工的对象不是最终商品，而是零配件、半成品，一般生产加工过程会使物品发生物理变化或化学变化。

（2）流通加工过程大多是简单加工，而不是复杂加工，一般来讲，如果必须进行复杂加工才能形成人们所需的商品，那么，此过程需要一般生产加工完成，一般生产加工过程理应完成大部分加工活动，流通加工对一般生产加工起到辅助及补充作用。流通加工绝不是对一般生产加工的代替。

（3）从价值观点看，一般生产加工的目的在于创造价值和使用价值，而流通加工的目的则在于完善其使用价值，并在一定情况下提高价值。

（4）流通加工的组织者是从事流通工作的人员，能密切结合流通的需要进行加工活动。从加工单位来看，流通加工由商业或物资流通企业在流通环节中完成，而一般生产加工则由生产企业在生产环节中完成。

（5）加工目的不同，流通加工是为了消费和流通，为流通创造条件。一般生产加工是为了生产和制造。

# 第六节　配送

## 一、配送的基本概念

### 1. 配送的定义

国家标准《物流术语》（GB/T 18354—2021）规定：配送是指根据客户要求，对物品进行分类、拣选、集货、包装、组配等作业，并按时送达指定地点的物流活动。

通俗地讲，可以将配送描述为按用户的订货要求，以现代送货形式，在配送中心或其他物流节点进行货物配备，以合理的方式送交用户，实现资源最终配置的物流活动。实施这一系列活动后，实现了商品的增值。这个概念说明了以下几方面的内容。

（1）配送是按用户的订货要求进行的。配送活动以用户为出发点，具有明显的服务性。配送活动中用户总是处于主导地位，配送组织者必须树立"用户第一""质量第一"的观念。

（2）配送的实质是送货。配送是一种送货方式，但它与一般的送货又有区别。一般的送货多属于偶然性的行为，而配送则是一种有固定组织、固定渠道、固定装备设施、固定管理和技术力量、固定制度规范的流通组织形式。

（3）配送是一种中转形式。配送是从物流节点至用户的一种特殊送货形式。它更多地表现为一种中转型送货，而不是从工厂至用户的直达送货。配送是用户"需要什么送什么"，而不是"有什么送什么"。

（4）配送是"配"与"送"的有机结合。配送可以利用有效的分拣和配货方式，使送货总量达到一定规模，以利用规模优势取得较低的送货成本。

（5）配送强调作业方式的合理性。配送者必须以用户的要求为依据来追求作业的合理性，并以此为基础来实现双方都有利可图的商业目的。

（6）配送是一种重要的资源配置手段。在社会再生产的循环过程中，配送处于流通领域内比较靠近客户的那一端，因而它对资源的配置往往是最终配置。在市场经济环境下，配送的这种资源配置功能具有重要的战略意义。

### 2. 配送与运输（输送）的区别

配送是从运输派生出来的一种物流功能，是一种相对短距离的运输。与运输或者其他物流功能要素相比，配送具有如下特点。

（1）配送的输送距离较短。它一般位于物流系统的最末端，处于支线运输、二次运输或末端运输的位置，是将商品送到最终消费者的物流活动。

（2）配送活动也包含其他物流功能要素。在配送过程中，经常也要进行装卸搬运、储存、包装等活动，是多种物流功能的组合。

（3）配送是物流系统的缩影。从活动内容和功能特点来看，配送也可以被看成某个小范围内的物流系统。

配送是物流系统中一种特殊的、综合的活动形式，是商流与物流的紧密结合，既包含了商流活动与物流活动，也包含了物流系统中的其他功能要素。

从物流方面看，配送几乎包括了所有物流功能要素，是物流的一个缩影或在某个小范围内物流全部活动的体现。一般的配送活动集装卸搬运、包装、保管、运输功能于一身，特殊的配送活动则还要以加工功能为支撑，所包含的活动内容更加广泛。但是，配送活动的主体又与一般的物流活动有所不同，分拣配货是配送活动的独特要求，是配送活动中最有特色的活动内容。

从商流方面看，配送和物流的不同之处在于物流是"商物分离"的产物，而配送则是"商物合一"的产物，它本身就是一种商业形式。在配送活动的具体实施过程中，虽然也可能出现"商物分离"，但从长远来看，商流和物流的结合已经成为一种趋势，是现代配送经营成功的一条重要经验。

### 3. 配送的作用

配送的作用主要体现在以下六个方面。

（1）完善和优化物流系统。第二次世界大战之后，由于大吨位、高效率运输工具的出现，干线运输在铁路、海运和公路方面都达到了较高水平，长距离、大批量的运输实现了低成本化。但是，在干线运输之后，往往还要辅以支线转运或小搬运，它们成了物流过程中的一个薄弱环节。这个环节与干线运输相比有着不同的要求和特点，如要求灵活性、适应性、服务性，致使运力往往不能充分利用、成本过高等。采用配送的方式，从范围来讲，将支线运输与小搬运统一起来，使输送过程得以优化和完善。

（2）实现企业的低库存或零库存。实现了高水平的配送之后，尤其是采取准时配送，生产企业可以完全依靠配送中心的准时配送而无须保持自己的库存，或者只保持少量保险储备而不必留有经常储备，这就可以实现生产企业多年追求的"零库存"，将企业从库存的包袱中解脱出来，同时释放大量储备资金，从而改善企业的财务状况。我们还应看到配送的功能是将企业外和企业内的两次供应合二为一，承担了企业外部和内部的双重供应，直接将货物供应到车间或流水线，从而取代了原来由商业部门承担的工作，也减少了企业内部的供应库存。实行集中库存的总量远低于不实行集中库存时各企业分散库存的总量，同时强化了调节能力，提高了经济效益。此外，采用集中库存可以利用规模经济的优势，使单位存货成本下降。

（3）提高末端物流的经济效益。配送中所包含的运输活动，在整个运输过程中处于末端输送的位置，其起止点是物流节点和用户。采用配送方式，通过增大订购经济批量实现进货成本的降低，又通过将用户所需的各种商品集中起来一次发货，代替过去的分散发货，并使用户以一处订货代替过去的多处订货，以一次接货代替过去的频繁接货。配送以灵活性、适应性、服务性的特点，解决了过去末端物流运力安排不合理、成本过高等问题，从而提高了末端物流的经济效益。

（4）简化手续，方便用户。各个用户由于自身的实际情况不同，对供应的要求也有所不同。物流节点按照服务范围内用户的需要，批量购进各种物资，与用户建立比较稳定的供需关系，一般实行计划配送，而对少数用户的临时需要，也进行即时配送服务，用户一次购买活动就可以买到多种商品，简化了交易次数及相应的手续。由于配送中"送"的功能，用户不必考虑运输方式、路线及装卸货物等问题，就可在自己的工厂或流水线处接到订购的商品，为用户提供了方便，节省了开支，从而提高了物流服务质量。

（5）提高物资供应保证程度。配送企业依靠自己能多方组织货源的优势，根据用户的需求及时供应。若组织到的货源不能满足用户的需要，配送企业还可利用自己的加工能力进行加工改制，以适应用户的需要，并及时将货物送到用户手中。如果用户自己去采购，由于精力或其他方面所限没有采购到合适的物品，必将影响物资的供应，使生产受到影响。所以，配送的发展在某种程度上可以提高供应的保证程度，使整个社会的生产比较协调地发展。

（6）降低成本，提高效益。专业化是高效率、低成本的基础，企业进行营销活动实现实体分配时，由于每个企业的核心能力不同，如果不引入专业的渠道成员参与实体分配，必然使成本上升、效率下降。而专业化的配送企业在完成配送时能够比其他企业更好地发挥实体分配功能，从而把经济性引入企业的物流系统，实现高效率、低成本。

## 二、配送中心的作业流程

国家标准《物流术语》（GB/T 18354—2021）规定：配送中心是具有完善的配送基础设施和信息网络，可便捷地连接对外交通运输网络，并向末端客户提供短距离、小批量、多批次配送服务的专业化配送场所。配送中心应基本符合下列要求：①主要为特定末端客户提供服务；②配送功能完备；③辐射范围小；④提供高频率、小批量、多批次配送服务。

物流活动主要发生于两类场所——物流线路（铁路、公路、航线等）和物流节点

（车站、港口、仓库、机场等）。配送中心是物流节点的一种，是专门用于配送的物流节点。配送中心适应了物流合理化、生产社会化和市场扩大化的需求，是物流领域内社会分工的产物。配送中心集储存、加工、集货、分货、装运、信息处理等多项功能于一体，通过集约化经营取得规模效益。

配送中心的效益主要来自"统一进货、统一配送"。统一进货的主要目的是避免库存分散、降低企业的整体库存水平。通过降低库存水平，可以减少库存商品占用的流动资金，减少为库存商品支付的利息和机会成本，降低商品滞销压库的风险。配送中心的作业流程设计要便于实现两个目标：一是降低企业的物流总成本；二是缩短补货时间，提供更好的服务。

配送中心的作业流程如图 5 – 20 所示，流程中操作的每个步骤都要准确、及时，并且具备可跟踪性、可控制性和可协调性。

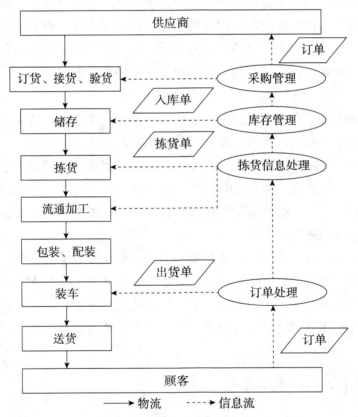

**图 5 – 20　配送中心的作业流程**

### 1. 订单处理

物流活动要实现的根本目标就是降低成本与提高客户的服务满意度。而在成本降低的过程中，按订单生产的方式越来越受到商家的重视。配送中心和其他经济组织一样，具有明确的经营目标和服务对象，配送中心的业务活动是以客户订单里的订货信息为驱动源。在配送活动开始前，配送中心根据订货信息，对客户的分布、所订商品的名称、商品特性、订货数量、送货频率和客户要求等进行汇总和分析，以此确定所要配送的货物种类、规格、数量和配送的时间，最后由配送中心调度部门发出配送信息（拣货单、出货单等）。订单处理是配送中心调度、组织配送活动的前提和依据，是其他各项作业的基础。

订单处理是配送中心客户服务的第一个环节，也是配送服务质量得以保证的根本。在订单处理过程中，订单的分拣和集合是重要的环节。

订单处理的职能之一是填制文件，通知指定仓库将所订货物备齐，一般用订单分拣清单表明所需集合的项目，该清单的一联送到仓库管理人员手中。仓库管理人员接到出货通知后，按清单拣货、贴标，最后将商品组配装车。

一般来说，常用的订货方式有传统订货方式和电子订货方式两种。目前多数配送中心都采用电子订货方式。如电子订货系统，通过操作订货簿或货架标签，配合手持终端机、扫描器、电子付款机、订货应用系统等来完成订货任务。此外，还有更为先进的电子数据交换系统。配送中心收到客户订单后，需要进行处理的主要工作如下：①检查订单是否有效，即订单信息是否完全、准确；②信用部门审查客户的信誉；③市场销售部门把销售额记入有关销售人员的账目；④会计部门记录有关账目；⑤库存管理部门选择和通知距离客户最近的仓库，分拣客户的订单，包装备运并及时登记公司的库存总账，扣减库存，同时将商品和运单送交运输商；⑥运输部门安排商品运输，将商品从仓库发运到发货地点，同时完成收货确认（签收）。配送中心将订单处理完后，会将发货单寄给客户，此步骤一般也通过计算机完成。

## 2. 进货作业

配送中心进货作业主要包括订货、接货、验货和储存四个环节。

（1）订货。配送中心收到并汇总客户的订单以后，首先要确定配送商品的种类和数量，然后通过查询管理信息系统了解现有库存商品的数量能否满足订货数量，如果现货数量充足，就转入拣货作业；如果现货不足，就要及时向供应商发出订单，提出订货。另外，对于流转速度较快的热门商品需保证供货，配送中心也可以根据需求情况提前组织订货，订购量最好是经济订购批量。对于商流、物流相分离的配送中心，由客户直接向供应商下达采购订单，配送中心的进货作业从接货开始。

（2）接货。供应商在接到配送中心或客户的订单后，会根据订单要求的品种和数量组织供货，配送中心则组织人力、物力接货，有时还需到港口、车站、码头接货，签收送货单后就可以进行验货。

（3）验货。验货是配送中心的一项重要工作，其目的就是保证商品能及时、准确、安全地发运到目的地。所订货物到达配送中心后，由配送中心负责对货物进行验收，验收的内容主要是商品的质量、数量、重量和包装的完好性。验收的依据主要是合同条款要求和有关质量标准。验收合格的商品办理入账、信息采集和入库手续；如果不符合合同条款要求，配送中心将详细登记差错情况并拒收，按有关规定或合同中的事先约定来处理。

（4）储存。在配送中心一般都有库存保管的储存区，为了防止缺货，商品或多或少都会有一定的安全库存，视商品的特性及生产前置时间的不同，安全库存的数量也不同。一般国内制造的商品库存量较少，而国外制造的商品因船期的原因库存量较多。另外，生鲜产品的保存期限较短，因此保管的库存量比较少；冷冻食品保存期限较长，因此保管的库存量比较多。

对于商流、物流一体化的配送中心来说，一次性集中采购、储备一定数量的商品，可以享受供应商提供的折扣优惠。储存的主要目的就是随时掌握商品的库存动态，对处于储存状态中的商品进行温度与湿度控制，以及相关保养。保证库存商品的质量完好，重量和数量准确。

**3. 理货和配货作业**

配送中心的核心作业就是理货和配货作业。通过该项作业，根据不同客户的订单要求进行拣货、流通加工、包装、配装，为商品发出做好准备。

（1）拣货。拣货就是拣货人员依据业务部门按照客户订单要求下达的拣货单，从库存中拣出一定品种和数量的商品。拣货的方法分为摘果式和播种式两种，其中较为常用的是摘果式。具体做法是，拣货人员拉着拣货箱在仓库货架间巡回，根据拣货单和配货单上指示的货架位置（货位），拣取规定品种、规格和数量的商品放入货箱。另外，一些大型配送中心采用了自动分拣技术，利用自动分拣设备自动分拣，大大地提高了拣货作业的准确性和效率。

（2）流通加工。配送中心的流通加工属于增值性活动，不具有普遍性。有些流通加工属于初级加工活动，如按照客户的要求将一些原材料套裁；有些流通加工属于辅助加工，如对产品进行简单组装、给产品贴上标签或套包装袋；有些流通加工属于深加工，食品配送中心的加工通常就是深加工，如将蔬菜或水果洗净、切割、过磅、分份、装袋，以加工成净菜，或按照不同的风味进行配菜组合，加工成原料菜包配送给超市。

不同类型的配送中心会根据其配送商品的特性、用户的要求、加工的可行性，选择是否进行流通加工，流通加工的内容也不尽相同。通过流通加工会完善配送中心的服务功能。

（3）包装。配送中心将需要配送的商品拣取出来，为便于运输和识别不同用户的商品，有时还要对配送商品进行重新包装或捆扎，并在最外层包装物上贴上标签。

（4）配装。为充分利用运输车辆的动力，提高商品运输的积载率，配送中心一般将在同一时间内出货的不同用户的商品配装在同一批次的运输车辆上进行运送，这就是配送中心的配装。合理的配装不仅能有效降低成本，还可以减少城市道路的交通流量，改善交通状况、降低环境污染。

### 4. 出货作业

出货作业是配送中心的末端作业环节，包括装车和送货两个作业项目。

（1）装车。配送中心的装车作业可以采用机械装车，也可采用人力装车。通常对于较大批量或较大体积和重量的货物采用机械设备（叉车和托盘）进行装车；对于较小批量的散货，由于数量少、重量轻，可以采用人力装车。装车时要注意避免商品损坏和外包装的破损。

（2）送货。在一般情况下，配送中心都自备送货车辆，有时也可以根据实际需要借助社会运力来组织送货，送货作业的重点是正确选择运输工具和合理选择运输路线。对于固定用户的送货，可事先编排出合理的运送线路，选择合适的送货时间，进行定时定线送货；对于临时送货，可根据用户要求和当时的交通状况，选择合适的送货路线进行送货。

## 三、配送的分类

为了满足不同产品、不同企业、不同流通环境的要求，经过较长时间的发展，国内外产生了多种形式的配送方式。这些配送方式都有各自的优势，但同时也存在一定的局限性。

### 1. 按配送主体所处的行业划分

按配送主体所处行业划分，配送可以分为以下几种方式。

（1）制造业配送。制造业配送包括围绕制造企业所进行的原材料、零部件的供应配送，各生产工序上的生产配送以及企业为销售产品而进行的销售配送。制造业配送的各个部分在客户需求信息的驱动下连成一体，通过各自的职能分工与合作，为企业的生产和销售服务。

（2）农业配送。农业配送是一种特殊的、综合的农业物流活动，是在农业生产资料和农产品送货的基础上发展起来的。它是在经济合理范围内，根据客户要求，对农业生产资料和农产品进行分拣、加工、包装、分割、组配等作业，并按时送达指定地点的农业物流活动。

（3）商业配送。商业企业的主体包括批发企业和零售企业，两者对于配送的理解、要求、管理都不相同。批发企业配送的客户一般都不是最终消费者，而是零售企业。因此，批发企业必然要求其配送系统能够满足零售客户多批次、少批量的订货要求，批发企业还要具有一定的流通加工能力。零售企业配送的客户大多是各类消费者，一方面，由于经营场所的面积有限，零售企业总是希望上游供应商（包括批发企业）能向其提供小批量的商品配送；另一方面，为了满足不同客户的需要，零售企业又希望尽可能多地配备商品。

（4）物流企业配送。物流企业是专门从事物流活动的企业，因此物流企业配送并不具备货物的所有权，而是根据所服务客户的需求，为客户提供配送支持性服务。比较常见的物流企业配送就是"门到门"配送。

**2. 按配送组织者划分**

按配送组织者划分，配送可以分为以下几种方式。

（1）配送中心配送。这类配送活动的组织据点是配送中心，一般规模较大，拥有配套的设施、设备。配送中心配送的专业性较强，一般都与用户建立相对固定的协作关系，配送设施与工艺都是按照用户的要求专门设计的，所以配送中心具有配送能力强、配送品种多、配送量大等特点，配送中心配送是配送活动最主要的形式。但由于这类配送业务的服务对象固定，所以灵活性和机动性较差。而且由于规模大、投资高，中小型配送经营者往往难以承担，从而抑制了这类配送活动的进一步发展。

（2）仓库配送。仓库配送一般是以仓库为据点进行的配送，也可以是在原仓库保持储存保管功能的前提下，增加部分配送功能，或对原仓库进行改造，使其成为专业的配送中心。

（3）商店配送。商店配送的组织者一般是商业或物资系统的门市网点。它是指除了自身日常的零售业务外，商店还将本店经营的产品按用户的要求配齐，或代用户订购一部分本店平时不经营的商品后，再与本店的商品搭配，同时送达用户的业务形式。因此，从某种意义上讲，商店配送也是一种销售配送。连锁商店配送是商店配送的一种主要形式，它又分为两种情况：一种是专门成立为连锁商店服务的配送企业，这种配送企业除主要承担连锁商店的配送任务外，还兼有为其他用户提供服务的职能；另一种是存在于连锁商店内的配送组织，其主要任务是服务于连锁商店自身的连锁经营，不为其他的用户提供配送服务。

（4）生产企业配送。对于新鲜的牛奶、面包或蛋糕等保质期较短的商品，为了减少流通环节，压缩流通时间，生产企业经常以自身的车间或成品仓库为据点，直接面向客户进行配送。这就是生产企业配送。这种类型的配送业务大多由生产企业自己完成，也有由第三方物流企业完成的情况。

**3. 按配送商品的种类和数量划分**

按配送商品的种类和数量划分，配送可以分为以下几种方式。

（1）单（少）品种大批量配送。这类配送的特点是，客户所需的商品品种较少甚至是单一的品种，但所需商品的批量较大。由于这类配送活动的品种单一、批量大，可以实现整车运输，有利于实现车辆满载，可以采用大吨位车辆进行运送。

（2）多品种少批量配送。这类配送的特点是，用户所需商品的批量不大，但品种较多，因此在进行配送时，组织者要先根据用户的要求，将所需的商品配备齐全后，再凑成整车装运送达客户。

（3）成套配送。这种配送的特点是，用户所需的商品必须是成套的。例如，装配性的生产企业为生产某种整机产品需要多种不同的零部件。所以，配送组织者就要将所需的全部零部件配齐，并按客户的生产节奏定时送达，以便生产企业将成套零部件送入生产线装配整机产品。

### 4. 按配送时间和数量划分

按配送时间和数量划分，配送可以分为以下几种方式。

（1）定时配送。定时配送是按规定的时间间隔进行的配送，每次配送的品种和数量可按计划执行，也可以事前以商定的联络方式进行通知。它还可以细分为日配送和准时—看板方式配送等形式。

（2）定量配送。定量配送是指按规定的批量在指定的时间内进行配送。这种配送方式由于配送的数量比较固定，所以备货工作较为简单，实践中还可以与客户进行协商，以托盘、集装箱或车辆为单位进行计量。

（3）定时定量配送。定时定量配送是按照规定的时间和数量进行的配送，它同时兼有定时配送和定量配送的特点，要求具有较高的配送管理水平。

（4）定时定线配送。定时定线配送是指在规定的运行路线上，按照事先编制的到达时间表进行的配送。采用这种配送方式，客户就可按照预定的时间到预定的地点去接货。这种配送方式可以为众多中小型客户提供极大的方便。

（5）即时配送。即时配送是指根据客户临时确定的配送时间和数量，随即进行的配送，是一种灵活性要求很高的应急配送方式。采用这种方式，客户可以将安全储备量降低为零，以即时配送代替安全储备，实现零库存经营。

### 5. 按配送经营形式划分

按配送经营形式划分，配送可以分为以下几种方式。

（1）销售配送。销售配送的主体是销售企业，销售配送常被销售企业作为销售战略的一部分加以利用，所以也称为促销型配送。这种配送的对象一般都是不固定的，配送对象的确定主要取决于市场状况，因此，销售配送的随机性较强。大部分商店的送货上门服务就属于这种类型的配送。

（2）供应配送。供应配送是指用户为了自己的供应需要而采用的配送。它往往是由用户或用户集团组建的配送据点集中组织大批量进货，然后向本企业或企业集团内的若干企业进行配送。商业系统内的连锁商店就广泛采用这种配送方式。这种配送方式既可以保证企业的供应能力和供应水平，又可以通过批量进货获取价格折扣，降低供应成本。

（3）销售与供应一体化配送。对于用户及其所需物品基本固定的配送业务，销售企业在进行销售的同时，还可以为用户提供有计划的供应服务。在此过程中，销售者既是配送活动的组织者，又是用户的供应代理人。这种配送形式有利于形成稳定的供需关系，便于采用先进的计划技术和手段，有利于保持流通渠道的稳定。

（4）代存代供配送。代存代供配送是指客户把属于自己的货物委托给配送企业进行代存代供，甚至委托其代为订货，然后由配送企业进行配送。这种配送形式的特点是，货物的所有权不发生变化，变化的只是货物的时空位置，配送企业仅从代存代供业务中获取服务费，而不能直接获取商业差价。

### 6. 按加工程度划分

按加工程度划分，配送可以分为以下两种形式。

（1）加工配送。加工配送是指与流通加工相结合，在配送据点设置流通加工点，或由流通加工者与配送据点组建成的统一实体完成的配送。流通加工与配送的结合，可以使流通加工更具有针对性，使配送企业不仅可以依靠送货服务或销售经营取得收益，还可以通过流通加工取得增值收益。

（2）集疏配送。集疏配送一般只改变产品的数量组成，而不会改变产品本身的物理或化学性质，是与干线运输相配套的一种配送方式。比如，大批量进货之后再小批量多批次地发货，或者通过零星集货形成一定的批量之后再送货等，都属于集疏配送的范畴。

### 7. 按配送企业的专业化程度划分

按配送企业的专业化程度划分，配送可以分为以下两种形式。

（1）综合配送。综合配送的特点是，配送的商品种类较多，且来源渠道不同，但都在同一个配送据点内组织对用户的配送。综合配送使用户无须与所需商品的全部供应商进行联系，只与配送企业联系即可，大大减轻了客户的采购与供应负担。

（2）专业配送。专业配送是指按产品性质和状态划分专业领域的配送方式。这种方式可以合理配置配送资源，优化配送的工艺流程，以提高配送的作业效率。流通实践中的各种中小型金属材料、燃料煤、水泥、木材、平板玻璃、化工产品、生鲜食品等的配送，都属于专业配送。

## 四、配送的基本特点

随着物流行业的发展，相比传统物流配送，现代物流配送发生了重大变化。受多种社会因素以及经济因素的影响，配送有了长足的发展，并以高技术为支撑手段，形成了系列化、多功能的供货活动。配送以分拣和配货为主要手段，以送货和抵达为主要目的，体现了配送各个环节的优化特点，体现了服务的优势，可作为营销手段。配送的基本特点如下。

### 1. 配送区域国际化

配送区域进一步扩大。近几年，实施配送的国家已不再限于发达国家，许多次发达国家和发展中国家也按照流通社会化的要求实行了配送制，并积极开展配送。就发达国家而言，现代物流配送的活动范围已经扩大到了省际、国际乃至洲际。

### 2. 配送速度更快

配送的发展极为迅速，无论是配送的规模、数量，还是配送的方式都得到了迅猛的发展。一是配送中心的数量和规模有所增加，二是随着配送货物数量的增加，配送中心除了自己直接配送外，还采取转包的配送策略。在配送环节中，除了存在独立配送、直达配送等一般性的配送形式外，又出现了"共同配送""即时配送"等配送方式，配送方式进一步丰富。

### 3. 配送技术有所提高

配送技术提高是配送活动成熟阶段的一个重要特征。各种先进技术特别是计算机的应用，使物资配送基本上实现了自动化，发达国家普遍采用诸如自动分拣、光电识别、条码等技术，建立了配套的体系，配备了先进的设备，如无人搬运车、分拣机等，使配送的准确性和效率大大提高。有的工序因采用先进技术和先进设备，工作效率提高了 5～10 倍。

### 4. 配送集约化

现代物流配送的集约化程度明显提高，随着市场竞争日趋激烈以及企业兼并速度明显加快，配送企业的数量在逐渐减少。但是，配送企业总体的实力和经营规模却在增长，配送集约化程度不断提高。

### 5. 服务质量提高

在激烈的市场竞争中，现代物流配送服务质量正快速提高，配送企业必须保持高质量的服务，否则就可能倒闭。配送服务质量可以归纳为准确和快速，即不出现差错并且供货周期短。

## 五、配送的发展趋势

### 1. 专业化趋势

目前，市场竞争进一步加剧，必然促使企业更加关注其核心竞争力的提升，而将企业内部物流交由专业物流公司经营，这将大大促进第三方物流公司向专业化方向的发展。

### 2. 规模化、集团化趋势

发达国家的一些物流公司通过重组、资本扩张、兼并、流程再造等形式，已经形成了跨国综合物流企业。这些物流公司拥有雄厚的资金、先进的技术和设备、先进的管理理念与经验、全球性的服务网络。而我国的物流企业大多规模相对较小，能力仍有较大的提升空间，在与国际大型物流公司的市场竞争中处于不利地位。因此，国内的中小型物流企业，有一部分将利用国内网络及设施、人力资源成本等本土优势，与国内外大型物流企业建立战略合作伙伴关系，一部分将可能被大型物流公司收购、兼并，还有一部分将进行战略性重组和改造，向综合物流企业发展。

### 3. 多元化趋势

随着改革开放的深入，市场主体将出现多元化的局面。一是外资物流企业，这些企业主要服务于外资企业，从事跨国公司在我国的生产、销售和采购等方面的物流活动。二是以多元化股权结构为特征的民营物流企业，这是目前物流市场最具活力的力量。三是传统的运输、货代、仓储、批发企业，现在仍是物流市场的主力军。在今后相当长的一段时间内，我国物流市场将呈现一个国有、集体、个体、中资、外资等各种所有制物流企业相互依存、同台竞争、相互促进的局面。

**4. 国际化趋势**

由于我国已成为世界制造业大国，伴随着全球经济一体化进程的加快，未来我国与世界各国之间的原材料、零部件与制成品的进出口运输，无论是数量还是质量都会发生较大的增长。为适应这一变化，要求我国必须在物流技术、装备、标准、管理、人才方面与世界对接。因此，我国物流配送业在国际化方面将会发展更快。

除此之外，配送还在向集约化、共同化、区域化、产销直达化、信息化、自动化与机械化、条码化、功能组合化、配送方式多功能化与最优化等方面快速发展。

# 第七节　物流信息处理

## 一、物流信息的基本概念

### 1. 物流信息的定义

国家标准《物流术语》（GB/T 18354—2021）规定：物流信息是反映物流各种活动内容的知识、资料、图像、数据的总称。物流活动中各个环节生成的信息，一般随着从生产到消费的物流活动的产生而产生，与物流过程中的运输、储存、装卸、包装等各种职能有机结合在一起，是整个物流活动顺利进行所不可缺少的。

物流信息的范围包括与物流活动有关的信息，如运输、储存、装卸搬运、包装、流通加工、配送等环节产生的信息。对物流信息处理的要求是准确、及时和全面。

### 2. 物流信息化

物流信息化是指物流企业运用现代信息技术对物流过程中产生的全部或部分信息进行采集、分类、传递、汇总、识别、跟踪、查询等一系列处理活动，以实现对货物流动过程的控制，从而降低成本、提高效益的管理活动。物流信息化是现代物流的灵魂，是现代物流发展的必然要求。

物流信息化能够以最小的成本带来最大的效益。我国物流信息化正处于发展初期，越来越多的跨国公司加大对我国的投资，纷纷在我国建立分销、配送网络，使其产品、服务得以打开中国市场。

物流信息化是企业信息化的形式之一。学术界对企业信息化的定义尚未统一，不同学者从不同角度提出了各自的定义，但一般来说，企业信息化的定义包含以下三个方面的内容：一是通过应用信息技术，提高产品设计和生产过程的自动化程度；二是通过建立信息系统，优化企业决策，提高企业的管理水平；三是通过信息技术开发和利用企业的信息资源，提高企业的竞争力。结合企业信息化的定义和物流的特点，我们对物流信息化给出如下定义：物流信息化是指广泛使用现代信息技术，管理和集成物流信息，通过分析、控制物流信息和信息流，管理和控制物流、商流和资金流，提高物流运作的自动化程度和物流决策水平，达到合理配置物流资源、降低物流成本、提高物流服务水平的目的。

物流信息化包括物流设备信息化和物流管理信息化两类。物流设备信息化是指条码、射频识别技术、全球定位系统、地理信息系统、激光自动导向车等信息技术和自动化设备在物流作业中的应用；物流管理信息化是指物流管理信息系统、物流决策支持系统等信息系统在物流中的应用。一般来说，物流设备信息化是物流信息化的初步应用，物流管理信息化则是物流信息化的主体和标志。

物流信息化表现为物流信息的标准化、信息收集的自动化、信息加工的电子化和计算机化、信息传递的网络化和实时化、信息存储的数字化，以及由此带来的物流业务管理的自动化、物流决策智能化。信息技术影响着物流运作中的一切物流活动，从客户资料取得、订单处理、物流信息处理，直到物流信息传递，信息流可以渗透每项物流活动。

现代物流可以理解为物资的物理性流通与信息性流通的结合，信息在实现物流系统化、物流作业一体化方面发挥着重要作用，它是现代物流的重要特征之一。

## 二、物流信息的特点

信息的特点是量大，更新快，来源多样化。物流信息除了具有信息的一般属性外，本身还具有一些特点，主要有以下几点。

### 1. 广泛性

由于物流是一个大范围的活动，物流信息源也分布于这个大范围内，因此物流信息具有信息源点多、信息量大等特点，涉及从生产到消费、从国民经济到财政信贷各个方面。物流信息的广泛性决定了其影响的广泛性，涉及国民经济各部门和物流活动各环节。

### 2. 联系性

物流活动是多环节、多因素、多角色共同参与的活动，目的就是实现产品从生产地到消费地的有效移动，因此在该过程所产生的各种物流信息必然存在十分密切的联系，如生产信息、运输信息、储存信息、装卸信息等都是相互关联、相互影响的。这种联系性是保证物流各子系统、供应链各环节，以及物流内部系统与物流外部系统相互衔接与协调运作的重要因素。

### 3. 多样性

物流信息种类繁多，从物流信息作用的范围来看，在物流系统内部，各环节有不同种类的信息，如流转信息、作业信息、控制信息、管理信息等；在物流系统外部，也存在各种类型的信息，如市场信息、政策信息、区域信息等。从物流信息的稳定程度来看，可分成固定信息、流动信息、偶然信息等。从物流信息的加工程度看，可分为原始信息、加工信息等。从物流信息的发生时间来看，可分为滞后信息、实时信息、预测信息等。在进行物流系统的研究时，应根据不同类型的信息进行分类收集和整理。

### 4. 动态性

多品种、小批量、高频度的配送技术与销售点终端、电子订货系统、电子数据交换等数据收集技术的不断应用，使各种物流作业频繁发生，加快了物流信息的价值衰减速度，要求物流信息不断更新。物流信息的及时收集、快速响应、动态处理已成为现代物流经营活动的关键。

### 5. 复杂性

物流信息的广泛性、联系性、多样性和动态性带来了物流信息的复杂性。在物流活动中，必须对不同来源、不同种类、不同时间和相互联系的物流信息进行反复研究和处理，才能得到有实际应用价值的信息，进而指导物流活动，这是一个非常复杂的过程。

## 三、物流信息处理与物流信息技术

### 1. 物流信息处理

物流信息处理分为一般信息处理和特殊信息处理两部分。

（1）一般信息处理，也称为事务处理，比如人、财、物的信息处理，决策支持方面的信息处理等。

（2）特殊信息处理，主要是针对物流系统、商流系统、生产系统等系统而言的，对特殊业务进行的信息处理，它又包括两部分，一是物流系统内部的物流信息处理，包括从各种物流业务中衍生出来的信息处理，如按照物流系统的功能要素划分的业务信息处理。二是物流系统外部的物流信息处理，生产系统、销售系统、客户服务系统中与物流相关的信息处理越来越重要，如生产系统需要跟踪物流过程中原材料、半成品或者产成品的库存、运输、配送状况。

### 2. 物流信息技术

物流信息技术是指运用于物流各环节中的信息技术。根据物流的功能以及特点，物流信息技术包括计算机技术、网络技术、信息分类编码技术、条码技术、射频识别技术、电子数据交换技术、全球定位系统、地理信息系统等。

## 四、条码技术

条码是一种信息代码，用特殊的图形来表示数字、字母信息和某些符号。条码如图5-21所示，条码由一组宽度不同、反射率不同的条和空按规定的编码规则组合起来。

### 1. 条码技术的特点

条码技术是电子与信息科学领域的高新技术，所涉及的技术领域较广，是多项技

图5-21 条码

术相结合的产物，经过多年的研究和应用实践，现已发展为较成熟的实用技术。在信息输入技术中，采用的自动识别技术种类很多。与其他识别技术相比，条码作为一种图形识别技术有如下特点。

（1）简单。条码制作容易，扫描操作简单。

（2）信息采集速度快。普通计算机的键盘录入速度是200字符/分钟，而利用条码扫描录入信息的速度是键盘录入的20倍。

（3）采集信息量大。利用条码扫描，一次可以采集大量字符的信息，而且可以通过选择不同码制的条码增加字符密度，使录入的信息量成倍增加。

（4）可靠性高。键盘录入数据，误码率为三百分之一，利用光学字符识别技术，误码率约为万分之一。而采用条码扫描方式录入，误码率仅有百万分之一，首读率可达98%以上。

（5）灵活、实用。条码符号作为一种识别手段可以单独使用，也可以和有关设备组成识别系统，实现自动化识别，还可以和其他控制设备联系起来，实现整个系统的自动化管理。在没有自动识别设备时，也能实现键盘手工输入。

（6）自由度大。条码识别装置与条码标签相对位置的自由度要比光学字符识别大得多。条码通常只在一维方向上表示信息，同一条码符号上所表示的信息是连续的，这样即使标签上的条码符号有部分残缺，仍可以从正常部分识读正确的信息。

（7）设备结构简单，成本低。条码识别装置的结构简单，操作容易，无须专门训练。与其他自动化识别技术相比，推广与应用条码技术所需成本较低。

**2. 条码的识别**

条码识别装置主要有扫描阅读器和激光扫描器。手持近距虹光条码阅读器符合人体工程学设计，在生产物流、仓储管理中应用广泛。激光扫描器是一种光学距离传感器，可用于危险区域的灵活防护，通过出入控制实现访问保护等。其扫描方式有单线扫描、光栅式扫描和全角度扫描三种。条码识别装置如图5-22所示。

## 五、射频识别技术

射频识别技术是20世纪90年代兴起的一种自动识别技术。该技术在世界范围内被广泛地应用，而在我国起步较晚，与物流水平先进的国家相比还存在一定的差距。

扫描阅读器　　　　　　　　激光扫描器

**图 5 - 22　条码识别装置**

1. **射频识别技术的含义**

射频识别技术是一项利用射频信号通过空间耦合（交变磁场或电磁场）实现无接触信息传递，并通过所传递的信息达到识别目的的技术。

射频识别系统通常由电子标签（射频标签）和阅读器组成。电子标签内存有一定格式的电子数据，常以此作为待识别物品的标志性信息。在实际应用中，通常将电子标签附着在待识别物品上，作为待识别物品的电子标记。阅读器与电子标签可按约定的通信协议互传信息，通常的情况是由阅读器向电子标签发送命令，电子标签根据收到的阅读器的命令，将内存的标志性数据回传给阅读器。这种通信是在无接触方式下，利用交变磁场或电磁场的空间耦合及射频信号调制与解调技术实现的。

在射频识别系统中，电子标签的价格远比阅读器低，通常情况下，电子标签在物流过程中的应用数量是很大的，且电子标签可能是一次性的，而阅读器的应用数量则相对要少很多。

在实际应用过程中，电子标签除了具有数据存储量、数据传输速率、工作频率、多标签识读特征等电学参数外，还根据其内部是否需要加装电池及电池供电的方式将电子标签分为无源标签、半无源标签和有源标签三种类型。

射频识别系统的主要性能指标之一是阅读距离，也称作用距离，它表示阅读器能够与电子标签交换信息，即阅读器能读取标签中的数据的最远作用距离。实际上，作用距离这一指标相差很大，取决于标签及阅读器的设计和成本的要求、应用的需求等，范围为 0 ~ 100m。典型的情况是，在低频频段，一般采用无源标签，作用距离一般为 10 ~ 30cm，有个别能到 1.5m 的系统。在高频频段，无源标签的作用距离一般为 3 ~ 10m。更高频段的系统一般采用有源标签，采用有源标签的作用距离可达 100m 左右。

2. **射频识别技术的发展**

射频识别技术的发展所涉及的关键技术大致包括芯片技术、天线技术、无线收发技术、数据变换与编码技术、电磁传播技术。随着射频识别技术的不断进步，射频识别产品的种类将越来越丰富，射频识别技术的应用也越来越广泛。

总而言之，射频识别技术在结合其他高新技术，如全球定位系统、生物识别技术等，由单一识别向多功能识别方向发展的同时，也在结合现代通信及计算机技术，实现跨地区、跨行业应用。射频识别技术的芯片如图 5 – 23 所示。

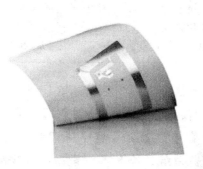

图 5 – 23　射频识别技术的芯片

### 3. 射频识别技术的应用分析

（1）应用领域分析。射频识别技术以其独特的优势，逐渐应用于工业自动化、商业自动化和交通运输控制管理等领域。随着大规模集成电路技术的进步以及生产规模的不断扩大，射频识别产品的成本将不断降低，其应用将越来越广泛。射频识别技术的典型应用如表 5 – 1 所示。

表 5 – 1　　　　　　　　　　　　射频识别技术的典型应用

| 典型应用领域 | 具体应用 |
| --- | --- |
| 车辆自动识别管理 | 铁路车号自动识别是射频识别技术比较普遍的应用 |
| 高速公路自动收费系统及智能交通系统 | 高速公路自动收费系统是射频识别技术成功的应用，它充分体现了非接触识别的优势。在车辆高速通过收费站的同时完成缴费，提高了车行速度，避免拥堵，提高了收费结算效率 |
| 货物的跟踪、管理及监控 | 射频识别技术为货物的跟踪、管理及监控提供了快捷、准确、自动化的手段，以射频识别技术为核心的集装箱自动识别，成为全球范围最广泛的货物跟踪管理应用 |
| 仓储、配送等物流环节 | 射频识别技术目前在仓储、配送等物流环节已有许多成功的应用。随着射频识别技术对物流环节统一标准的研究开发，物流业成为射频识别技术最大的受益行业 |
| 电子钱包、电子票证 | 射频识别卡是射频识别技术的一个主要应用，射频识别卡的功能相当于电子钱包，实现非现金结算。目前主要的应用在交通方面，用电子标签作为电子车票，具有使用方便、缩短交易时间、降低运营成本等优势 |
| 生产线产品加工过程自动控制 | 主要应用在大型工厂的自动化流水线上，实现自动控制与监视，提高生产效率，节约成本 |

续 表

| 典型应用领域 | 具体应用 |
| --- | --- |
| 动物跟踪和管理 | 在大型养殖场，可利用射频识别技术建立饲养档案、预防接种档案等，达到高效、自动化管理牲畜的目的，同时为食品安全提供了保障。射频识别技术还可用于信鸽比赛、赛马识别等，以准确测定到达时间 |

（2）国内外射频识别技术应用现状。射频识别技术在国外发展非常迅速，射频识别产品种类繁多。在北美洲、欧洲、大洋洲、亚太地区及非洲南部，射频识别技术广泛应用于工业自动化、商业自动化、交通运输控制管理等众多领域，如汽车、火车等交通监控，高速公路自动收费系统，停车场管理系统，物品管理，自动化流水线，安全出入检查，仓储管理，动物管理，车辆防盗等。在我国，由于射频识别技术起步较晚，应用的领域不是很广。射频识别技术在仓储管理中的应用如图5-24所示。

总体而言，我国射频识别技术应用状况还处于初级阶段，市场前景非常广阔。

**图 5-24 射频识别技术在仓储管理中的应用**

## 六、地理信息系统

### 1. 地理信息系统的含义

地理信息系统就是处理地理信息的系统。地理信息是指直接或间接与地球上的空间位置有关的信息，又称为空间信息。地理信息系统是用于采集、存储、管理、处理、检索、分析和表达地理空间数据的计算机系统，是分析和处理海量地理数据的通用技术。从地理信息系统应用角度看，地理信息系统由计算机系统、地理数据和用户组成，通过对地理数据的集成、存储、检索、操作和分析，生成并输出各种地理信息，从而为土地利用、资源评价与管理、环境监测、交通运输、经济建设、城市规划以及政府部门行政管理提供新的知识，为工程设计和规划、管理决策服务。

**2. 地理信息系统应用系统的组成**

地理信息系统的应用系统由五个主要部分构成，即硬件、软件、数据、人员和方法。

（1）硬件。硬件是指操作地理信息系统所需的一切计算机资源。目前的地理信息系统软件可以在很多类型的硬件上运行，从中央计算机服务器到个人计算机，从单机到网络环境。

（2）软件。软件是指地理信息系统运行所必需的各种程序。它主要包括计算机系统软件和地理信息系统软件两部分。地理信息系统软件提供存储、分析和显示地理信息的功能和工具。主要的软件部件有输入和处理地理信息的工具；数据库管理系统工具；支持地理查询、分析和可视化显示的工具；汇集这些工具的用户界面。

（3）数据。数据是一个地理信息系统应用系统最基础的组成部分。空间数据是地理信息系统的操作对象，是现实世界经过模型抽象后的内容确认。地理信息系统对现实世界的信息表达与分层如图 5 - 25 所示。

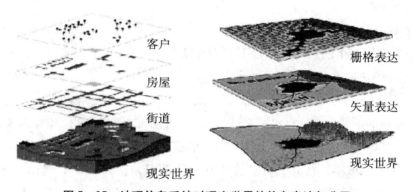

**图 5 - 25　地理信息系统对现实世界的信息表达与分层**

一个地理信息系统的应用系统必须建立在准确合理的地理数据的基础上。数据来源包括室内数字化和野外数据采集，以及其他数据的转换。数据包括空间数据和属性数据，空间数据的表达可以采用栅格和矢量。空间数据表现了地理空间实体的位置、大小、形状、方向以及几何拓扑关系。

（4）人员。地理信息系统需要人员进行系统组织、管理、维护、数据更新、扩充完善以及应用程序开发，并采用空间分析模型提取多种信息。因此，地理信息系统应用的关键是具备运用地理信息系统解决现实问题的人员。

（5）方法。这里的方法主要是指空间信息的综合分析方法，即应用模型。它是在对专业领域的具体对象与过程进行大量研究的基础上总结出的规律的表示。地理信息系统应用就是利用这些模型对大量空间数据进行分析，综合解决实际问题的。如基于地理信息系统的矿产资源评价模型、灾害评价模型等。

**3. 地理信息系统软件系统的主要功能**

一个地理信息系统软件系统应具备五项基本功能，即数据输入、数据编辑、数据存储与管理、空间查询与空间分析、可视化表达与输出。

## 七、电子数据交换

### 1. 电子数据交换的定义

电子数据交换是指商业贸易伙伴之间，将标准、协议规范化和格式化的经济信息通过电子数据网络，在单位的计算机系统之间进行自动交换和处理。它将商业文件按统一的标准编制成计算机能识别和处理的数据格式，在计算机之间进行传输。

国际标准化组织对电子数据交换的描述是将商业或行政事务处理按照一个公认的标准，形成结构化的事务处理报文数据格式，从计算机到计算机的电子传输方式。

从技术角度看，它以计算机处理和数据网络通信技术为基础，支持按标准编制的结构数据在计算机应用程序之间的交换和计算机应用程序自动处理。因此，可以认为电子数据交换技术是由电子数据交换标准、电子数据交换软件、电子数据交换通信网络三个要素组成的。

### 2. 电子数据交换产生的效益

电子数据交换产生的效益可从以下方面反映出来。

（1）缩短交易时间，提高工作效率。

（2）减少文件处理成本。电子数据交换的一个重要特征便是它把有关文件的数据，以机器可以处理的形式，由计算机网络进行传送，而不必像纸质文件那样需要手工处理。这样既节省了纸张，又省去了纸质文件打印、审核、修改、邮寄等流程产生的费用。

（3）减少人工成本。计算机自动接收和处理信息，使公司在处理相同业务时，减少人工消耗，或者把一部分专业人员从行政管理工作中解脱出来，以从事具有更高价值的工作。

（4）减少库存。使用电子数据交换后，文件处理比以前既快又可靠，自然可以降低安全库存水平，使存货占用的资金减少，从而降低企业的运营成本，同时减少脱销和生产线缺料停工现象。

（5）避免重复操作，减少人为差错，提高工作质量。

（6）时间价值效益。利用电子数据交换来处理应收款，可以使资金回笼时间提前。

（7）其他效益。使用电子数据交换可以改善公司内部的经营管理，可以加强与供货商的联系，可以保持与客户的良好关系等。这些成果都会为公司创造效益。

## 八、北斗卫星导航系统

### 1. 北斗卫星导航系统概述

北斗卫星导航系统是中国正在实施的自主发展、独立运行的全球卫星导航系统。建成独立自主、开放兼容、技术先进、稳定可靠的覆盖全球的北斗卫星导航系统，以促进卫星导航产业链形成，形成完善的国家卫星导航应用产业支撑、推广和保障体系，推动卫星导航系统在国民经济社会各行业的广泛应用。北斗卫星导航系统示意如图 5－26 所示。

**图 5－26　北斗卫星导航系统示意**

北斗卫星导航系统由空间段、地面段和用户段三部分组成，空间段包括静止轨道卫星和非静止轨道卫星，地面段包括主控站、注入站和监测站等若干个地面站，用户段包括北斗用户终端以及与其他卫星导航系统兼容的终端。

**2. 北斗卫星导航系统的功能**

（1）短报文通信：北斗用户终端具有双向通信功能，用户可以一次传送 120 个汉字的信息，这在远洋航行中有重要的应用价值。

（2）精密授时：北斗卫星导航系统具有精密授时功能，测速精度优于 0.2 米/秒，授时精度优于 20 纳秒。

**3. 北斗卫星导航系统的应用**

（1）军事应用。北斗卫星导航系统的军事功能与全球定位系统类似，如运动目标的定位导航；为缩短反应时间的武器载具进行发射定位；满足人员搜救、水上排雷的定位需求等。

这项功能用在军事上，意味着可主动进行各级部队的定位，也就是说各级部队一旦配备北斗卫星导航系统，除了可供自身定位导航外，高层指挥部也可随时掌握部队的位置，从而及时传递相关命令，对任务的执行有相当大的助益。

（2）人或货物位置服务。当人进入不熟悉的地方或进行货物查询时，可以使用装有北斗卫星导航接收芯片的手机或车载卫星导航装置，找到要走的路线或货物的位置。

（3）气象应用。北斗卫星导航系统在气象方面的应用，可以促进我国天气分析和数值天气预报、气候变化监测和预测，也可以提高空间天气预警业务水平，提升我国气象防灾减灾的能力。

除此之外，北斗卫星导航系统的气象应用对推动北斗卫星导航创新应用和产业拓展也具有重要的影响。

（4）道路交通管理。北斗卫星导航系统有利于减缓交通阻塞，提升道路交通管理水平。在车辆上安装卫星导航接收机和数据发射机，车辆的位置信息在几秒钟内就能自动转发到中心站。这些位置信息可用于道路交通管理。

（5）铁路智能交通。北斗卫星导航系统可以促进传统运输方式实现升级与转型。例如，在铁路运输领域，通过安装卫星导航终端设备，可极大缩短列车行驶间隔时间，降低运输成本，有效提高运输效率。北斗卫星导航系统提供高可靠、高精度的定位、测速、授时服务，促进了铁路交通的现代化和传统调度向智能交通管理的转型。

（6）海运和水运。海运和水运是全世界最广泛的运输方式之一，也是北斗卫星导航系统最早应用的领域之一。在江河湖泊行驶的各类船舶大多安装了北斗卫星导航终端设备，使海运和水运更为高效和安全。北斗卫星导航系统在任何天气条件下，都能为航行船舶提供导航定位和安全保障。同时，北斗卫星导航系统特有的短报文通信功能将支持各种新型服务的开发。

（7）航空运输。当飞机在机场跑道着陆时，最基本的要求是确保飞机相互间的安全距离。利用北斗卫星导航系统精确定位与测速的优势，可实时确定飞机的瞬时位置，有效减小飞机之间的安全距离，甚至在大雾天气情况下，可以实现自动盲降，极大地提高了飞行安全性和机场运营效率。将北斗卫星导航系统与其他系统有效结合，将为航空运输提供更多的安全保障。

（8）应急救援。北斗卫星导航系统已广泛用于沙漠、山区、海洋等人烟稀少地区的搜索救援工作。在发生地震、洪灾等重大灾害时，救援成功的关键在于及时了解灾情并迅速到达救援地点。北斗卫星导航系统除导航定位外，还具备短报文通信功能，通过北斗卫星导航终端设备可及时报告所处位置和受灾情况，有效缩短救援搜寻时间，提高抢险救灾效率，大大减少人民群众生命财产损失。

（9）指导放牧。我国在青海省牧区试点建设北斗卫星放牧信息化指导系统，主要依靠牧区放牧智能指导系统管理平台、牧民专用北斗智能终端和牧场数据采集自动站实现数据信息传输，并通过北斗地面站及北斗星群中转、中继处理，实现草场牧草和牛羊的动态监控。现在牧区的牧民可以使用专用北斗智能终端设备来指导放牧。

## 实践课程

### 物流企业调研报告

调研内容：调研一家物流企业（运输企业、仓储企业、货代企业等），具体包括公司概况、公司组织结构、公司的业务范围、公司主要业务的流程，分析公司存在的问题，提出解决问题的对策。

完成时间：一周。

作业形式：交 A4 纸打印稿、电子稿各一份。

字数要求：2000 字以上。

# 第六章　职业生涯规划

## 引例

### 物流专业某学生职业生涯规划书

**一、前言**

一个人如果没有了规划，那么就会像船没有了帆一样而失去方向，职业生涯规划就像黑暗中的明灯，为我们照亮前进的方向！

**二、自我分析**

（1）自我兴趣盘点：读名著、听音乐、看电影、打羽毛球、打篮球等。

（2）自我优势盘点：积极进取，有良好的心态，脚踏实地，持之以恒，认真细心，动手能力较强，有责任心。

（3）自我劣势盘点：有时候过于固执，人生阅历还不是很丰富，虽然能全面看待一件事情，但系统分析问题的能力还不够。

（4）自我劣势克服：把握好机会，积极参加社会实践，从而增加人生阅历。处理问题时一分为二，而不是片面地去对待。充分利用校园现有资源，多读书，认真学好专业知识，培养学习、工作、生活能力，全面提高个人综合素质。

**三、职业分析**

1. 专业介绍

（1）物流概念：所谓物流，即物质资料从供给者到需求者的实体运动过程，它是运输、储存、流通加工等环节的有机结合。

（2）物流管理专业课程设置范围：经济、贸易、管理、法律、信息资源管理、计算机等方面的基本理论和专业知识。

（3）物流管理专业核心课程：物流企业管理、供应链管理、采购与供应管理、运输管理、仓储管理、物流案例分析等。

（4）物流管理专业学生应有的知识和能力。

①知识结构。掌握物流管理的基本理论知识，了解物流管理发展的最新动态。

②能力素质结构。具备物流管理的应用程序操作能力；具备物流信息组织、分析研究、传播与开发利用的基本能力；能进行物流系统分析、设计和规划，具有物流管

理的基本能力。

2. 环境介绍

（1）学校环境：所在学校为本科院校，所学专业很有前景。

（2）社会环境：当前就业形势严峻，找到一份令自己满意的工作有一定难度，因此应在大学期间充分利用时间提高自己各方面的素质，为就业打好基础，做好准备。

（3）职业环境：随着我国社会主义市场经济体系建立、世界经济一体化进程的加快和科学技术的飞速发展，物流产业作为国民经济一个新兴的产业，将成为21世纪重要产业和国民经济新的增长点。目前，从中央到地方以及许多市场意识敏锐的企业，已把物流作为提高市场竞争力和企业核心竞争力的重要手段，把现代物流理念、先进的物流技术和现代物流模式引入国家、地方经济建设和企业经营管理之中。但是我国的物流教育仍相对滞后，造成了现代物流综合型人才的严重匮乏，阻碍了经济的发展和经济效益的提高。因此需要学好专业知识，提高综合素质，才能把握住机遇，创造自己的美好人生。

四、职业定位

1. 可供职业选择

作为物流管理专业的毕业生，可在物流企业、货运公司、商贸企业、工商企业内各级经济管理部门，以及与物流相关的铁路、航空、港口等部门从事物流工作，一般企业里的物流相关岗位有仓库（收发货、保管）、计划、采购、运输管理、进出口关务等岗位，物流企业内岗位主要是物流业务操作、销售、客服等。

2. 自我职业定位

通过对物流相关专业与理论的研究和实践，会选择在物流企业或工商企业、商贸企业工作。

五、计划实施

1. 短期目标

在大二、大三学好各门专业课程及相关重要课程。

2. 中期目标

从大三开始接触社会实践，寻找兼职，利用假期时间到物流企业实习，进一步验证理论与实践的结合，熟悉工作环境，积累人脉，加强沟通能力，虚心求教，初步找到适合自身发展的工作环境和工作岗位。

3. 长期目标

毕业后1~3年：在物流企业基层岗位工作，积累工作经验，充分利用时间补充所需的知识和技能。

毕业后3~6年：在原来的企业做一名中层管理者，成功管理自己的团队，加强与上级的沟通，充分利用自己的工作条件扩大社交圈，重视各种人脉资源的积累。

毕业6年以后：到一家外资物流公司学习跨国企业的管理理念、管理经验和技术，争取成为一名外资企业物流部门经理。

### 六、评估调整

**1. 规划评估**

一般情况下，每年做一次规划评估，当出现特殊情况时随时进行调整，对自己的努力程度及目标是否可实现进行评估，以使自己更能适应社会发展的需要。

**2. 规划调整**

只要持之以恒，谨记心中的理想，目标就会越来越近。在这个信息爆炸、经济高速发展的时代，没有什么是一成不变的，现实社会中适者生存，要根据环境的变化，不断调整自己的职业规划。

### 七、结束语

计划的制订很重要，但更重要的是能脚踏实地做好每件事，一步一个脚印，并能持之以恒，那么任何挫折都不能阻挡我们前进的步伐，这样才能扬起自信的风帆，将理想之船驶向目标的彼岸！

# 第一节　工作

工作，具有动词、名词两种词性。作为动词有操作、行动、运转、运作等意思。作为名词用有工程、业务、任务、职业、从事各种手艺的人等意思。工作的概念是劳动生产，主要是指劳动。一个人的工作是他在社会中所扮演的角色。

工作具有社会意义，社会的发展进步，与每个社会成员的选择有密切的关系。在社会主义国家，工作是社会分工中每个劳动者体现社会价值和自我价值的角色定位。所谓工作，就是劳动者通过劳动（包括体力劳动和脑力劳动）将生产资料转换为生活资料，以满足人们生存和继续社会发展事业的过程。工作没有高低贵贱之分，只有社会分工不同。

## 一、大学生需要的工作信息

### 1. 应届大学生找工作的方式和程序

（1）参加招聘会。招聘会一般由政府所辖人才机构及高校就业中心举办，主要服务于待就业群体及用人单位。招聘会一般分为现场招聘会和网络招聘会，日常所讲的招聘会通常指的就是现场招聘会。招聘会还可分为行业专场和综合两种，参加招聘会前要先了解参加招聘会企业的性质，以免因和自己要找的岗位不对口而浪费时间。

（2）网络招聘。网络招聘也称电子招聘，是指通过技术手段的运用，帮助企业人事经理完成招聘的过程。企业通过公司官方网站、第三方招聘网站等，使用简历数据库或搜索引擎等工具来完成招聘过程。如前程无忧、Boss 直聘、智联招聘等。

（3）兼职。兼职区别于全职，是指在本职工作之外兼任其他工作职务。兼职者除可以领取本职工作的薪酬外，还可以按标准领取所兼任工作职务的薪酬。

应届大学生找工作。首先是通过网络、媒体、招聘会、朋友介绍等渠道找到适合自己的招聘单位，然后经过投简历—面试—录取—试用期—转正一系列过程。

**2. 应届大学生找工作的注意事项**

（1）了解企业的基本情况。第一家入职的企业其实就像启蒙老师，老师的水平，在某种程度上影响着以后的职业发展。所以，在和第一家企业签约之前，应先详细了解这家企业的基本情况。工作信息的分类与内涵如图6-1所示。

**图6-1 工作信息的分类与内涵**

①企业成立的年限。将要就职的企业已经开拓出相应的市场，还是刚刚起步，处于不规范和摸索状态。这影响就业者学到知识的深度和广度。

②企业的经营状况。一家财务状况糟糕、管理混乱的企业不会带来较好的成长体验。

③企业的用人机制和晋升制度。这是对企业文化的侧面了解。该企业是不拘一格发掘人才，还是任人唯亲、讲求与领导的关系。要尽可能地从各个角度去了解这些信息，对求职者在这家公司的发展空间做充分的预估。

④企业的培训体系。企业是最大限度地尊重员工，并给予员工完善的培训，还是只看重员工的无条件付出，而不考虑员工的职业发展。了解企业的培训体系，可以更好地判断是去还是留。

⑤企业今后的发展方向。企业是故步自封，还是计划进一步开拓市场，有新的举措，抑或是很多项目正在撤销，市场正在萎缩。要知道，企业如同一艘正在航行的船，需要团队共同努力，才能顺利航行，到达彼岸。

⑥了解企业的主要负责人。不管是大企业的决策层，还是小企业独当一面的老板，他们的个人能力往往影响企业的今后发展。

对于刚刚大学毕业的求职者来说，最关键的是要明确这家企业的工作内容是否与自己的职业规划发展方向相契合，这家企业的稳定性如何，入职该企业是否能提升自己的职业能力。关键工作信息的内在逻辑如图 6－2 所示。

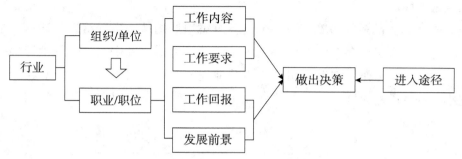

图 6－2　关键工作信息的内在逻辑

（2）仔细审查就业合同。如果决定进入一家企业工作，要明确合同内容再签约，而不是拿到手不加审读就签上名字，审查合同是保证自己在这家企业利益的一个途径。

①看清试用期期限、合同期限。一般来说，签 1 年合同的，试用期为 1 个月至 3 个月不等，最多不能超过 3 个月；试用期为 6 个月的，合同期限应大于 3 年。试用期最长不超过 6 个月。

②明确每周的工作时间及加班的补贴情况。防止被企业隐性地扣去薪资，当然，这也是视工作性质而定的。

③注意企业薪资额度和福利状况的明细，是否给员工缴纳"五险一金"。《中华人民共和国劳动法》规定，用人单位和劳动者必须依法参加社会保险，缴纳社会保险费。

④其他。还可以关注一下年假等相关事项。

总之，要尽可能了解相关的劳动法规，避免因社会经验不足给自己带来损失。获取工作信息的策略如图 6－3 所示。

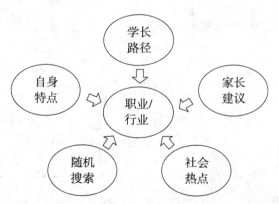

图 6－3　获取工作信息的策略

### 3. 签约前的准备工作

（1）首先要明确自己的方向和目标。找工作时要考虑自己的专业和所申请的职位是否匹配。不要只考虑眼前的薪资待遇，而忽略了自己职业生涯的长期规划。

（2）选择企业时要关注企业形象，对企业的管理制度、规范要有一个整体的了解。就像名牌大学毕业的学生一样，学校的声誉对学生未来的发展有一定的影响，对企业的选择也是如此。

（3）注重个人品质的培养。一些企业会对试用期的员工进行培训，让员工尽快适应工作环境，进入工作角色。在实际工作中，用人单位十分注重员工是否踏实肯干。对那些较为细致的工作，如果都能一丝不苟地完成，就是在给自己加分。用人单位相信能把小事认真做好的员工，通常具有敬业精神和责任感。用人单位的招聘条件和标准如图 6-4 所示。

| | | |
|---|---|---|
| 1. 性别 | 7. 学习成绩 | 13. 道德修养 |
| 2. 仪表 | 8. 工作经历 | 14. 个人能力 |
| 3. 生源地 | 9. 实习经历 | 15. 身体素质 |
| 4. 专业对口 | 10. 获奖情况 | 16. 心理素质 |
| 5. 学历 | 11. 文体特长 | 17. 性格特点 |
| 6. 学校声誉 | 12. 面试表现 | |

（a）用人单位的招聘条件

制造、能源、交通、建筑、科学研究与技术服务、信息传输/计算机服务及软件业、教育、金融业、公共管理和社会组织等主要行业

1=很不看重
2=不看重
3=一般
4=看重
5=很看重

| | 平均分 | 标准差 |
|---|---|---|
| 1. 个人能力 | 4.52 | 0.57 |
| 2. 道德修养 | 4.38 | 0.63 |
| 3. 专业对口 | 4.31 | 0.75 |
| 4. 心理素质 | 4.26 | 0.62 |
| 5. 学校声誉 | 4.23 | 0.62 |
| 6. 面试表现 | 4.20 | 0.59 |
| 7. 学历 | 4.14 | 0.69 |
| 8. 性格特点 | 4.13 | 0.67 |
| 9. 身体素质 | 4.00 | 0.58 |
| 10. 学习成绩 | 3.87 | 0.69 |
| 11. 实习经历 | 3.84 | 0.76 |
| 12. 工作经历 | 3.57 | 0.79 |
| 13. 获奖情况 | 3.54 | 0.73 |
| 14. 文体特长 | 3.12 | 0.82 |
| 15. 仪表 | 3.07 | 0.90 |
| 16. 生源地 | 2.71 | 0.98 |
| 17. 性别 | 2.70 | 0.92 |

（b）用人单位的招聘标准

**图 6-4　用人单位的招聘条件和标准**

（4）对企业用人规则进行了解。每家企业对各类求职者的重视程度不一样，学生签约前应先了解企业是否致力于培养应届生，感受公司在签约过程及试用期对应届生的重视程度。在选择过程中还应注意企业是否做出郑重的承诺，企业是否只谈试用不谈正式录用而让求职者处于被动状态。

（5）注意违约方面的条例。例如，试用期究竟是 3 个月还是 6 个月，这和签订的合同有关。企业为了维护自己的利益，可能会设置一些"不平等条款"，给求职者设置障碍。建议求职者尽可能在签约之前进行相关的法律咨询。合同条款中的每个字都有其意义和指代，学生能否看出其中的区别很重要。在试用期内，学生有离开企业的权利，而企业方面，可能会设定一些相应的条款加以限制，这时就要注意企业的条例是否符合国家相关规定。

总而言之，在签约之前，应该掌握基本的签约技巧，提高自己的判别能力，如有必要还应寻求相关机构的指导。信息收集的渠道如图 6-5 所示。

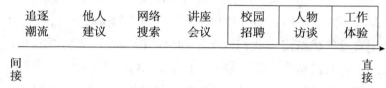

图 6-5　信息收集的渠道

## 二、自我认知

自我认知是自我意识的首要成分，也是自我调节控制的心理基础，它包括自我感觉、自我概念、自我观察、自我分析和自我评价。自我分析是在自我观察的基础上对自身状况的反思。自我评价是对自己能力、品德、行为等方面社会价值的评估，它最能代表一个人自我认知的水平。

自我认知是对自己及自己与周围环境关系的认识，包括对自己存在的认识，对个体身体、心理、社会特征等方面的认识。这种认识是个体通过观察和分析外部活动，以及社会比较等途径获得的，是一个多维度、多层次的心理系统。简而言之，自我认知就是指人对自己及其外界关系的认识，也是认识自己和对待自己的统一。自我认知的主要对象为自身的能力素质结构。能力素质结构如图 6-6 所示。

**1. 正确认识自我**

（1）正确认识自我就是指一个人对自我的认识要与自我的实际情况相符合。它包括两个方面的含义。

①正确、全面认识自己的特点和长处。

②正确认识自我与社会、个人与集体的关系。认识到个人的成长离不开集体，自我的人生价值主要在于对社会的贡献。

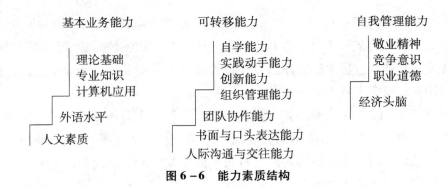

图 6-6　能力素质结构

（2）人总是在不断地发展变化的。因此，我们需要不断更新、不断完善对自己的认识，这样才能使自己变得更好，而要正确认识自己，我们就必须要用全面的、发展的眼光看待自己。

①全面认识自己的内在素质和外在形象。我们既要认识自己的外在形象，如外貌、衣着、举止、风度、谈吐，又要认识自己的内在素质，如学识、心理、道德、能力等。一个人的美应是外在的美与内在的美的和谐统一，内在的美对外在的美起促进作用。

②全面认识自己的优缺点。我们既要看到自己的长处，又要看到自己的不足。金无足赤，人无完人，我们每个人都有缺点，但同时也都有闪光点。我们应该多关注自己的长处，用欣赏的眼光看自己。面对纷繁复杂的世界，如果我们把目光集中在痛苦、烦恼上，生命就会黯然失色；如果我们把目光转移到快乐上，将会得到幸福。同样的道理，面对自己，如果我们看到的只是缺点，将会悲观失望，故步自封；如果我们能看到自己的优点，将会充满信心迎接生活的挑战。但是如果我们只看到自己的优点，看不到自己的不足，用自己的长处比别人的短处，我们就会沾沾自喜，骄傲自大，停滞不前，甚至倒退。

③事物总是发展变化的，没有一成不变的事物。俗话说，士别三日，当刮目相看，我们每个人也都是在不断发展变化的，我们的优点和缺点也不是一成不变的。因此，我们必须要用发展的眼光看自己，及时发现自己新的优点和新的缺点，通过努力，争取变缺点为优点，不断完善自己。

**2. 认识自我的途径**

（1）通过自我观察认识自己。要认识自己，就要做一个有心人，经常反省自己在日常生活中的点滴表现，总结自己是一个什么样的人，找出自己的优点和缺点。自我观察是自我教育、自我提高的重要途径。

自我观察主要包括三个方面：自身外表和体质状况的观察，包括外貌、风度和健康状况等方面的观察；自我行为的观察，主要是对自己在集体中的位置和作用、公共生活中的举止表现及社会适应能力等的观察；自我精神世界的观察，包括对自己的政治态度、道德水平、智力水平、性格、兴趣、特长等方面的观察。

（2）通过他人了解自己。苏轼曾写道："不识庐山真面目，只缘身在此山中。"认识自己有时候的确比较难，一般来说，当局者迷，旁观者清，周围的人对我们的态度和评价能帮助我们认识自己、了解自己。我们要尊重他人的态度与评价，冷静地分析，既不能盲从，也不能忽视。

**3. 气质**

气质是指人的相对稳定的个性特点。心理学认为，气质不以人的活动目的和内容为转移，气质是心理活动的典型的、稳定的动力特征。心理学上的气质这一概念与我们平常说的禀性、脾气相似。

气质是根据人的姿态、样貌、穿着、性格、行为、学识等元素结合起来的给别人的直观感觉，气质是与生俱来的，并成为后天性格形成的重要的生物学条件。

（1）气质的类型。按照感受性、耐受性、反应的敏捷性、可塑性、情绪兴奋性、倾向性等指标，一般把人的气质分为多血质、黏液质、胆汁质、抑郁质四种气质类型，这是对气质最为经典的划分方法。

①多血质。灵活性高，易于适应环境变化，善于交际，在工作、学习中精力充沛且效率高；对什么都感兴趣，但兴趣易于变化；有些投机取巧，易骄傲，受不了一成不变的生活。

②黏液质。反应比较缓慢，有恒心，脚踏实地；能克制冲动，恪守既定的工作制度和生活秩序；情绪不易激动，也不易流露感情；自制力强，不爱显露自己的才能；稳定性有余而灵活性不足。

③胆汁质。情绪易激动，反应迅速，行动敏捷，暴躁而有力；性急，有一种强烈而迅速燃烧的热情，难以自制；在克服困难上有坚忍不拔的劲头，但不善于考虑能否做到，工作有明显的周期性，能以极大的热情投身于事业，也准备克服或正在克服通向目标的重重困难，但当精力消耗殆尽时，便失去信心，情绪顿时转为沮丧而前功尽弃。

④抑郁质。高度的情绪易感性，主观上把很弱的刺激当作强作用来感受，常为微不足道的事情而动感情，且持久有力；行动表现上迟缓，有些孤僻；遇到困难时优柔寡断，面临危险时极度恐惧。

不同气质类型的人，对待同一件事情，其态度和处理方法迥然不同。国外研究了具有上述基本气质类型的人是怎样对待看戏迟到这件事情的。

胆汁质的人与剧场工作人员争执起来，企图进到剧场（按规定迟到者应在幕间入场，以免影响别人）。他辩解戏院的时钟走快了，他不会影响别人，打算推开门径直跑进去。

多血质的人立刻明白，工作人员是不会放他进去的，但他可以找个办法溜进去。

黏液质的人看到工作人员不让入场，就想反正第一场不会太精彩，先去小卖部转转，等到幕间再进去。

抑郁质的人说："我老是不走运，偶尔来看一次戏，竟如此倒霉。"于是返回家去了。

（2）气质与职业选择。气质本身并没有好坏之分，每种气质都有其积极的一面，也有消极的一面。气质并不能决定一个人活动的社会价值。每种职业领域都可以找出各种不同气质类型的代表，同一气质类型的人在不同职业部门都能做出突出贡献。但是，不同的岗位却对从业人员的气质有不同的要求。某种气质特征，往往能为胜任某项工作提供有利条件，而对另一些工作又表现出明显的不适应。研究和实践都表明：气质特征是选择职业的重要依据之一。

①胆汁质气质与职业的选择。胆汁质人群的基本特征是直率，热情，精力旺盛，脾气急躁，易亢奋，易冲动，反应迅速，心境变化剧烈。择业时主动性强，具有竞争意识，通常倾向选择且适合竞争激烈、冒险性强的职业或社会服务型的职业，如运动员、改革者、探险者等。

②多血质气质与职业选择。多血质人群的主要特征是活泼，好动，敏感，反应快，善于交际，兴趣与情绪转换快。择业时，积极主动，热情大方，善于推销自己，适应性强，很受用人单位欢迎。通常适合交际方面的职业，如记者、律师、销售人员、秘书等。

③黏液质气质与职业选择。黏液质人群的主要特征是安静，稳定，反应迟缓，沉默寡言，情绪不易外露，善于忍耐。择业时沉着冷静，目标确定后执着追求，具有坚持不懈的韧性，从而弥补了其他素质的不足。一般适合医护、图书管理、情报翻译、教师、营业员等工作。

④抑郁质气质与职业选择。抑郁质人群的典型特征是情绪体验深刻，孤僻，行动迟缓，感受性强，敏感，细致。择业时思虑周密，有步骤，有计划，一般较适合从事理论研究工作等。

以上只是从气质典型的角度论及各种气质与职业选择的关联。求职者应从自己的实际气质特征出发，认真考察职业气质要求与自身特征的关系，选择那些能使自己气质的积极方面得到发挥的行业与岗位，避开消极的一面。

（3）气质类型测试量表。气质类型是天生的，是人的心理活动的动力特征，是人格的先天基础。根据前文，人有四种气质类型，各种气质类型有不同的气质特性。通过气质类型测试量表进行测试，就可以判断出气质类型。

## 小测试

测试说明导语：下面共有60个问题，请全部做完并记录每题分数。每个问题没有对错之分，无须再三考虑，把你脑海里想到的第一答案写下来。若与你的情况"很符合"计2分，"较符合"计1分，"一般"计0分，"较不符合"计1分，"很不符合"计2分。请记好题号与相应的分数，以便于计算结果。

1. 做事力求稳妥，不做无把握的事。
2. 遇到可气的事就怒不可遏，想把心里的话全说出来才痛快。

3. 宁肯一个人干事，不愿很多人在一起。

4. 到一个新环境里很快能适应。

5. 厌恶那些强烈的刺激，如尖叫、噪声、危险的情景等。

6. 和人争吵时，总是先发制人，喜欢挑衅。

7. 喜欢安静的环境。

8. 善于和人交往。

9. 羡慕那些善于克制自己情感的人。

10. 生活有规律，极少违反作息制度。

11. 在多数情况下情绪是乐观的。

12. 碰到陌生人觉得很拘束。

13. 遇到令人气愤的事，能很好地自我克制。

14. 做事总是有旺盛的精力。

15. 遇到问题常常举棋不定，优柔寡断。

16. 在人群中从不觉得过分拘束。

17. 情绪高昂时，觉得干什么事都有趣，情绪低落时，又觉得什么都没意思。

18. 当注意力集中于一事物时，别的事很难分心。

19. 理解问题总比别人快。

20. 碰到危险情景，常有一种极度恐惧感。

21. 对学习、工作、事业怀有很高的热情。

22. 能够长时间做枯燥、单调的工作。

23. 感兴趣的事，干起来劲头十足，否则就不想干。

24. 一点小事就能引起情绪波动。

25. 讨厌做需要耐心、细致的工作。

26. 与人交往不卑不亢。

27. 喜欢参加剧烈的运动。

28. 爱看感情细腻、描写人物内心活动的文学作品。

29. 工作、学习时间长了，常感到厌倦。

30. 不喜欢长时间谈论一个问题，愿意实际动手干。

31. 宁愿侃侃而谈，不愿窃窃私语。

32. 给别人的感觉总是闷闷不乐。

33. 理解问题常比别人慢些。

34. 疲倦时只要短暂休息就能精神抖擞，重新投入工作。

35. 心里有话宁愿自己想，不愿说出来。

36. 认准一个目标就希望尽快实现，不达目的，誓不罢休。

37. 学习、工作同样长时间，常比别人更疲倦。

38. 做事有些莽撞，常常不考虑后果。

39. 老师讲授新知识时，总希望他讲得慢些，多重复几遍。

40. 能够很快忘记那些不愉快的事情。

41. 做作业或做一件事情，总比别人花的时间多。

42. 喜欢剧烈的体育活动，或参加各种文艺活动。

43. 不能很快把注意力从一件事转移到另一件事上去。

44. 接受一个任务后就希望尽快把它解决。

45. 认为墨守成规比冒险强些。

46. 能够同时注意几件事物。

47. 当我烦闷的时候，别人很难使我高兴。

48. 爱看情节起伏跌宕、激动人心的小说、电影等。

49. 对工作抱有认真严谨、始终如一的态度。

50. 和周围人们的关系总是相处不好。

51. 喜欢复习学过的知识，温习已经掌握的技能。

52. 希望做变化大、花样多的工作。

53. 小时候会背的诗歌，我似乎比别人记得清楚。

54. 别人说我总说出语伤人，可我并不觉得这样。

55. 在体育活动中常因反应慢而落后。

56. 反应敏捷、头脑机智。

57. 喜欢有条理而不甚麻烦的工作。

58. 兴奋的事常使我失眠。

59. 老师讲的新概念常常听不懂，但是弄懂后就难以忘记。

60. 假若工作枯燥无味，马上就会情绪低落。

**四种气质类型的评分方法与分组如下。**

**把每题得分按表6-1题号相加，并计算各栏的总分。**

表6-1　　　　　　　　　　　气质类型测试题分值

| 气质类型 | 题号 | | | | | | | | | | | | | | | 总分 |
|---|---|---|---|---|---|---|---|---|---|---|---|---|---|---|---|---|
| 胆汁质（A） | 2 | 6 | 9 | 14 | 17 | 21 | 27 | 31 | 36 | 38 | 42 | 48 | 50 | 54 | 58 | |
| 多血质（B） | 4 | 8 | 11 | 16 | 19 | 23 | 25 | 29 | 34 | 40 | 44 | 46 | 52 | 56 | 60 | |
| 黏液质（C） | 1 | 7 | 10 | 13 | 18 | 22 | 26 | 30 | 33 | 39 | 43 | 45 | 49 | 55 | 57 | |
| 抑郁质（D） | 3 | 5 | 12 | 15 | 20 | 24 | 28 | 32 | 35 | 37 | 41 | 47 | 51 | 53 | 59 | |

总分：A（　　　）；B（　　　）；C（　　　）；D（　　　）

如A栏得分超出40分，并明显高于其他三栏（分值相差大于8分），则为典型胆汁质，其余类推。

如 A 栏得分在 1~40 分，并高于其他三栏，则为一般胆汁质，其余类推。

如出现两栏得分接近（分值相差小于 6 分），并明显高于其他两栏（分值相差大于 8 分），则为两种气质的混合型。如胆汁质—多血质混合型，黏液质—抑郁质混合型等。

如四栏分数皆不高且相近（分值相差小于 6 分），则为四种气质的混合型。

多数人的气质类型是一般型气质或两种气质的混合型，典型气质和三种或四种气质的混合型的人较少。

人的四种气质类型没有好坏之分，不同气质的人的忍耐性、感受性、可塑性、敏捷性、兴奋性等都有所不同，每个人的气质都有其所长，也有其所短。因此，了解一个人的气质特点有利于发挥其优点，规避可能引发其气质特点消极面的事情。

### 4. 性格

性格是指表现在人对现实的态度和相应的行为方式中的比较稳定的、具有核心意义的个性心理特征，它是一种与社会密切相关的人格特征，性格中包含许多社会道德含义。性格表现了人们对现实世界的态度，并体现在其行为举止中。性格主要体现在对自己、对别人、对事物的态度和所采取的言行上。简而言之，性格是人在对现实的稳定的态度和习惯化的行为方式中表现出来的个性心理特征。

人在生活中偶然的表现不能被认为是他的性格特征。人的性格具有稳定性，一旦形成是较难改变的。性格和气质关系十分密切，它们都是人脑的活动，也都是在人的生活实践中发展和深化的。

（1）性格的特征。性格的特征主要表现在以下四个方面。

①性格的意志特征。性格的意志特征是指个体在调节自己的心理活动时表现出的心理特征，即个体在对自己行为的自觉调节方式和水平方面的性格特征。自觉性、坚定性、果断性、自制力等是主要的意志特征。

自觉性是指在行动之前有明确的目的，即对行为的目的明确并自觉控制的特征。事先确定了行动的计划，并且在行动的过程中能克服困难，始终如一地执行。与之相反的是盲从或独断专行。

坚定性是指能采取一定的方法克服困难，以实现自己的目标，即在长时间工作中表现出来的特征。具体表现为理想远大、独立自主。与坚定性相反的是执拗性和动摇性，前者不会采取有效的方法，一味我行我素；后者则是轻易改变或放弃自己的计划，表现为盲目、易受暗示影响。

果断性是指善于在复杂的情境中辨别是非，迅速做出正确的决定，即在紧急情况下表现出来的特征。具体表现为果断、勇敢。与果断性相反的是优柔寡断或武断、冒失。

自制力是指善于控制自己的行为和情绪。与自制力相反的是放任自流、怯懦和任性。

②性格的情绪特征。性格的情绪特征是指人在情绪活动时在强度、稳定性、持续性和主导心境方面表现出来的性格特征，即个体在情绪表现方面的心理特征。

在情绪的强度方面，有人情绪强烈，热情奔放，不易于控制；有人则情绪微弱，易于控制。

在情绪的稳定性方面，有人情绪波动大；有人则情绪稳定，心平气和。

在情绪的持久性方面，有的人情绪持续时间长，对工作、学习的影响大；有的人则情绪持续时间短，对工作、学习的影响小。

在主导心境方面，有的人经常情绪饱满，乐观开朗，处于愉快的情绪状态；有的人则经常郁郁寡欢。

③性格的理智特征，是指人的认知活动特点，是个体在认知活动中表现出来的心理特征。

在感知方面，有的人能按照一定的任务目标主动独立地观察，属于主动观察型；有的人则明显受环境刺激的影响，属于被动观察型；有的人倾向于观察细节，属于分析型；有的人倾向于观察整体和轮廓，属于综合型；有的人倾向于快速感知，属于快速感知型；有的人倾向于精确地感知，属于精确感知型。

在想象方面，有主动想象和被动想象之分；有广泛想象与狭隘想象之分等。

在记忆方面，有主动记忆与被动记忆之分；有善于形象记忆与善于抽象记忆之分等。

在思维方面，也有主动与被动之分；有独立思考与依赖他人之分；有深刻与浮浅之分等。有的人深思熟虑、考虑全面，有的人缺乏主见、人云亦云。

④性格的态度特征，是指个体在对现实生活各个方面的态度中表现出来的一般特征。

（2）性格的分类。性格的分类有很多种，常见的分类如下。

①现实型。现实型的人喜欢户外、机械以及体育类的活动或职业；喜欢与物打交道而不喜欢与人打交道；喜欢制造、修理东西；喜欢操作设备；喜欢看到有形的东西；有毅力、勤勉，但缺乏创造性，喜欢用熟悉的方法做事并建立固定模式，考虑问题往往比较绝对。现实型的人不喜欢模棱两可；不喜欢抽象理论和哲学思辨；属于传统、保守的人，缺乏良好的人际关系和言语沟通技巧。当受人瞩目时会感到不自在，不善于表达自己的情感，看上去比较腼腆，绝大多数现实主义者都秉承着实事求是的生活和工作作风。

②探索型。探索型的人有好奇心和探究欲，喜欢了解、解释和预测身边发生的事。他们有科学探索的热情，对于非科学、过于简单或超自然的解释，多持否定和批判的态度。对于喜欢做的事能够全神贯注，心无旁骛。他们喜欢单枪匹马做事，不喜欢管

人也不喜欢被管束，喜欢从理论和思辨的角度看问题；喜欢解决抽象的问题，具有创造性，往往难以接受传统的价值观。他们倾向逃避那种高度结构化、束缚性强的环境，处理事情按部就班、精确且有条理，对于自己的智力很有信心。在社交场合常感到困窘，缺乏领导能力和说服技巧。在人际关系方面拘谨、刻板，不太善于表达情感，可能给人不太友善的感觉，探索型的人应该更加注重自身的发展，培养创新精神。

③艺术型。艺术型的人有创造力、善于表达、有原则、天真、有个性。艺术型的人喜欢与众不同并追求卓绝，不喜欢从事笨重的体力劳动，以及高度规范化和程序化的任务；喜欢通过艺术作品表现事物，表现自我，希望得到众人的关注和赞赏，对于批评很敏感。他们在衣着、言行举止方面倾向于无拘无束、不循传统，喜欢在无人监督的情况下工作，处事比较冲动。他们非常重视美及审美能力，比较情绪化且心思复杂。他们喜欢抽象的工作及非结构化的环境，渴望得到别人的接纳和赞美，亲密的人际关系会让他们产生压力而尽量避开。他们主要通过艺术间接与别人交流，以弥补疏离感，常常自我省思，思绪天马行空，无拘无束，拥有强大的发散性思维。

④社会型。社会型的人友善、热心、外向、合作。社会型的人善于交流，喜欢与人相处，能洞察别人的情感和问题，喜欢扮演帮助别人的角色，如教师、顾问。他们喜欢表达自己且在人群中具有说服力，喜欢当焦点人物并乐于处在团体的中心位置。他们对于生活及与人相处时都很敏感、理想化和谨慎。他们喜欢哲学问题，如人生、宗教及道德伦理问题。他们不喜欢从事与机器或资料有关的工作，或是结构严密、重复性的工作。他们和别人相处融洽并能自然地表达情感，待人处事圆滑，给人仁慈、乐于助人的印象。

⑤管理型。管理型的人外向、自省、有说服力、乐观。管理型的人喜欢有胆略的活动，敢于冒险，支配欲强，对管理和领导工作感兴趣。他们通常喜欢追求权力、财富、地位。他们善于辞令，力求使别人接受自己的观点，具有劝说、调配人的才能。他们自认为很受他人欢迎，缺乏从事细致工作的耐心，管理型的人头脑清楚，思维敏捷。

⑥常规型。常规型的人做事一板一眼、固执、脚踏实地，喜欢做抄写、计算等遵守固定程序的事，是可信赖、有效率且尽责的人。他们依赖团体并从中获得安全感，努力成为好成员，在大型机构中从事一般性工作就感到满足，不求担任领导职务。他们知道自己该做什么事时，会感到很自在。他们不习惯做判断和决策，因而不喜欢模棱两可的指示，希望精确了解到底要求自己做什么，对于明确规定的任务可以很好地完成。他们倾向于遵循传统，习惯服从、执行上级命令。他们喜欢在令人愉快的室内环境工作。他们重视物质享受，能有节制地表达自己的情感，避免紧张的人际关系，喜欢自然的人际关系，在熟识的人群中才会自在。他们喜欢有计划地做事，不喜欢打破惯例和从事笨重的体力劳动。

每个人都是这六种类型的不同组合，只是占主导地位的类型不同。而每种职业的工作环境也是由相应的六种不同的工作条件组成的，其中一种占主导地位。一个人在工作中能够得心应手，在很大程度上取决于其性格和工作条件之间良好的匹配。

（3）如何完善自己的性格。完善自己的性格，可以从以下几个方面着手。

①改正认知偏差。由于受不良环境的影响，可能使人产生错误的认知，如认为这个世界上坏人多、好人少；同人打交道，要防人三分；疑心重；以小人之心度君子之腹等。因此，要想改变这些，必须改变自己不正确的认知，可多参加有意义的集体活动，充分体验生活，多阅读一些励志类的书籍，这对自己性格的完善大有裨益。

②试着帮助别人，从中体验乐趣。避免过于以自我为中心，不要时刻生活在自己的小天地里，要主动帮助别人，因为人人都需要关心，你去帮助别人，同样，别人也会主动来帮助你。同时，在这种帮助中，能体现自身的价值，心情改善了，对人的看法和态度也会随之改变，从而有利于性格的完善。

③有意识地进行自我锻炼。人是一个自我调节的系统，一切客观的环境因素都要通过主观的自我调节起作用，每个人都在不同的程度上，以不同的速度和方式塑造着自我，包括塑造自己的性格。随着一个人认知能力的不断发展，其独立性和自主性增强，性格的发展也从被动的外部控制逐渐向自我控制转化。如果能意识到这一变化并促进这一变化，自觉地确立性格锻炼的目标，有效进行自我锻炼，就能使现实态度、意志、情绪等性格特征不断完善。

④积极的心态与情绪。一个人偶尔心情不好，其性格不至于受影响，若长期心情不好，对性格就有影响了。如易怒，为一点小事而激动，就容易形成易怒、冲动、沮丧等性格特点，这是一种异常情绪。因此，要乐观地生活，要胸襟开阔，保持愉快的生活体验。当遇到挫折和失败时，要从好的方面去想，塞翁失马，焉知非福，想得开，烦恼自然就会消失。心烦意乱时，可以找一个崇拜的长者或知心朋友交谈，或者去看心理医生，不要让苦闷积压在心里，否则，容易导致性格的畸形发展。

⑤乐于交际，与人和谐相处。兴趣广、爱交际的人会学到许多知识，训练出多种才能，有益于性格的形成和发展。但是，与品德不良的人交往，会沾染不良的习气。因此，要正确识别和评价周围的人和事，交友谨慎，更不要加入不健康的团体。人与人之间要互敬、互爱、互谅、互让，善意地评价他人，热情地帮助他人，克己奉公，助人为乐，长此以往，性格就能得到和谐发展。

⑥提高文化水平，加强道德修养，学会自我保护。人的性格虽有一定的稳定性，但又是可变的，只要自己下决心去改善，是能产生明显效果的。方法有三种，一是提高文化水平，二是加强道德修养，三是学会自我保护。因为人的性格的形成是受人的文化水平和道德水平影响的，同时也受所处环境的影响。有文化、有道德的人，就有理智，能以正确的态度去对待现实生活，这有助于形成良好的性格特征。同时要注意到，人所处的现实环境是复杂的，在受到无端的攻击或不公时，要采取合理的方法进

行反击和自我保护，不要一味退让。从而避免因长期处于不健康环境而对性格产生不良影响。提升自己的 STAR 法则如表 6 – 2 所示。

**表 6 – 2**　　　　　　　　　　　　　　　**提升自己的 STAR 法则**

| 类别 | 情况<br>（Situation） | 目标<br>（Task） | 行动方案<br>（Action） | 结果<br>（Results） | |
|------|------|------|------|------|------|
| 内容 | 事情是在什么情况下发生的，特别是面临哪些障碍和局限 | 需要完成哪些事情 | 逐步叙述你做的事情，包括解决方案与步骤 | 结果，以及对结果的量化评估 | 收获、启发、经验和教训 |

### 5. 能力

能力，是完成一项任务所体现出来的素质。人们在完成任务的过程中表现出来的能力有所不同。能力是直接影响活动效率，并使活动顺利完成的个性心理特征。

能力总是和人完成一定的实践联系在一起。离开了具体实践，既不能表现人的能力，也不能发展人的能力。能力是保证一个人顺利地完成某项活动的必要条件，但不是唯一的条件，因为顺利地完成某项活动所需的条件是多方面的。

（1）能力的分类。

①一般能力和特殊能力。一般能力是指观察、记忆、思维、想象等能力，通常也叫智力。它是人们完成活动不可或缺的，是能力中最主要的部分。特殊能力是指人们从事专业性活动需要的能力，例如，从事音乐活动所需的听觉表象能力。一般能力和特殊能力两者是相互促进的。

②流体智力和晶体智力。流体智力指人的记忆力、想象力、观察力等主要由先天基因决定的能力，它随年龄的增长而减退。晶体智力是以习得的经验为基础的认知能力，如语言文字能力等。晶体智力受后天的经验影响较大，主要表现为运用已有知识和技能去吸收新知识和解决新问题的能力，这些能力不随年龄的增长而减退，只是某些技能在新的社会条件下变得无用了。晶体智力在人的一生中一直在发展，它与教育、文化有关。

③模仿能力和创造能力。模仿能力指通过观察别人的行为、活动来学习各种知识，然后以相同的方式做出反应的能力。而创造能力则是指产生新思想和创造新产品的能力。能力与大脑的机能有关，它侧重于实践活动中的表现，即顺利完成一定活动所具备的稳定的个性心理特征。

④认知能力、操作能力和社交能力。

认知能力。认知能力指接收、加工、储存和应用信息的能力。它是人们成功完成活动的重要心理条件。知觉、记忆、注意、思维和想象的能力都属于认知能力。美国心理学家加涅提出五种认知能力：言语信息（回答世界是什么的问题的能力）；智慧技能（回答为什么和怎么办的问题的能力）；认知策略（有意识地调节与监控自己的认知加工过程的能力）；态度（情绪和情感的反应，使学习者形成影响行为选择的内部状态或倾向）；动作技能（有组织协调统一的肌肉动作构成活动的能力）。

操作能力。操作能力指操纵、制作和运动的能力。劳动能力、艺术表现能力、体育运动能力、实验操作能力都被认为是操作能力。操作能力是在操作技能的基础上发展起来的，又成为顺利地掌握操作技能的重要条件。认知能力和操作能力紧密地联系着。认知能力中必然有操作能力，操作能力中也一定有认知能力。

社交能力。社交能力指人们在社会交往活动中所表现出来的能力。组织管理能力、言语感染能力等都被认为是社交能力。社交能力包含认知能力和操作能力。

（2）职业能力。

通过对劳动力市场的调查和分析得出结论，在当今时代，人们从事职业一般应具备下述五项基本能力。

①合理利用与支配各类资源的能力。时间——选择有意义的行为，合理分配时间，计划并掌握工作进度；资金——制定经费预算并随时做必要调整；设备——获取、储存、合理分配并利用各种设备；人力——合理分配工作，及时评估工作表现。

②处理人际关系的能力。能够作为集体的一员参与工作；向别人传授新技术；诚心为顾客服务并使之满意；坚持以理服人并积极提出建议；调整利益以求达成最终目标；能与性格不同的人共事。

③获取信息并利用信息的能力。能够获取信息，评估、分析与传播信息，使用计算机处理信息。

④综合与系统分析能力。理解社会体系及技术体系，辨别趋势，能对现行体系提出建议或设计替代的新体系。

⑤运用特种技术的能力。选出适用的技术及设备，掌握操作设备的手段；维护设备并处理各种问题，包括计算机设备等。

（3）职业素质。

①基本技能。阅读能力——个体在阅读过程中对文本的理解和处理能力；书写能力——正确书写书面报告、说明书。倾听能力——正确理解口语信息及暗示；口头表达能力——系统地表达想法；数学运算能力——能运用基本数学运算解决实际问题。

②思维能力。有创造性思维，能产生新想法；考虑各项因素以做出最佳决定；发现并解决问题；根据符号、图像进行思维分析；学习并掌握新技术；分析事物规律并运用规律解决问题。

③个人品质。有敬业精神；自重，有自信心；有社会责任感和集体责任感；自律，能正确评价自己；正直、诚实、遵守社会道德行为准则。

（4）职业能力的培养。

加强职业能力的培养与实践，树立正确的择业观，正确定位自身，根据社会及企业需求，客观、科学地规划自己的职业生涯，合理安排在校的学习时间，充分利用学习资源，提高学习效率，实现职业能力与职业要求的合理匹配，有效缩短从"学生"到"职员"的转变时间，实现大学生由择业、就业逐步发展到职业、事业的终身的可持续发展。

①加强个体指导。根据学生的个性特点、目标及特长，通过对学生进行职业测评，增强学生职业发展的意识。根据学生个体特点，因材施教，从而帮助学生确定职业发展目标和职业生涯规划。

②根据教学规律，针对不同培养阶段让学生进入企业接受实训。入学时进行认知实训，通过走访实训基地，了解专业特点及未来工作的基本条件，为确立学习目标打下基础。认知实训后，进行专业实训，通过理论与实践相结合的职业能力与技能训练，让学生掌握一定的职业知识，同时通过社会调研，了解社会需求，并利用多种渠道收集与就业相关的信息，初步确定自己长期发展的职业目标，掌握一定的求职技巧。通过就业实训，进行职业适应，进一步提高职业技能水平，增强就业竞争能力，同时不断完善自己的知识结构。学生应该未出校门先上岗，经过具体的实践，知道自己的知识、能力与社会要求的差距，及时调整，以便更快地适应社会，缩短走向社会的适应期。

③整合教学资源，进行全程就业指导。建立专业化的职业能力培养队伍，同时提供专业的职业能力测评工具。首先，入学就对大学生进行毕业生就业形势、职业生涯规划方面的指导，使大学生对就业形势有清晰的认识，初步建立就业目标；其次，进行就业观念、心理素质、就业法律知识、求职技巧等方面的指导；最后，进行就业政策指导，加强就业信息交流，为学生成功就业创业打下基础。

④加强学校人才培养与企业人才需求的衔接，适时引入企业文化及企业培训，建立全员就业指导，架构人才培养的立交桥。一个系统越开放，就越能与外界进行物质信息交流。职业能力培养作为一个系统，具有很强的社会性，需要社会力量的参与。企业和社会对人才的要求逐渐从知识型、技能型转向应用型、适应型。这要求学校人才培养除了重视知识和能力外，更应突出对素质的关注，即具备自我学习的能力，能尽快适应所在岗位对知识、技能的要求。职业能力培养是一项系统工程，需要全社会的共同参与。学校应与用人单位、实习基地建立长期合作关系，与毕业生进行经常性的联系，将教育与培训紧密结合起来，使就业指导工作更加有效。通过对毕业生进行跟踪调查、走访用人单位、聘请社会人士担任兼职指导教师等形式，加强学校与企业的交流与合作，架构学校人才培养与企业人才需求目标一致的桥梁。

**6. 情商**

1995 年，美国哈佛大学心理学教授丹尼尔·戈尔曼提出了情商（Emotional Quotient，EQ）的概念。情商即情绪商数，主要是指人在情绪、情感、意志等方面的品质。总的来讲，人与人之间的情商并无明显的先天差别，更多与后天的培养相关。它是近年来心理学家提出的与智商相对应的概念。

从最简单的层次定义，情商是理解他人及与他人相处的能力。戈尔曼和其他研究者认为，这种能力是由五种特征构成的：自我意识、控制情绪、自我激励、认知他人情绪和处理相互关系。

情商越来越多地被应用在企业管理学上。对于管理者而言，情商是领导力的重要构成部分。情商是个体重要的生存能力之一，是一种发掘情感潜能、运用情感能力影响生活各个层面的品质因素。

丹尼尔·戈尔曼认为，在人的成功要素中，智力因素是重要的，但更为重要的是情感因素。职场上流行一句话：智商决定录用，情商决定提升。

（1）情商的内容。

①了解自我，关注情绪时时刻刻的变化，能够察觉某种情绪的出现，观察和审视自己的内心体验，这是情商的核心，只有认识自己，才能主宰自己的生活。

②自我管理，能调控自己的情绪，使之适时适度地表现出来。

③自我激励，具备依据活动的某种目标，调动、指挥情绪的能力，这能够使人走出生命中的低潮，重新出发。

④识别他人的情绪，能够通过细微的社会信号，敏感地感受到他人的需求与欲望，这是与他人正常交往，实现顺利沟通的基础。

⑤处理人际关系，拥有调控自己与他人的情绪反应的技巧。

（2）情商的作用。

①情商是指情绪控制能力或情绪智力的高下。虽然它不适于像智商那样用数值尺度来测量，但可以通过一些科学的方式了解。

②情商与智商不是对立的。有的人既有较高的智商又有较高的情商，有的人则只有其中之一较高。研究人员一直都在努力了解情商与智商之间是怎样互相补充的，例如，在压力下，一个人是怎样集中智力并将智力付诸实际的。

③在预测某人能否成功时，了解其情绪商数比通过智商测试以及其他标准化成就测试测量出的数据更有价值。

④采取适当的方式提高人们调节情绪的能力，有利于提高工作效率，有助于个人取得成功。

（3）提高情商的方法。

①训练情绪。首先是认知情绪、分析情绪、评估情绪。看你的情绪有哪些欠缺。其次是控制情绪、调节情绪，情绪不要大起大落，更不要喜怒无常，要保持一种稳定的情绪状态，顺境的时候不要忘乎所以、得意忘形，逆境的时候不要垂头丧气、消极萎靡，遭受打击的时候要泰然处之、应对自如。

②学会处理人际关系。在处理人际关系时，要对人宽容，能换位思考，关心别人，充满爱心，富有同情心，诚信正直，善于合作。

③乐观豁达。乐观还是悲观，这是情商高低的重要体现。乐观会反败为胜，悲观则可能相反。

④积极向上。情商高的人有很强的进取心，有进取心则会对未来充满希望。

⑤抓住人生机会，有人说智商高的人会发现机会，情商高的人会抓住机会，不会轻易放弃机会。

# 第二节　物流专业的学业规划

大学是人生非常重要的阶段。

大一时要博业。就是说要看大量的书，并充分接触世界，从中发现自己喜欢的知识领域。同时要大量学习职业方面的知识，发现适合自己的职业。看书会积累广博的知识，为日后的发展打下基础。

大二时要通业。把知识领域与职业方面的通用知识学好，学科领域与所选职业有可能不是相关的，学好通用知识对未来的职业发展具有重要意义。

大三时要择业。选择一个或几个具体领域，深入学习一年。如选择了国际运输管理和港口管理，大三就要重点学这两门课程，包括所有的理论与应用，同时梳理行业内的相关企业信息，确定自己要求职的企业，在不断完善知识的同时，还要持续关注这个行业的情况，并建立一个了解这个行业的渠道。如果大三下学期发现自己的选择是对的，那就可以找相关企业去实习，实习的目的有两个：一是在实践中检验自己是否适合做这份工作，二是找到所欠缺的理论知识和操作技能，然后再去学习补充知识。如果在大三上学期发现自己不喜欢这个领域，那就要迁业，再重新选择。

大四时要试业。就是真正地进行专业实习，去相关的企业工作。专业实习就是要提前适应这份工作，做到专业知识最大限度与工作岗位相匹配，同时最大化地补充自己所欠缺的知识与能力，尤其是操作性的技能，减少自己的能力与工作要求的差距。要时刻关注自己心仪企业的动态，了解招聘的要求。专业实习可丰富工作经验。

## 一、大一的学习规划

### 1. 必修课的学习

（1）重视基础，扎实学习。本科四年的学习是一个对所学领域基础知识普及的学习，对于专业知识的深入与拓展涉及不多。大一期间任何学科的学习都是从基础入手的，一切基础知识都是后来深造的基础，基础知识的积累非常重要，必须打好基础。

（2）注重兴趣，专业定向。学习必修课要充分考虑个人对于学科的兴趣。对于学科的兴趣分为两个方面：一是开始就有浓厚的兴趣；二是在学习中培养了浓厚的兴趣。所以兴趣是可以后天培养的，要在学习中积极培养对于专业的兴趣，定位专业发展方向，选择继续读研深造或就业。

（3）关注授课重点，感受人文气息。在学习中一定要注意重点知识的梳理。在大学，完整的笔记往往是最好的考试复习资料。所以，要学会记录课堂内容，并及时整理，对于个别重点问题，可以查阅其他资料做进一步的补充。

**2. 选修课的学习**

（1）大面积选听，重点选择。大学的选修课是丰富多彩的。大学生可根据自己的爱好去选择喜欢的学科，整理出选修课列表，重点选择自己喜欢的课程。在大学中，很多选修课都可以自由旁听，可在选修课中充分涉猎知识，提高涵养，培养兴趣，陶冶情操。

（2）博而不专与专而不博。选修课与必修课最大的不同是，选修课可以完全按照自己的兴趣进行学习，可以简单了解，也可以深入研究，大学生可以根据自己的情况灵活安排。

**3. 课外知识的涉猎**

大学是一个知识水平迅速提高的中转站，要充分利用大学的资源，提取自己所需的课外知识，获取知识的途径如下。

（1）图书馆。图书馆是大学学习的主战场，这里能提供安静的学习环境，能提供大量的图书资料，一定要充分利用图书馆进行学习。

（2）讲座。大学中各个学院都会不定期地举办各种讲座，邀请国内外知名专家学者来讲授各专业学科的知识。大学生可以聆听讲座内容，开阔视野。

（3）院校间的学习交流。大学中各院校的学生互相交流学习的机会较多，大学生如果在学术方面有所造诣，可以主动申请去其他学校进行学术交流。这样可以看到更精彩的学术世界，获取更多的知识。

（4）课外实践活动。实践活动是衔接大学与社会的关键环节。大学生在参加工作之初都会感觉很无助，就是因为不了解社会，不懂得企业的规则。所以在大学期间经常参加课外实践活动，经常到企业实习锻炼，可以得到更多的职业和发展机会。

（5）师生间、同学间的交流。这是提高沟通能力的最佳方法。在大学，要善于交流和倾听，在倾听与交流中学习知识，学习周围人的优点，不断提高自己。

## 二、大二的学习规划

经过一年的学习和总结，逐渐了解了自己的优势和不足。为了毕业后能更好地在社会上立足，要在大学期间学到更多的本领，提高认识事物、判断事物的能力。

大二是非常关键的一年，要学很多专业课，要制订切实可行的学习计划，学习计划可帮助自己达到学习目的，可增强自己学习的积极性和克服困难的决心。所以，对大二的学业做一个整体细致的规划非常必要。

**1. 学习目的**

学习目的要明确，要学习基础知识和专业知识，打下坚实的理论基础，丰富专业知识，提高专业技能。

**2. 学习目标**

学习目标是学习和努力的方向，切实可行的学习目标能提高学习的针对性，并产生为实现这一目标奋斗的力量。没有明确的学习目标，就像漫步在街头不知走向何处的流浪汉一样，是对学习时光的极大浪费。例如，把学习目标确定为学好英语，就要努力学习，争取早日通过英语四、六级考试。同时，努力学好其他专业课程，争取在期末拿到奖学金。还可以利用课余时间接触社会，了解社会需求，明确学习方向，或为考研做准备。

**3. 学习计划**

要想取得好成绩，就要制订行之有效的学习计划，用以指导自己的学习。凡事预则立，不预则废，有计划就可以合理安排时间，恰当分配精力。在努力学习本专业知识的前提下，充分利用课余时间，查阅与本专业相关的书籍，广泛学习相关知识，扩大专业知识范围，从而明确毕业后从事什么样的职业及今后的努力方向。如果准备考研，还要重点制订相应的考研计划。在总的学习计划的基础上还要制订分科学习计划，保证各科都能顺利通过考试。

在大二期间，一定要充分发挥自己的长处，树立信心，学习计划制订后，也应根据平时的学习情况做适当的调整。一定要持之以恒，坚决执行学习计划，努力过好大二的学习生活。

## 三、大三的学习规划

大三是大学生活中关键的一年，学生面临两种选择，一是继续深造考研，二是选择就业。因此大三这一年要特别努力，做好学业规划，为考研或就业做好充分准备，打好基础。在这一年里要做到以下几点。

**1. 学习方面**

努力学好专业课程，掌握所学专业的基本知识和技能。没有扎实的专业基础，就无法进入专业领域深入探究。因此在大三的学习中，将专业知识的学习放在首位是毋庸置疑的。

在大三学习专业知识的过程中，要改进学习方法，做到认真细致，深入探究，用适用的方法攻克难题，掌握解决问题的方法，并多思考为什么。要提炼老师讲解知识的思路，学会总结概括知识的框架，通过归纳和联想，将整个知识体系构建起来。课前认真预习课本知识，课上高效认真地听老师讲解，自主思考，积极主动，课后独立完成老师布置的学习任务，并多看参考书，勤于思考，做一定量的题目来夯实基础。在专业知识学习中，不懂的问题要主动向老师和同学请教，把握老师和同学讲解的重点和思路，及时进行总结和回顾。对于专业知识，不仅要把握理论基础，还要学会实践技能，学会知识的拓展和利用，不做死读书的"书呆子"。

### 2. 阅读方面

要广泛阅读与专业相关的文献或其他拓展类图书。大学生不可只通一业，也不可通万业而无专长。大三的一年中，要拓展专业知识面，培养学习能力，养成良好的阅读习惯。

### 3. 资格考试方面

要力争考取相关的职业资格证和英语六级证书，争取得到与专业领域有关的资格认证，为就业增加砝码。

### 4. 职业规划方面

在职业规划方面，要做到未雨绸缪，尽量多参加学校和社会举办的各种招聘会，面对众多的工作和实习机会，主动向职场前辈咨询，根据个人兴趣与职业取向做好职业规划，逐步思考自己未来的职业目标。

### 5. 考研方面

考研在大三阶段将付诸行动。每个学生的性格和学习方法不同，有的学生大三就开始准备考研，有的学生认为大四再准备也来得及。但是英语、政治和高等数学这三门必考课要尽早准备，为以后的专业课复习留出更多的时间。要确定考研的目标，有了目标才有动力，才更有方向感。要了解所报考学校、专业及导师的相关信息，了解这所学校要求的考研科目，如果有自己的短板可以考虑改变目标。要了解专业信息，好的学校不一定都是好的专业，好的专业不一定在好的学校；要了解所报考导师的学术水平，在研究生阶段，导师的指导至关重要。

大三的学生，要制造科学的备考策略，并保持良好的心态，坚定自己的信念，脚踏实地，持之以恒，努力实现自己的梦想。

## 四、大四的学习规划

大四是大学学习生活的最后一个学年，这时学生往往比较懈怠，缺乏学习动力。大四面临就业、考研、毕业实习和毕业设计（论文）的压力，一旦放松，将会造成严重的后果。大四的学习规划如下。

### 1. 专业课和专业选修课的学习

大四还有几门专业课要学习，一定要一如既往，保持前几年的学习劲头，顺利通过专业课和专业选修课的考试，掌握这些课程的基本理论和方法。

### 2. 毕业实习

毕业实习是指学生在毕业之前，学完全部课程之后到实习现场参与实际工作，综合运用专业知识及基础知识解决实际问题，获得独立工作的能力，并在思想上、业务上得到全面锻炼。它往往是与毕业设计（论文）相联系的一个准备性教学环节。有目的地围绕毕业设计（论文）进行毕业实习，以便在实践中获得有关资料，为进行毕业设计或撰写毕业论文做好准备，培养学生的综合职业能力。学生要根据自己的专业和工作取向，联系实习的公司，为毕业设计撰写做好准备。根据要求，要认真记好实习日记，撰写实习报告。

### 3. 毕业设计（论文）

毕业设计（论文）是高等学校本科生教学计划的重要组成部分，是理论与实践相结合，教学与科研、生产相结合的过程，是本科生必不可少的教学阶段，是对学生进行综合素质教育的重要途径，它有着任何课堂教学或教学实习所不可替代的功能，因而在培养高级专门人才过程中有着特殊的地位。要认真做好毕业设计（论文），选题要结合实际，认真写作，完成一份合格的毕业设计（论文）。

### 4. 考研

考研，即参加硕士研究生入学考试。

硕士研究生入学考试的初试通常于 12 月底或者次年的 1 月进行，复试通常于次年的 3~5 月进行，具体日期各高等院校会自行安排。考研的学生要做好充分的准备，争取考出好成绩。

### 5. 就业准备

就业是指在法定年龄内的有劳动能力和劳动愿望的人们所从事的为获取报酬或经营收入进行的活动。毕业生要参加各类招聘会，广泛联系就业单位，达成就业意向后，要和用人单位签订由学校发放的就业协议书。该协议书是转递毕业生档案和户口关系，办理报到落户手续的依据，学校凭毕业生已签订的就业协议书派遣毕业生的档案、户口。如果不签订就业协议书，毕业生毕业后的档案、户口等就可能会被派回生源地，因此，毕业生在找到合适的工作单位后，就可与单位签订就业协议书。就业协议书上除了用人单位盖章外，还需由用人单位上级人事主管部门盖章。

毕业生到民营企业、三资企业、乡镇企业等单位工作时会碰到一个具体问题，这些法人实体没有上级人事主管部门。这就需要用人单位到各地的人才交流中心办理人事代理手续，来解决该单位接收毕业生人事关系的问题。用人单位要持营业执照和公章到有关人才交流中心免费办理人事代理开户手续，就业协议书的鉴证、档案的接收、落户、党组织关系，甚至驾驶执照关系，都可由人才交流中心来为用人单位接收和办理。

大四是人生的转折点，是学生进入社会的关键一步，因此必须把握好，为自己今后的职业生涯打好基础。

# 第三节  职业生涯规划

## 一、职业的概念

职业是指人们从事的相对稳定的、有收入的、专门类别的工作。职业是人们参与社会分工，利用专门的知识和技能，为社会创造物质财富和精神财富，获取合理报酬作为物质生活来源，并满足精神需求的工作。

**1. 职业的社会学界定**

（1）职业是社会分工体系中的一种社会位置；

（2）职业是从事某种相同工作内容的职业群体；

（3）职业同权利紧密相连；

（4）职业是国家确定和认可的。

**2. 职业的经济学界定**

（1）职业是社会分工体系中劳动者所获得的一种劳动角色；

（2）职业是一种社会性的活动，具有社会性；

（3）职业具有连续性和稳定性；

（4）职业具有经济性。

**3. 职业的特征**

（1）职业的社会属性。职业是人类在劳动过程中的分工现象，它体现的是劳动力与劳动资料之间的结合关系，也体现出劳动者之间的关系，劳动产品的交换体现的是不同职业之间的劳动交换关系。这种劳动过程中结成的人与人的关系无疑是社会性的，他们之间的劳动交换反映的是不同职业之间的等价关系，这反映了职业活动中职业劳动成果的社会属性。

（2）职业的规范性。职业的规范性应包含两层含义：一是指职业内部的操作规范性要求，二是指职业道德的规范性。不同的职业在其劳动过程中都有一定的操作规范性，这是保证职业活动的专业性要求。当不同职业在对外展现其服务时，还存在一个伦理范畴的规范性，即职业道德。这些构成了职业规范的内涵与外延。

（3）职业的功利性。职业的功利性也叫职业的经济性，是指职业作为人们赖以谋生的劳动过程，具有逐利性的一面。职业活动既满足劳动者自己的需要，同时，也满足社会的需要，只有把职业的个人功利性与社会功利性相结合，职业活动及劳动者职业生涯才具有生命力和意义。

（4）职业的技术性和时代性。职业的技术性指不同的职业具有不同的技术要求。职业的时代性指由于科学技术的变化、人们生活方式等因素的变化，导致职业打上时代的烙印。

#### 4. 我国职业的划分

社会分工是职业分类的依据。在分工体系的每个环节上，劳动对象、劳动工具以及劳动的支出形式都各有特殊性，这种特殊性决定了各种职业之间的区别。各国国情不同，其划分职业的标准也有所区别。根据我国不同部门公布的标准分类，我国职业分类主要有两种类型。

第一种：《职业分类与代码》（GB/T 6565—2015）。这项标准依据从业人员所从事工作性质的相似性进行分类，将全国范围内的职业划分为大类、中类、小类三层。其中8个大类的排列顺序是：第一大类，党的机关、国家机关、群众团体和社会组织、企事业单位负责人；第二大类，专业技术人员；第三大类，办事人员和有关人员；第四大类，社会生产服务和生活服务人员；第五大类，农、林、牧、渔业生产及辅助人员；第六大类，生产制造及有关人员；第七大类，军人；第八大类，不便分类的其他从业人员。

第二种：《国民经济行业分类》（GB/T 4754—2017）。这项标准主要按企业、事业单位、机关团体和个体从业人员所从事的生产或其他社会经济活动的性质的同一性分类，即按其所属行业分类，将国民经济行业划分为门类、大类、中类、小类四级。

## 二、职业生涯的内涵

职业生涯具有人生经历、生活道路、专业、事业等含义。

#### 1. 职业生涯的含义

职业生涯就是一个人的职业经历，它是指一个人一生中所有与职业相联系的行为与活动，以及相关的态度、价值观、愿望等连续性经历的过程，也是一个人一生中职业、职位的变迁，及工作、理想的实现过程。简而言之，职业生涯是指个体职业发展的历程，一般是指一个人终生经历的所有职业发展的整个历程。职业生涯是指一个人依据理想的长期目标，所形成的一系列工作选择以及相关的教育和训练活动，是有计划的职业发展历程。职业生涯也是个人职业、社会与人际关系的总称，即个人终身发展的历程。

职业生涯是一个动态的过程，它并不是指在职业上的成功，每个工作着的人都有自己的职业生涯。职业生涯是贯穿人一生的漫长过程。科学地将其划分为不同的阶段，明确每个阶段的特征和任务，做好规划，对更好地从事自己的职业、实现人生目标有重要作用。

#### 2. 对职业生涯的理解

职业生涯表示一个人一生在各种职业岗位上的经历。职业生涯受各方面因素的影响。影响个人职业生涯发展的因素包括进取心、责任心、自信心、自我表现认识、自我表现调节、情绪稳定性、社会敏感性、社会接纳性、社会影响力等。

中国儒教圣人孔子曾说："吾十有五而志于学，三十而立，四十而不惑，五十而知天命，六十而耳顺，七十而从心所欲，不逾矩。"这段话正是他的职业生涯和他的人生成长过程的精辟写照。

### 三、职业生涯规划

#### 1. 职业生涯规划的含义

职业生涯规划，是指将个人发展与组织发展相结合，对决定一个人职业生涯的主观、客观因素进行测定、分析和总结，确定一个人的事业奋斗目标，并选择实现这一事业目标的职业，编制相应的工作、教育和培训的行动计划，对每个步骤的时间、顺序和方向做出合理的安排。也可以理解为通过个人和组织相结合，对个人职业生涯的主观、客观条件进行测定、分析和总结，尤其是在对自己的兴趣、个性、能力、价值观、特长、经历以及存在的不足等方面进行综合分析的基础上，确定最佳的职业奋斗目标，并为实现这一目标做出有效的安排。

#### 2. 职业生涯规划的期限

（1）短期规划，为五年以内的规划，主要是确定当下的职业目标和需要完成的任务。

（2）中期规划，一般为五年至十年的目标与任务规划。

（3）长期规划，规划时间是十年以上，主要设定较长远的目标。

#### 3. 职业生涯规划的特性

（1）可行性。职业生涯规划要有事实依据，不要凭空想象，否则会错失良机。

（2）适时性。职业生涯规划是预测未来的行动，确定将来的目标，因此何时实施、何时完成，都应有时序上的妥善安排，以作为检查行动的依据。

（3）适应性。规划未来的职业生涯目标，会涉及多种可变因素，因此规划应有弹性，以增强其适应性。

（4）连续性。人生每个发展阶段都应体现连续性。

#### 4. 职业生涯规划必须考虑的因素

（1）个人自身的因素。

（2）所在组织提供的发展条件。

（3）社会环境给予的支持和制约因素。

#### 5. 职业生涯规划的作用

（1）确认人生的方向，制定奋斗的策略。

（2）塑造并突破自我。

（3）准确评价个人特点。

（4）评估个人目标和现状的差距。

（5）准确定位职业方向。

（6）重新认识自身的价值并使其增值。

（7）发现新的职业机遇。

（8）增强职业竞争力。

 案例分析

### 砌墙工人的命运

三个工人在砌一堵墙。有人过来问："你们在干什么？"第一个人没好气地说："没看见吗？砌墙。"第二个人抬头笑了笑，说："我们在盖一幢高楼。"第三个人边干边哼着歌曲，他的笑容很灿烂："我们正在建设一座新城市。"

十年后，第一个人在另一个工地上砌墙；第二个人坐在办公室中画图纸，他成了工程师；第三个人呢成了前两个人的老板。

### 四、职业生涯规划系统

在职业生涯规划系统中，要处理好自我与职业、组织与职业、环境与职业的关系，这样才能制定切合实际的职业生涯规划。

**1. 自我与职业**

自我也称自我意识或自我概念，主要是指个体对自己存在状态的认知，是个体对其社会角色进行自我评价的结果。在我们的经验中，觉察到自己的一切而区别于周围其他的物与其他的人，这就是自我，就是自我意识。这里所说自己的一切指我们的躯体，我们的生理与心理活动。

（1）弗洛伊德的人格结构。精神分析学派的创始人弗洛伊德在他的心理学中阐述了他的自我概念。弗洛伊德认为，人格由"本我""自我""超我"组成。

①"本我"即原我，指原始的自己。"本我"来自人的本能，在社会生活中表现出追求个人欲望的满足和个人利益实现的特征。"本我"是人的生物性本能，只知快乐，活动盲目。

②"自我"是人的理性部分，往往处于"超我"的道德追求与"本我"的利益追求之间，按照现实原则协调矛盾，尽可能地寻找权宜之计，是个体最终行为表现的决策者，时而管理"本我"，时而服从"超我"。只有"自我"知道活动的目的和方向。

③"超我"来自社会文化，是个体在成长经历中已经内化为自身价值观念的种种信念，其中以道德、信仰为主要内容，"超我"是人内化了的社会道德原则。这些社会文化与道德信念对个体的要求，往往以牺牲个人、服从整体为主，甚至要求个体行为完全道德化，因而与"本我"相对立。"超我"是人格结构中代表理想的部分。

（2）费茨的"自我"概念维度。①生理自我，指一个人对自己的身体、健康状况、外貌、动作技能等方面的感受；②道德伦理自我，指一个人的道德价值、人生观；③心理自我，指一个人对个人价值与能力的评价；④家庭自我，指一个人对于自己成

长的感受与作为家庭一份子的价值感与胜任感；⑤社会自我，指一个人在与他人交往中对自己的能力、价值的一种看法。

**2. 组织与职业**

大学生刚刚进入职场，一定要了解学校与职场、个体与组织的不同，这样才能制定既符合组织要求，又满足个人发展的职业生涯规划。

（1）学校与职场的不同。表现为目标的不同；压力的不同；人际关系的不同；考核的不同；思维的不同。

（2）个体与组织的不同。表现为任何一个组织都是由个体构成的；组织具有个体之外的特质；个体可以同时跨越多个组织；个体的职业生涯可能涉及多个组织。

**3. 环境与职业**

（1）每个人都是环境中的一员，很难去改变环境。

（2）社会环境的变化体现在不同行业的变迁。

（3）要学会适应环境。

## 五、职业生涯规划理论

### 1. 帕森斯的特质因素理论

帕森斯的特质因素理论又称帕森斯的人职匹配理论，1909 年美国波士顿大学教授弗兰克·帕森斯在其《选择一个职业》著作中提出：人与职业相匹配是职业选择的焦点。他认为，每个人都有自己独特的人格模式，每种人格模式的个人都有其适应的职业类型。所谓特质，就是指个人的人格特征，包括能力倾向、兴趣、价值观和人格等，这些都可以通过心理测量工具加以测评。所谓因素，则是指在工作上要取得成功必须具备的条件或资格，因素可以通过对工作的分析而了解。帕森斯提出了职业选择的三大因素。

（1）自我了解。

（2）获得相关职业的知识。

（3）整合有关自我与职业世界的知识。

### 2. 弗鲁姆的择业动机理论

著名心理学家弗鲁姆通过对个体择业行为的研究发现，个体行为动机的强度取决于效价和期望值，动机强度与效价及期望值成正比，1964 年在《工作和激励》一书中，他提出了解释员工行为激发程度的期望理论。期望理论的公式为

$$M = V \cdot E$$

式中，员工个体行为动机的强度（$M$）取决于效价（$V$）和期望值（$E$）。效价越大、期望值越高，员工行为动机越强烈，就是说为达到一定目标，他将付出极大努力。如果效价为零乃至负值，表明目标实现对个人毫无意义。在这种情况下，目标实现的可能性再大，个人也不会产生追逐目标的动机，不会为此付出任何的努力。如果目标

实现的概率为零，那么无论目标实现意义多么重大，个人同样不会产生追求目标的动机。弗鲁姆提出个人进行职业选择可分两步。

（1）确定择业动机（择业动机＝职业效价×职业概率）。

（2）比较择业动机，确定选择的职业。

### 3. 舒伯的生涯彩虹理论

从1957年到1990年，著名职业生涯规划大师舒伯拓宽和修改了他的终身职业生涯发展理论，这期间他最主要的贡献是"生涯彩虹图"。1976年到1979年，舒伯在英国进行了为期四年的跨文化研究，提出了一个更为广阔的新观念——生活广度、生活空间的生涯发展观，舒伯加入了角色理论，并将生涯发展阶段与角色彼此间交互影响的状况，描绘成一个多重角色生涯发展的综合图形。这个生活广度、生活空间的生涯发展图形，舒伯将它命名为生涯彩虹图，形象地展现了生涯发展的时空关系，更好地诠释了生涯的定义。舒伯提出了职业生涯发展五阶段论。

（1）成长阶段（0～14岁）。该阶段孩童开始发展自我概念，开始以各种不同的方式来表达自己的需要，且经过对现实世界的不断尝试，修饰自己的角色。

这个阶段的发展任务是，发展自我形象，发展对工作世界的正确态度，并了解工作的意义。这个阶段共包括三个时期：一是幻想期（4～10岁），它以"需要"为主要考虑因素，在这个时期幻想中的角色扮演很重要；二是兴趣期（11～12岁），它以"喜好"为主要考虑因素，喜好是个体抱负与活动的主要决定因素；三是能力期（13～14岁），它以"能力"为主要考虑因素，能力逐渐具有重要作用。

（2）探索阶段（15～24岁）。该阶段的青少年，通过学校的活动、社团休闲活动、打零工等机会，对自我能力及角色、职业做了一番探索，因此选择职业时有较大弹性。

这个阶段的发展任务是，使职业偏好逐渐具体化、特定化并实现职业偏好。这个阶段共包括三个时期：一是试探期（15～17岁），考虑需要、兴趣、能力及机会，做暂时的决定，并在幻想、讨论、课业及工作中加以尝试；二是过渡期（18～21岁），进入就业市场或专业训练，更重视现实，并力图实现自我观念，将一般性的选择转化为特定的选择；三是试验并稍做承诺期（22～24岁），生涯初步确定并试验成为长期职业生活的可能性，若不适合则可能再经历上述各时期以确定方向。

（3）建立阶段（25～44岁）。该阶段能确定在整个职业生涯中属于自己的"位子"，并在31～40岁开始考虑如何保住这个"位子"，并固定下来。

这个阶段的发展任务是统整、稳固并求上进。这个阶段又可细分为两个时期：一是试验承诺稳定期（25～30岁），个体寻求安定，也可能因生活或工作上的若干变动而感到不满意；二是建立期（31～44岁），个体致力于工作上的稳固，大部分人处于最具创意时期，由于资深，往往业绩优良。

（4）维持阶段（45～64岁）。个体仍希望继续维持属于他的工作"位子"，同时会面对新人的挑战。

这一阶段发展的任务是维持既有成就与地位。

（5）衰退阶段（65 岁以后）。由于生理及心理机能日渐衰退，个体不得不面对现实，从积极参与到隐退。这一阶段往往注重发展新的角色，寻求不同方式以替代和满足需求。

在上述舒伯的生涯发展阶段中，每个阶段都有一些特定的发展任务需要完成，每个阶段都需要达到一定的发展水准或成就水准，而且前一阶段的任务发展情况直接影响后一阶段的发展。在后来的研究中，舒伯对发展任务的看法又向前跨了一步。他认为在人的生涯发展中，各个阶段同样要面对成长、探索、建立、维持和衰退的问题，因而形成"成长—探索—建立—维持—衰退"的循环。

举例来说，一个大一的新生，必须适应新的角色与学习环境，经过"成长"和"探索"。一旦"建立"了较固定的适应模式，同时"维持"了大学学习生活之后，又要开始面对另一个阶段——准备求职。原来已经适应了的习惯会逐渐衰退，继而对新阶段的任务又要进行"成长""探索""建立""维持"直至"衰退"。

**4. 格林豪斯的职业生涯发展阶段理论**

美国心理学博士格林豪斯的研究侧重于不同年龄段职业生涯所面临的主要任务，并以此为依据将职业生涯划分为五个阶段：职业准备阶段、进入组织阶段、职业生涯初期、职业生涯中期和职业生涯后期，由此形成他的职业生涯发展理论。

（1）职业准备阶段（0~18 岁）。主要任务是发展职业想象力，对职业进行评估和选择，接受必需的职业教育。

（2）进入组织阶段（18~25 岁）。主要任务是在一个理想的组织中获得一份工作，在获取足量信息的基础上，尽量选择一个合适的、较为满意的职业。

（3）职业生涯初期（25~40 岁）。主要任务是学习职业技术，提高工作能力；了解和学习组织纪律和规范，逐步适应职业工作，适应和融入组织；为未来的职业成功做好准备。

（4）职业生涯中期（40~55 岁）。主要任务是对早期职业生涯重新评估，强化或改变自己的职业理想；选定职业，努力工作，有所成就。

（5）职业生涯后期（55 岁以后）。主要任务是继续保持已有的职业成就，维护尊严，准备引退。

## 六、职业生涯规划的方法与步骤

### 1. 职业生涯规划类型与分析

（1）实际型。实际型的人具有运动或机械活动倾向，喜欢需要动手使用工具或机器来完成任务的工作，且任务的要求明确、具体，需要立即行动和获得强化；对人际关系的要求较低；喜欢户外的活动。这种类型的人适合从事电机、电子工程师、建造师等工作。

（2）调研型。调研型的人思维有逻辑性、系统性，懂技术并喜欢科学地解决抽象问题，具备思考和创造能力；社交要求不高；能使用实验室设备但不需要强体力劳动。这种类型的人适合承任化学技术工程师、营养师、玻璃工艺师、修理师、记者等。

（3）艺术型。艺术型的人具有敏感、情感化、直觉和想象倾向，注重美感，喜欢通过各种媒体表达自己的想法，具有持续的创造动机；倾向于通过语言、动作、色彩和形体表达审美感知；喜好单独工作；对友谊有特殊标准；能长时间埋头苦干。这种类型的人适合选择艺术家、厨师、橱窗设计师、都市规划师等职业。

（4）社会型。社会型的人具有理想化、乐于助人、善解人意和乐于支持的倾向，喜欢教课、做培训，致力于提高他人的生活质量；喜欢解释和修正他人行为；要求具有高水平的沟通技能；强调威望的树立。这种类型的人适合选择销售人员、拍卖师等工作。

（5）企业型。企业型的人具有雄心、鼓动、活力的倾向，喜欢竞争性和有影响力的活动，有实现组织目标或经济目的的强烈动机；有说服他人的能力；需要具备管理能力；能完成督察性角色；需要做言语反应。这种类型的人适合从事教师、护士、保姆、导游等工作。

（6）常规型。常规型的人具有规则、效率、尽职、坚持、系统的倾向，喜欢已经界定好的数字任务，坚持按照程序和步骤进行活动；行为方式具有系统性、常规性；人际技能要求低；严格按规章制度办事。这种类型的人适合选择银行柜员、数据分析师、程序员等工作。

**2. 职业生涯规划制定的具体方法**

许多职业咨询机构和心理学专家进行职业咨询和职业规划时常常采用的一种方法就是有关五个"W"的思考模式。从问自己是谁开始，共有五个问题。

①你是谁？（Who are you?）②你想干什么？（What do you want?）③你能干什么？（What can you do?）④有什么支持你？（What supports you?）⑤最终的职业目标是什么？（What can you be in the end?）回答这五个问题，找到它们的最大共同点，你就有了自己的职业生涯规划。

第一个问题"你是谁？"应该对自己进行一次深刻的反思，有比较清醒的认识，把优点和缺点一一列出来。

第二个问题"你想干什么？"是对自己职业发展的心理趋向的检查。个人在不同阶段的兴趣和目标并不完全一致，有时甚至是完全对立的。但随着年龄和经历的增长而逐渐固定下来，并最终锁定自己的终身理想。

第三个问题"你能干什么？"这是对自己能力与潜力的全面总结，一个人职业的定位最根本还要归结于他的能力，而职业发展空间的大小则取决于他的潜力。对于一个人潜力的了解应该从几个方面着手，如对事物的兴趣、做事的韧性、判断力，以及知识结构是否全面、是否及时更新等。

第四个问题"有什么支持你？"这种支持在客观方面包括当地的经济发展、人事政策、企业制度、职业空间等；主观方面包括同事关系、领导态度等。两方面的因素应该综合起来看。我们在职业选择时常常忽视主观方面的因素，没有将一切有利于自己发展的因素调动起来，从而影响了自己的职业切入点。而在国外，通过同事、熟人的引荐工作是很常见的。当然我们应该知道这和一些不正常的"走后门"等不提倡的方式有着本质的区别，区别就是这里的支持是建立在自己的能力之上的。

第五个问题"最终的职业目标是什么？"明晰了前面四个问题，就能从各个问题中找到对实现职业目标有利和不利的条件，列出不利条件最少的、自己有意愿且能够达到的职业目标，这样就有了一个清楚明了的框架。最后，将自我职业生涯计划列出来，建立个人发展计划书档案，通过系统的学习、培训，实现就业目标：选择一个什么样的单位，预测自己在单位内的职位晋升之路，个人的职位如何从低到高逐级而上。例如，从技术员做起，在此基础上努力熟悉业务、提高能力，最终达到技术工程师的目标；预测工作范围的变化情况，思考不同工作对自己的要求及应对措施；预测可能出现的竞争，思考如何应对，分析提高自己的可靠途径；思考如果发展过程中出现偏差，工作不适应或被解聘，如何改变职业方向。

### 3. 职业生涯规划制定的基本步骤

每个人都渴望成功，但并非都能如愿。了解自己、有坚定的奋斗目标，并按照情况的变化及时调整自己的计划，才有可能成功。这就需要进行职业生涯的自我规划。职业生涯规划的基本步骤如下。

（1）自我评估。自我评估包括对自己的兴趣、特长、性格的了解，也包括对自己的学识、技能、智商、情商的测试，以及对自己思维方式、道德水准的评价等。自我评估的目的，是认识自己、了解自己，从而对自己所适合的职业做出合理的抉择。

（2）职业生涯机会的评估。职业生涯机会的评估，主要是评估周边各种环境因素对自己职业生涯发展的影响。在制定个人的职业生涯规划时，要充分了解所处环境的特点、掌握职业环境的发展变化情况、明确自己在这个环境中的地位以及环境对自己提出的要求等。只有对环境因素充分了解和把握，才能做到在复杂的环境中趋利避害，职业生涯规划才具有实际意义。环境因素评估主要包括组织环境评估、政治环境评估、社会环境评估、经济环境评估。

（3）确定职业生涯发展目标。俗话说，志不立，天下无可成之事。立志是人生的开始，反映一个人的理想、胸怀、情趣和价值观。在准确地对自己和环境做出评估之后，我们可以确定适合自己、有实现可能的职业生涯发展目标。在确定职业生涯发展的目标时要注意自身性格、兴趣、特长与选定职业的匹配度，更重要的是考察自己所处的内外环境与职业目标是否适应，不能妄自菲薄，也不能好高骛远。合理、可行的职业生涯目标的确立决定了职业发展的行为和结果，是制定职业生涯规划的关键。

（4）选择职业生涯发展路线。在职业生涯发展目标确定后，向哪个方向发展，是走技术路线，还是走管理路线，是先走技术路线，还是先走管理路线，此时要做出选择。由于发展路线不同，对职业发展的要求也不同。因此，在职业生涯规划中，必须对发展路线做出抉择，以便及时调整自己的学习、工作，并采取各种行动措施，使之沿着预定的方向前进。

（5）制订职业生涯行动计划。在确定了职业生涯发展目标并选定职业生涯发展的路线后，行动便成了关键。这里的行动，是指落实目标的具体措施，主要包括工作、培训、教育、轮岗等方面的措施。对应自己的行动计划可将职业目标进行分解，即分解为短期目标、中期目标和长期目标，分解后的目标有利于跟踪检查，同时可以根据环境变化调整行动计划，并针对具体目标采取有效措施。职业生涯行动计划主要是为达成既定目标，在提高工作效率、知识水平、操作技能、潜能开发等方面进行规划。行动计划要有相应的措施，要层层分解、具体落实，细致的计划与有效的措施便于进行定时检查和及时调整。

（6）评估与回馈。影响职业生涯规划的因素有很多，有的变化因素是可以预测的，而有的变化因素难以预测。在此状态下，要使职业生涯规划行之有效，就必须不断地对职业生涯规划执行情况进行评估。首先，要对年度目标的执行情况进行总结，确定哪些目标已按计划完成，哪些目标未完成。然后，对未完成目标进行分析，找出未完成原因及发展障碍，制定相应对策。最后，依据评估结果对下一年的计划进行修订与完善。如果有必要，也可考虑对职业目标和路线进行修正，但一定要谨慎。

**4. 职业生涯规划书的撰写**

职业生涯规划书主要包括以下几个部分。

（1）前言。

（2）自我分析：气质、性格、兴趣、价值观、能力等。

（3）就业方向及前景分析。

（4）职业分析：职业选择、自身 SWOT 分析、职业要求、存在差距等。

（5）行动计划。

（6）结语。

# 第四节　考研、考公和考教

## 一、考研

研究生是高等教育的最高学历，本科毕业后可以考研继续读硕士研究生，硕士研究生毕业后可以继续攻读博士研究生。硕士研究生毕业可获得硕士学位，博士研究生毕业可获得博士学位。习惯上将硕士生称为"研究生"，将博士生称为"博士生"。考取硕士研究生一般需要考外语、政治、综合科目（根据报考专业不同而不同）和专业课。而考博士研究生不需要考政治。

### （一）考研的目的和意义

（1）通过考研可进入名校或更换喜欢的专业，通过进一步学习实现自己的梦想。

（2）当前就业压力大，通过考研提高自己的学历，从而提升就业竞争力。

### （二）物流专业考研方向分析

#### 1. 管理科学与工程

（1）专业介绍。管理科学与工程是综合运用系统科学、管理科学、数学、经济和行为科学及工程方法，结合信息技术研究，解决社会、经济、工程等方面的管理问题的一门学科。这一学科是我国管理学门类中唯一按一级学科招生的学科，覆盖面广，包含资源优化管理、公共工程组织与管理、不确定性决策研究和项目管理等众多研究领域，是国内外研究的热点。

管理科学与工程学科下设管理信息系统、工程管理、项目管理、管理科学、工业工程、物流供应链管理、物流工程等专业方向。该学科是管理理论与实践紧密结合的学科，侧重于研究同现代生产、经营、科技、经济、社会等发展相适应的管理理论、方法和工具，该学科培养学生具有扎实、系统的管理理论基础，以及合理的知识结构，能正确应用系统分析方法及相应的工程技术方法解决管理方面的有关理论与实际问题。学生在完成两年的基础课和管理类必修课学习后，根据社会需求和个人志愿可在信息管理与信息系统、工程管理等专业方向选择专业，进行专业知识学习。

（2）研究方向。研究方向包括资源优化、决策科学、项目管理、公共工程，以上四个研究方向是二级学科，同时，该学科还有以下研究方向：系统分析与决策、宏观经济管理、技术经济与管理、投资经济分析、金融工程理论与应用、区域发展管理、区域经济与发展战略、交通运输管理、交通运输项目评价、产业组织理论与应用、不确定性分析、中国经济实证分析、管理信息系统与决策支持系统、工业工程。

（3）从业领域。主要在国家各级行政管理部门、国内外大中型工商企业、外资企业、跨国公司、三资企业等从事决策咨询、商务运作及管理工作，或在高等院校、科研机构从事相关专业的教学与科研工作。

#### 2. 物流工程

（1）专业介绍。此专业为专业硕士。专业硕士主要面向经济社会产业部门，培养各行各业特定职业的专业人才，重在知识、技术的应用能力。

物流工程是以物流系统为研究对象，研究物流系统的规划设计与资源优化配置、物流运作过程的计划与控制以及经营管理的工程领域。随着我国加入WTO和世界经济一体化的发展，以新型流通方式为代表的连锁经营、物流配送、电子商务等发展迅速，各大企业对物流人才的需求急剧上升，物流业作为第三利润源已经成为经济发展新的增长点。但是现代物流专业技术与高级管理人才的匮乏，严重制约着我国物流业的发展。上海市颁布的人才开发专业目录中，现代物流人才已被列为十二类紧缺人才之一。物流人才的匮乏是制约物流进一步发展的瓶颈。上述状况，既对广大管理者提出了挑战，同时也为学生提供了更多更好的发展机遇，有志于从事物流管理的同学，必须加快学习步伐，及时补充现代物流知识，只有这样，才能把握机遇，在日益激烈的竞争中立于不败之地。

（2）培养目标。本领域培养应用型、复合型的物流技术和物流管理高级人才。学位获得者应具有物流工程领域坚实的基础理论和广博的专业知识，掌握物流设施应用、系统规划设计与评价以及物流管理的先进技术与方法，并具有独立担负物流技术和运作管理工作的能力。具体地，本领域主要培养以下三个方面的物流工程高级人才。

①服务于政府行政管理部门，从事现代物流产业发展规划、城市或地区的物流基础设施规划（公共物流节点、货运通道规划）、城市或地区物流信息平台规划、物流产业发展政策规划等工作。

②服务于物流企业，从事物流企业发展战略规划、物流企业的经营与管理、物流系统的规划设计、物流解决方案设计、物流项目管理、运输战略规划、库存战略规划、国际物流管理等工作。

③服务于生产企业或其他企业，从事采购与供应的物流战略规划、企业物流的管理、企业物流规划设计与布局，以及供应链的规划、组织和控制等工作。

（3）研究方向。研究方向为港口与区域物流规划与管理、物流与供应链管理、物流系统运作管理、物流信息管理、现代工业工程、物流设备、生产物流系统管理与优化、物流与供应链金融、物流园区规划管理与设计、国际物流管理。

**3. 企业管理**

（1）专业介绍。企业管理是工商管理下设的一个二级学科。此专业主要研究内容包括企业战略管理、供应链与物流管理、质量管理、标准化管理、管理信息系统、企业跨国经营、公司治理结构、中国企业管理模式、企业形象力、创新的组织行为学理论与领导策略、组织变革、企业文化、传统管理思想、战略性人力资源管理、知识管理、组织理论等。改革开放以来，企业逐步成为市场的主体，企业管理更加得到重视和加强，企业管理学科也随之有了较快发展，逐步成为工商管理学的核心学科。

（2）培养目标。企业管理专业培养具有良好的政治思想和道德素质，掌握管理学基础理论，具备较高的企业管理理论水平、比较全面的专业素养、较强的科学研究能力，适应社会主义市场经济需要的高层次企业管理人才。

（3）研究方向。企业管理专业的研究方向比较宽泛，主要是以下几个方面。

①现代企业理论与职业经理人研究。以现代产权经济学为基础，从事基础理论与应用研究。研究领域为现代企业制度，公司治理结构，职业经理人的形成与发展机制、

激励与约束机制，企业内部的组织管理机制等。

②金融与财务管理。以企业与社会环境、自然环境协调发展为导向，整合多学科资源，从事基础理论与应用研究。研究领域为利益相关者理论与公司财务、财务战略、财务治理、财务管理信息系统开发、人力资产与无形资产评估、金融工程等。

③企业资源经济与战略管理。以企业资源为对象，以战略决策为手段，整合多学科资源从事基础理论与应用研究。研究领域为企业资源规划与决策、企业与社会环境的关系、战略分析与决策等。

④企业资本经营管理。以资本市场为平台，以企业资本运作为对象，从事基础理论与应用研究。研究领域为资本市场、投资银行业务，以及企业并购等各种资本运作方式。

（4）就业前景。企业管理作为一个热门专业，其就业前景很好。许多院校在企业管理专业的课程设置上都注重宽口径、厚基础，加大了能力培养，所以此专业的就业面很广。

本专业研究生毕业后很受社会欢迎，就业形势乐观。毕业生就业去向主要是国内知名大学及科研机构、政府经济管理部门、各类工商企业、银行与证券公司、会计师事务所等中介机构，并有众多优秀学子在学习期间和毕业后赴海外深造。

### 4. 工商管理

（1）专业介绍。工商管理是经济学领域的专业，工商管理硕士专业学位英文名称为"Master of Business Administration"即 MBA，是源于欧美国家的一种专门培养中高级职业经理人的专业硕士学位。工商管理是市场经济的产物，培养的是高素质的管理人员、职业经理人和创业者。目前我国共计两百多所院校开设 MBA 专业，是近年的热门专业之一。

（2）报考条件和要求。工商管理专业的报考条件较其他专业有特殊的要求，具体如下。

①大学本科毕业后有三年或三年以上工作经验的人员。

②获得国家承认的高职高专学历后，有五年或五年以上工作经验，达到与大学本科毕业生同等学力的人员。

③已获硕士学位或博士学位并有两年或两年以上工作经验的人员。

（3）培养目标。此专业的硕士毕业生应具有以下几个方面的能力。

①德、智、体全面发展。

②在工商管理领域具有较宽广的知识面。

③具有合理的知识结构以及较高的企业管理、经营决策素质。

④熟悉我国工商管理的实际，能运用所学的知识从事各项管理工作。

（4）就业方向。近年来，随着经济社会的发展，越来越多的职场人士选择攻读 MBA，作为事业成长的转折点。MBA 是一门非应届毕业生可报考的专业，一般都是在职攻读，所以毕业拿到学位之后不用担心就业问题。之后一般会朝着职业经理、咨询师和创业的方向发展。

## 二、考公

在《中华人民共和国公务员法》（2018 年修订）中，公务员是指依法履行公职、纳入国家行政编制、由国家财政负担工资福利的工作人员。公务员是干部队伍的重要组成部分，是社会主义事业的中坚力量，是人民的公仆。

### 1. 公务员考试基本介绍

公务员考试分为国考和省考，省考包含联考省份和单独招考省份，联考省份的考试时间在同一天，但在考试命题上分为统一命题和自主命题省份。

国考和省考考察方向一致，其中国考具有很强的指导作用，是省考的风向标，所以教材上可以通用，考试内容差别很小。

国考和省考的区别首先是考录机关不同。国考由中央部门组织，招录机构包括中央部委和分布于各地的直属机构，面向全国举行，职位一般没有地域限制。省考是由各省相关部门组织的公务员招录考试，为省、市、县、乡四级机关招录公务员，一般都会有户籍所在地的地域限制条件。

### 2. 公务员考试科目

公务员考试分笔试和面试部分，笔试科目为《行政职业能力测验》和《申论》。面试一般按笔试成绩排名，以最终录取名额的三倍人数（3∶1）进行面试。

（1）《行政职业能力测验》。考试时间为 2 小时，以客观题的形式考查，均为单项选择题。从试卷总题量上看，省级（副省级）为 135 道题，地市级为 130 道题。题型分为常识判断、言语理解与表达、数量关系、判断推理、资料分析五大部分。

①常识判断考查 20 道题，涉及范围广泛，内容丰富，可以归纳为三大类：自然科学、社会科学、时事热点。自然科学包括物理、化学、生物、天文、地理、科学技术等方面的内容；社会科学包括政治、经济、法律、历史、文化等方面的知识；时事热点就是要求考生对考试当年的整体国情、社情有一定的了解，尤其要关注重大的热点事件，如国家重要会议的召开、新出台的政策或法规、重大事件的发生等。其中省级（副省级）和地市级试卷有 5 道题不相同。

②言语理解与表达考查 40 道题，主要题型有逻辑填空、片段阅读、语句排序，其中考查的重点是逻辑填空和片段阅读，语句排序题量较少，一般在 2～3 道。逻辑填空侧重对词语的理解，有一词填空、两词填空和三词填空；片段阅读情况较为复杂，重视对文段材料的整体把握，重点考查类型有中心主旨概括类、意图推断类、细节理解类、下文推断类、语句衔接类等。省级（副省级）和地市级试卷在此部分试题完全相同。

③数量关系部分，省级（副省级）试卷考查 15 道试题，地市级为 10 道，除了省

级（副省级）多出的5道题，其余10道题两类试卷均相同。数量关系包括数字推理和数学运算，如基础运算问题、计数问题、行程问题、几何问题、时间问题、工程问题、浓度问题、利润问题等。

④推理判断考查40道题，主要题型包括图形推理、定义判断、类比推理、逻辑判断，每类题型各10道题。其中涉及对图形、词语概念的辨别、归类，对段落文字的理解以及对所呈现关系的比较、推理等。省级（副省级）和地市级试卷在此部分试题完全相同。

⑤资料分析考查4篇资料分析，共20道题。资料分析会考查文字型、表格型、图形型和综合型四类，通常由统计性的图表、数字及文字材料构成。省级（副省级）和地市级试卷在此部分一般有1篇资料不相同，也就是有5道题有所差异。

（2）《申论》。考试时间3小时，《申论》考题是文科类型的主观题，主要内容如下。

①归纳概括题。根据题干要求，客观准确地提炼出材料中的信息，主要考查对材料的阅读理解和归纳概括能力。

②综合分析题。题目要求对材料中某一观点或问题做出综合分析和评价，问法灵活多样，需要从多个角度进行思考分析，答题方向一般为问题的本质、影响与应对方法。

③提出对策题。该题型主要考察提出和解决问题的能力，要求考生能够发现材料中的问题，并能够提炼出相应问题的解决对策，以原字原词为主，总结概括为辅。

④应用文写作。考生要按题干要求写出一份相应类型的公文。主要考查考生贯彻执行能力、提出与解决问题的能力等。

⑤大作文写作。考生要按题干要求，写一篇800～1000字的文章。

## 三、考教

教师资格是国家对专门从事教育教学工作人员的基本要求，是公民获得教师职位、从事教师工作的前提条件。教师资格制度是国家实行的教师职业许可制度。《中华人民共和国教育法》和《中华人民共和国教师法》明确规定，凡在各级各类学校和其他教育机构中从事教育教学工作的教师，必须具备相应教师资格，没有相应教师资格的人员不能聘为教师。教师资格法定凭证为《教师资格认定申请表》和《中华人民共和国教师资格证书》，在全国范围内适用。

### （一）教师资格认定考试介绍

教师资格认定考试是各省教育厅为保证师资质量，在教育系统逐步实行教师准入制度的要求所设置的一项考试。面向对象是非师范类的大中专毕业生。

教师资格制度是国家对教师实行的一种法定的职业许可制度，教师资格是国家对准备进入教师队伍，从事教育教学工作的人员的基本要求。教师资格制度规定了从事教师职业必须具备的基本条件。国家实行教师资格制度后，只有具备教师资格（持有国家颁发的教师资格证书）的人，才能被聘任为教师。教师资格作为一种法定的国家资格，一经取得，即在全国范围内不受地域、时间限制，具有普遍适用的效力，非依法律规定不得随意撤销。取得教师资格可在本级及以下等级学校和机构任教。

## （二）报考条件

### 1. 思想品德条件

遵守宪法和法律，热爱教育事业，履行《中华人民共和国教师法》规定的义务，遵守教师职业道德，并经申请人员单位或户籍所在地乡（镇）、街道办事处思想品德鉴定合格。应届毕业生由所在学校进行思想品德鉴定。

### 2. 学历条件

在校生（大二、大三、应届毕业生）凭学生证或相关证明均可报名参加考试。

### 3. 教育教学能力

（1）具备承担教育教学工作所必需的基本素质和能力。非师范教育类专业毕业的人员需参加教育学、心理学补修、测试和教育教学能力测评，并取得合格成绩。

（2）普通话水平应当达到国家语言文字工作委员会颁布的《普通话水平测试等级标准》二级乙等以上标准，并取得相应等次《普通话水平测试等级证书》。

（3）具有良好的身体素质和心理素质，无传染性疾病，无精神病史，适应教育教学工作的需要，经教师资格认定机构组织在县级以上医院体检合格。

## （三）考试内容

主要考试科目为教育学、教育心理学，部分地区还考查教育法律法规和教师职业道德等科目。

考试分中学（含中等职业学校）、小学和幼儿园 3 个级别。申请认定中等职业学校教师资格，中等职业学校实习指导教师资格，高级中学、初级中学教师资格的人员参加中学层次考试；申请认定小学教师资格的人员参加小学层次考试；申请认定幼儿园教师资格的人员参加幼儿园层次考试。

**实践课程**

撰写职业生涯规划书

完成时间：一周。

作业形式：交 A4 纸打印稿、电子稿各一份。

字数要求：3000 字以上。

# 第七章　创业管理

## 引例

### 物流公司创业计划书

### 一、背景

21 世纪，谁掌握了物流，就等于掌握了市场的主动权。

我国近年来物流业发展迅速，涌现了一些著名的、有实力的物流公司，如中铁快运、中远集团、中外运集团和中储粮集团等。著名企业海尔集团已经进入物流行业。专业化的第三方物流公司发展迅速，物流配送社会化、专业化日益明显。

沿海大城市的区域性物流格局正在形成，北京、深圳、广州、上海等地区都在勾画区域性物流圈。深圳市规划建设了以国际物流为导向的六大物流园区。广州市规划建设四大物流中心。上海市把物流作为产业替代、结构升级的新兴产业，建设集国际、区域和市域三个层面的综合物流节点。北京市把物流业发展作为提升北京经济辐射聚集能力的重点战略。

我们将目标选定在一个有开发潜力的市场——××地区，选择一个有良好的基础设施的城市——××市，依靠当地的优惠政策，一切从零开始，凭借我们的能力，依靠我们的技术去发展该地区的物流产业，进而联合国内市场，进军国际市场。

### 二、公司简介

公司将是该地区的一家第三方物流公司。公司致力于整合地区的物流资源优势，使地方的优势条件充分发挥，形成完备的物流系统，为地方的经济建设提供可靠的保障和有力的支持。

公司在 1~3 年内对地区性的物流资源进行整合，形成四省五市交界处服务一流、设备完备、技术先进、管理到位的地区性物流公司。

### 三、提供的服务

服务形式：主要业务包含物流的基本业务，即运输、保管（仓储）、代加工、包装及配送。

服务优势：综合利用资源，减少资源浪费，取代小散企业"各自为战"的局面。

### 四、区域优势分析

××市是新兴的交通枢纽城市，××高速和××高速从境内穿过，××铁路与××铁路在此交汇形成铁路枢纽，这将给企业提供交通优势。

境内的工业产业发展迅速，有良好的工业基础，农产品丰富。周边地区的工业状况良好。××市周围的五个地级市，有大约6000万人口，这将为企业提供广阔的物流市场。

### 五、市场分析

初期，我们所面对的××市的市场是一个完全开放的市场，我们的任务是将本地的现有资源进行整合，形成完整的物流体系。与周边的物流企业协作，与国内的生产厂商联合，逐渐扩大规模，完善服务业务和运作及管理水平。

××市综合性的第三方物流公司非常少且功能不全，但物流市场完全开放，有政策支持，有办物流企业的优惠条件。

### 六、市场营销

营销目标。以最快的速度进入本地市场，并在周边地区取得一定的市场份额。本着用心服务的原则，与国内的厂商和客户建立良好的合作伙伴关系。

营销策略。凭借过硬的服务，较低的价位去开拓市场。公司将在创业初期采用如下策略：以服务赢得市场的经营策略，完善自身的服务水准。根据市场的需要制定灵活的价格策略，与客户培养良好的伙伴关系，提升公司的区域影响力。通过广告的宣传塑造品牌，用服务支撑我们的品牌。通过电子平台，建立可靠的信息支持系统，为公司的决策和服务提供有力的保障。

### 七、公司组织与人力资源

公司成立之初采用树形结构与横向工作相结合的形式建立完善的部门，依靠项目经理与各个部门通力合作，完成我们的服务。各级管理人员形成一个团队，明确职责，各尽其能。建立有效的激励机制，为员工建立良好的工作环境。

我们秉承"我为人人"的服务理念，物流的服务从实质上讲依然是为人服务。不仅是公司以外的客户群，在公司内部我们也会人尽其才，才能确保物尽其用，本着尊重人、团结人、服务人的理念塑造企业文化。

我们将与附近的大学联合，定期培训业务骨干，不断提高员工素质，将人的成长视为企业成长的基础，将对人的继续教育视为企业可持续发展的关键。

### 八、风险分析及对策

我们已经认识到机遇与挑战并存。我们将全面分析公司所面临的风险，制定行之有效的对策，使公司走上可持续发展的道路，充分考虑市场准入及退出的细则，保证投资商得到应有的收益。

### 九、财务分析

公司将享受××市特殊的3年免税政策。公司总投资1200万元，前3年平均资产回报率达到68%，4年内将收回全部投资。

我们将根据市场的变化及周边地区客户的情况，及时调整财务指标，制订切合实际的预算方案，建立财务审核及监督体系，确保资产的不流失，即投资的收益最大化。实现财务系统电算化，完善基本财务制度，提高财务人员的业务水平。

# 第一节　创业管理的内容和意义

## 一、学习创业管理的意义

### 1. 大学生创业的重要意义

（1）大学生创业可以为社会和个人创造财富。大学生创业有利于激活人才资源和科技资源，从而促使许多新创意、新科技能够迅速实现应用，为社会带来巨大的价值。与传统就业相比，创业具有较高的风险，但也有较高的回报。现实生活中很少有人仅仅依靠为别人工作而变得非常富有，创业是最有希望实现致富目标的方式之一。

（2）大学生创业有利于实现自我价值。创业会促使大学生不断创新、超越自我、充分运用个人能力，将聪明才智最大限度地转化为社会的需要，从而获得成功。创业是大学生谋求生存乃至自我价值实现的重要途径。

（3）大学生创业有利于大学生自身的成长。创业的过程，也是锤炼大学生意志品质的过程，会促进大学生更快成长。创业可以使大学生全方位地投入社会实践，使大学生获得宝贵的社会经验，弥补经验的不足。创业的大学生能够自己控制自己的工作，自己决定何时何地怎样工作，有助于大学生锻炼自我管理能力。即使创业失败，带来的有益经验也会使创业者比同龄人更快地成长。

### 2. 学习创业管理的必要性

创业创新是国家战略，是实现中华民族伟大复兴中国梦的必由之路。国家提倡思进思变思发展，创业创新创一流，只有企业创造财富，才能推动社会发展，我国的经济发展到了需要全民创业创新的阶段。大学生面临严峻的就业形势，政府对创业有前所未有的扶持力度，对创业与创新提出了更高的要求。因此，学习创业管理非常必要。

对于大学生创业，自国家提倡以来，社会上一直有两种截然相反的意见。一种意见认为大学生有较高的素质，创业成功的概率高，国家应该鼓励、多方扶持，将其作为化解大学生就业难的根本办法。另一种意见是大学生社会经验少，风险承担能力低，创业很容易失败，故对创业一定要持冷静的态度。

大学生到底该不该创业，两种意见分歧的焦点在于大学生是否具备创业者的素质。否定者认为，大学生连就业都难，何谈创业，再者，当前的大学教育体制能否培养出真正的创业者？这种观点也有一定的道理。大学生是否具有创业者的素质？创业者的基本素质是什么？大学生在大学里又该如何培养自己的创业素质？这些问题说明学习创业管理是非常必要的。

大学生一定要搞清楚三个基本问题：该不该创业，想不想创业，能不能创业。

## 二、创业管理学习的内容

创业管理学习的内容包括树立创业的观念、学习创业需要的知识、掌握创业的技能，为创业行动打下基础。

### 1. 创业意识的培养

创业意识是指人们从事创业活动的强大内驱动力，是创业活动中起动力作用的个性因素，是创业者素质系统中的第一个子系统，即驱动系统。创业意识的培养主要包括以下几个方面。

（1）商机意识。真正的创业者，会在创业前、创业中和创业后，始终做好识别商机、发现市场的准备。创业者必须有足够的市场敏锐度，可以宏观地审视经济环境，洞察未来市场形势，以便做出正确的决策保证企业的持续发展。

（2）转化意识。仅有商机意识是不够的，还要在机会来临时抓住它，也就是把握机会，要把商机转化成实实在在的收入，使公司持续运作，最终实现自己的创业梦想。转化意识就是把商机转化为生产力，把创业者的才能、在学校学到的知识转化为智力资本、人际关系资本和营销资本。

（3）战略意识。创业初期给自己制订一个合理的创业计划，解决如何进入市场，如何卖出产品等基本问题。创业中期需要制定整合市场、产品、人力的创业策略，转换创业初期战略。需要指出的是，创业战略不止一种，也没有绝对的好坏之分，关键是要适合自己的创业之路。在这条路上应时刻保持战略高度，不以朝夕得失论成败。

（4）风险意识。创业者要认真分析自己在创业过程中可能会遇到哪些风险，一旦这些风险出现，要懂得应该如何应对和化解。大学生是否具备风险意识和规避风险的能力，将直接影响创业的成败。

（5）敬业意识。大学生创业，一定要务实，要勤奋，不能只停留在理论研究上。可以从小投资开始，逐步积累经验，不能只想着"一口吃个胖子"。资金和人脉虽然重要，但也要有好的思路和想法，并有勇气迈出第一步。

### 2. 创业知识的积累

广义的创业知识是指对创业实践过程具有意义的个体的知识系统及其结构，主要包括专业知识、经营管理知识、综合性知识等。只有系统地掌握了有关学科的基本理论和技能，才能为今后创业打下坚实的基础。

狭义的创业知识是指有关创业过程、创业方式等本身所运用到的具体知识。例如，大学生创业时机的选择、创业机遇的寻找、怎样编写创业计划书、如何开办小型企业、如何进行工商注册、如何向银行贷款等。

创业知识能够体现创业者的文化素质，文化素质越高，创业成功的概率越大。创业知识包括专业知识、经营管理知识和综合性知识。

（1）专业知识。专业知识是从事某一专业必须具备的知识，一般是与专业能力结合在一起发挥作用的。

（2）经营管理知识。经营管理知识是从事经营管理工作必须具备的知识。

（3）综合性知识。综合性知识是发挥社会关系运筹作用的多种专门知识，包括政策、法规、工商、税务、金融、保险、人际交往、公共关系等知识。

在创业知识的构成中，经营管理知识、综合性知识与经营管理能力和综合性能力一样，具有内部资源配置和社会关系运筹的特征，并与经营管理能力和综合性能力结合在一起，共同发挥作用。

### 3. 创业能力的培养

创业能力指拥有发现或创造新领域，致力于理解创造新事物（新产品、新市场、新生产过程或原材料、组织现有技术的新方法）的能力。

创业能力分为"硬件"和"软件"，"硬件"就是人力、物力和财力，"软件"就是创业者的个人能力，包括专业技能和创业素质。创业素质包括创业热情、价值观、发现能力及创新能力。其中任何一个方面都是可以再细分的。与就业能力相比，创业能力比就业能力要求更多的是发现的眼光，创新的智慧。

### 4. 创业素养的提升

创业素养是指大学生必须具备的思想政治素质、人文素质、职业素质、心理素质、身体素质等。通过学习，使大学生的综合素质得到明显的提升。

# 第二节　创业的基本知识

## 一、创业的基本概念

创业是指承担风险的创业者，通过寻找和把握商业机会，投入已有的技能与知识，配置相关资源，创建新企业，为消费者提供产品和服务，为个人和社会创造价值的过程。这里的创业专指创办企业。

创业是从无到有的过程，是一种在资源约束与环境不确定条件下的价值创造过程。

创业是创业者对自己拥有的资源或通过努力能够拥有的资源进行优化整合，从而创造出更大经济或社会价值的过程。创业是一种劳动方式，是一种需要创业者运营、组织，运用服务、技术、器物进行思考、推理和判断的行为。创业是一种思考、推理结合运气的行为方式，它为运气带来的机会所驱动，需要在方法上全盘考虑并拥有和谐的领导能力。

创业作为一个商业领域，致力于理解创造新事物（新产品、新市场、新生产过程或原材料、组织现有技术的新方法）。创业是一个人发现了商机，并采取实际行动将机遇转化为具体的社会形态，获得利益，实现价值。

## 二、创业的要素

### 1. 创业者

创业者是指发现某种信息、资源、机会或掌握某种技术，利用或借用相应的平台或载体，将其以一定的方式转化成更多的财富，实现某种追求或目标的人。

创业者是一种主导劳动方式的领导人，是一种需要具有使命感、荣誉感、责任感的人，是一种有组织能力并运用服务、技术、器物进行作业的人，是一种具有思考、推理、判断能力的人，是一种能使人追随并在追随的过程中获得利益的人，是一种具有完全民事权利能力和行为能力的人。

在欧美学术界和企业界，创业者被定义为组织、管理一个生意或企业并承担其风险的人。创业者有两个基本含义：一是指企业家，即在现有企业中负责经营和决策的领导人；二是指创始人，通常理解为即将创办新企业或者刚刚创办新企业的领导人。

创业者一词由法国经济学家于 1755 年首次引入经济学。1800 年，法国经济学家萨伊首次给出了创业者的定义，他将创业者描述为将经济资源从生产率较低的区域转移到生产率较高区域的人，并认为创业者是经济活动过程中的代理人。著名经济学家熊彼特则认为创业者应为创新者，这样，创业者概念中又加了一条，即创业者要具有发现和引入新的、更好的、能赚钱的产品、服务和过程的能力。

### 2. 商业机会

凡是有利于促进企业生产，有利于企业产品开发和市场开拓，能促进企业经济效益的提高，有利于企业摆脱困境等方面的信息、条件、事件等，都可称为商业机会。商业机会通常体现为市场上尚未满足和尚未完全满足的有购买力的消费需要，也称为市场机会。商业机会客观存在于市场之中，是一种有利于企业发展的机会或偶然事件，是还没有实现的必然性。

### 3. 技术

技术是指人们利用现有事物形成新事物，或改变现有事物功能的方法。技术应具备明确的使用范围和能被其他人认知的形式，如原材料（输入）、产成品（输出）、工艺、工具、设备、设施、标准、指标、计量方法等。

技术是人类为了满足自身的需求和愿望，遵循自然规律，在长期利用和改造自然的过程中，积累起来的知识、经验，是人类利用自然、改造自然的方法，但是也需要在实际中多多磨炼，才能提高自己的技能。

### 4. 资源

资源是指一国或一定地区内拥有的物力、财力、人力等各种物质要素的总称，分为自然资源和社会资源两大类。前者如阳光、空气、水、土地、森林、草原、动物等，后者包括人力资源、信息资源以及经过劳动创造的各种物质财富。

### 5. 资本

资本是投入（生产资料）的一部分，包括劳务、土地等。资本是指生产出来的生产要素，是耐用品。根据现今主流宏观经济学观点，资本可以划分为物质资本、人力资本、自然资源、技术知识。

（1）物质资本。物质资本是指用于生产物品与劳务的设备和建筑物存量。

（2）人力资本。人力资本是经济学家用来指工人通过教育、培训和经验而获得的知识与技能的术语。

（3）自然资源。自然资源即自然界提供的生产投入。

（4）技术知识。技术知识是生产某种物品或提供某种服务所直接需要的知识。

资本是企业经营活动的一项基本要素，是企业创建、生存和发展的必要条件。企业创建需要具备必要的资本条件，企业生存需要保持一定的资本规模，企业发展需要不断的资本筹集。

### 6. 组织

从广义上说，组织是指由诸多要素按照一定方式相互联系起来的系统。从狭义上说，组织是指人们为实现一定的目标，互相协作结合而成的集体，如党团组织、工会组织、企业、军事组织等。狭义的组织专门指人群，运用于社会管理之中。在现代社会生活中，组织是人们按照一定的目的、任务和形式编制起来的社会团体，组织是社会的细胞、社会的基本单元，也就是社会的基础。

### 7. 产品与服务

产品是指能够提供给市场，被人们使用和消费，并能满足人们某种需求的东西，包括有形的物品、无形的服务和观念，以及它们的组合。产品一般可分为三个层次，即核心产品、形式产品、延伸产品。核心产品是指整体产品提供给购买者的直接利益和效用；形式产品是指产品在市场上出现的物质实体外形，包括产品的品质、特征、造型、商标和包装等；延伸产品是指整体产品提供给顾客的一系列附加利益，包括运送、安装、维修、保证等在消费领域给予消费者的好处。

产品是"一组将输入转化为输出的相互关联或相互作用的活动"的结果，即"过程"的结果。在经济领域中，通常也可理解为组织制造的任何制品或制品的组合。产品在《现代汉语词典（第7版）》当中的解释为"生产出来的物品"。

服务是指为他人做事，并使他人从中受益的一种有偿或无偿的活动，是不以实物形式而以提供劳动的形式满足他人某种特殊需要。服务是一种特殊的产品。

## 三、创业精神及特征

创业精神是指在创业者的主观世界中具有开创性的思想、观念、个性、意志、作风和品质等。创业精神在心理层面是一种思维方式，其基础是创新，在行为层面是发现和把握机会，无论当时如何受资源的制约，都能努力通过创新从无到有地创造和建立某些事物，以满足社会需求、创造价值。创业精神具有以下四个方面的特征。

**1. 高度的综合性**

创业精神是由多种精神特质综合作用而成的。诸如拼搏精神、进取精神、合作精神都是形成创业精神的精神特质。

**2. 三维整体性**

无论是创业精神的产生、形成和内化，还是创业精神的展现和外化，都是由哲学层次的创业思想和创业观念，心理学层次的创业个性和创业意志，行为学层次的创业作风和创业品质三个维度所构成的整体，缺少其中任何一个维度，都无法构成创业精神。

**3. 超越历史的先进性**

创业精神的最终体现就是开创前无古人的事业，创业精神本身必然具有超越历史的先进性，想前人之不敢想、做前人之不敢做。

**4. 鲜明的时代特征**

不同时代的人们面对着不同的物质生活和精神生活条件，创业精神的物质基础和精神营养也各不相同，创业精神的具体内涵也就不同。创业精神对创业实践有重要意义，它是创业理想产生的原动力，是创业成功的重要保证。

## 四、创业与就业的差异

就业是指在法定年龄内的、有劳动能力和劳动愿望的人所从事的为获取报酬或经营收入进行的活动。如果再进一步分析，则需要把就业从三个方面进行界定：一是就业条件，指在从业者法定劳动年龄内，有劳动能力和劳动愿望；二是收入条件，指就业者获得一定的劳动报酬或经营收入；三是时间条件，即就业者每周工作时间的长度。

从创业与就业之间的关系看，创业与就业之间是相互依存的。但是创业是主动的，就业是被动的；创业是就业的前提，就业依赖于创业。没有创业也就没有就业，如果社会上创业的人少了，那么社会上就会出现大量的失业者或待业者。创业与就业的区别如表7-1所示。

表7-1 创业与就业的区别

| 内容 | 创业者 | 就业者 |
| --- | --- | --- |
| 角色 | 老板 | 打工者 |
| 技能 | 多项 | 单一 |
| 收益 | 不可估量 | 已知 |
| 风险 | 大，但可控 | 基本无风险 |

| 内容 | 创业者 | 就业者 |
| --- | --- | --- |
| 成功的关键因素 | 多项 | 单一 |
| 自主权和才华施展 | 大，充分施展 | 小，受到很大的限制 |
| 抗挫折能力 | 比较强 | 比较弱 |
| 综合素质和能力要求 | 比较高 | 相对低 |

## 五、成功创业者的特征与素质

成功创业者的心理与行为特征可以概括为强烈的欲望，积极的心态；充分的自信，敢于冒险；坚韧的毅力，足够的耐心；开阔的眼界，敏锐的反应；把握趋势，明确方向；善借资源，懂得分享；坚持学习，经常反省；勇于创新，出奇制胜；健康的体魄，健全的心理。

### 1. 创业者的特征

《科学投资》对上千个案例进行了研究，最终发现成功的创业者具有多种共同的特性，从中提炼出最为明显，同时也是最为重要的十种，称为中国创业者十大素质，也有人将其称为我国成功创业者的十大特征。

（1）欲望。"欲"，实际就是一种生活目标，一种人生理想。创业者的欲望与普通人欲望的不同之处在于，他们的欲望往往超出他们的现实，往往需要打破他们现在的立足点，才能够实现。所以，创业者的欲望往往伴随着行动力和牺牲精神，这不是普通人能够做得到的。有些人的心愿就是眼前的局面能够维持。他们因循守旧，希望每月工资能够按时足额发放。他们本来是有足够的学识、足够的能力以及资源来开创一番事业的，但是没有这样的欲望，他们觉得眼前的生活就足够好。一个真正的创业者一定是强烈的欲望者。他们想拥有财富，想出人头地，想获得社会地位，想得到别人的尊重。

（2）忍耐。艰难困苦，玉汝于成，意思是说创业不易。创业者要忍受肉体上和精神上的折磨，对创业者来说，忍耐是必须具备的品格。对创业而言，肉体上的折磨算不得什么，精神上的折磨才是致命的，如果有心自己创业，一定要先在心里问一问自己，面对从肉体到精神上的全面折磨，有没有那样一种"定力"与"精神"。如果没有，那么一定要谨慎创业。

（3）眼界。对于创业者来说，就是要见多识广，即要有广博的见识，开阔的眼界，这样可以很有效地拉近自己与成功的距离，使创业活动少走弯路。在《科学投资》研究的上千个创业案例中，亲自走访的创业者有数百名，从中发现这些创业者的创业思路有四个共同来源。

①职业。由原来所从事的职业领域进行创业，对行业的运作规律、技术、管理都

非常熟悉，对行业市场也熟悉，这样的创业活动成功的概率很大。这是最常见的一种创业思路的来源。

②阅读，包括图书、报纸、杂志等。要大量读书、看报、上网，思考企业战略。对创业者来说，阅读就是工作的一部分，一定要有阅读意识。

③行路。俗话说，读万卷书，行万里路。各处走走看看，是开阔眼界的好方法。行路不是为了玩，而是去增长见识，更好地领导企业。

④交友。很多创业者最初的创业灵感是在朋友的启发下产生的，或是由朋友直接提出的。所以，这些人在创业成功后，都会更加积极地保持与从前的朋友联系，并且广交新朋友，不断地开拓自己的社交圈子。

（4）明势。明势的意思分两层，作为一个创业者，一要明势，二要明事。势就是趋向。势分大势、中势、小势。创业的人，一定要跟对形势，要研究政策，这是大势。很多创业者是不太注意这方面工作的，认为政策研究"假、大、虚、空"，没有意义。实则不然，在政策方面，国家鼓励发展什么，限制发展什么，与创业的结果有莫大关系。做对了方向，顺着国家鼓励的方向努力，可能事半功倍。研究政策，是为了明大势。

中势指的是市场机会。市场上现在需要什么、流行什么，人们现在喜欢什么、不喜欢什么，可能就是你创业的方向。

小势指的是个人的能力、性格、特长。创业者在选择创业项目时，一定要找那些适合自己能力，契合自己兴趣，可以发挥自己特长的项目，这样才有利于做持久性的全身心的投入。

所谓明事是指一个创业者要懂得人情事理。世事洞明皆学问，人情练达即文章。

创业者一定要明势，不但要明政事、商事，还要明世事、人事，这应该是一个创业者的基本素质。

（5）敏感。创业者要对外界变化敏感，尤其要对商业机会做出快速反应。有些人的商业感觉是天生的，更多人的商业感觉则依靠后天培养。如果有心做一个创业者，就应该有意识地训练自己的商业感觉。良好的商业感觉，是创业者成功的保证。

（6）人脉。创业不是引"无源之水"，栽"无本之木"。每个人创业，都必然有其凭依的条件，也就是其拥有的资源。其中最重要的一项是人脉资源，即创业者构建其人际网络或社会网络的能力。一个创业者如果不能在短时间内建立广泛的人际网络，那他的创业一定会非常艰难，即使其初期能够依靠领先技术或者自身素质获得某种程度上的成功，其可拓展性也会降低。

（7）谋略。商场如战场，创业者的智谋，将在很大程度上决定其创业结果。尤其是在目前产品日益同质化、市场有限、竞争激烈的情况下，创业者不但要能够"守正"，更要有能力"出奇"。谋略是一种思维方式，是一种处理问题和解决问题的方法。

（8）胆量。创业需要胆量，需要冒险。冒险精神是创业精神的一个重要组成部分，但创业毕竟不是赌博。创业的冒险，迥异于冒进。创业者一定要分清冒险与冒进的关系，要区分什么是勇敢，什么是无知。无知的冒进只会使创业活动失败。

（9）与他人分享的愿望。作为创业者，一定要懂得与他人分享。一个不懂得与他人分享的创业者，不可能将事业做大。心理学家马斯洛的需求层次理论，说明人按层次一共有五种需求，第一是生存需求，第二是安全需求，第三是社交需求，第四是尊重需求，第五是自我实现需求。这五种需求具体到企业环境里，具体到公司员工身上，就是需要老板与员工共同分享。当老板舍得付出，舍得与员工分享，员工的生存需求、安全需求、尊重需求就从老板这里都得到了满足。这样就构成了一个企业的正向循环。这是马斯洛需求层次理论在企业层面上的恰当解释。分享不是盲目慷慨，对创业者来说，分享是一种能力。

（10）自我反省的能力。反省是一种学习能力。创业既然是一个不断摸索的过程，创业者就难免在此过程中不断地犯错误。反省是认识错误、改正错误的前提。对创业者来说，反省的过程就是学习的过程。有没有自我反省的能力，具不具备自我反省的精神，决定了创业者能不能认识到自己所犯的错误，能否改正所犯的错误，是否能够不断地学到新知识。

作为一个创业者，遭遇挫折、碰上低潮是常有的事，在这种时候，反省能力能够帮助创业者渡过难关。

### 2. 创业者的素质

创业者需要具备综合素质，每项素质都很重要，不可偏废。缺少哪一项素质，都必然影响创业事业的发展。有些素质是天生的，但大多数可以通过后天的努力改善。创业者需从现在做起，时时磨砺，培养自己的素质，提高创业成功率。创业者应锻炼以下三个方面的基本素质。

（1）心理素质。心理素质指创业者的心理条件，包括自我意识、性格、气质、情感等心理构成要素。作为创业者，其自我意识特征应表现为自信和自主，性格应刚强、坚持、果断和开朗，情感应更丰富并理性。

（2）身体素质。创业与经营是艰苦而复杂的，创业者工作繁忙，工作时间长，压力大。如果身体素质不好，必然力不从心，难以承受创业重任。

（3）知识素质。创业者要具备创造性思维，要做出正确的决策，必须掌握广博的知识，具有一专多能的知识结构。具体来说，创业者应具有以下几方面的知识：学习并理解政策，依法行事，用法律维护自己的合法权益；了解科学的经营管理知识和方法，提高管理水平；掌握与本行业、本企业相关的科学技术知识，依靠科技增强竞争能力；具备市场经济方面的知识，如财务会计、市场营销、国际贸易、国际金融等；具备有关世界历史、世界地理、社会生活、文学、艺术等方面的知识。

### 3. 成功创业者必备的品质

（1）诚实和谦虚。诚实和谦虚是中华民族的传统美德，拥有诚实和谦虚的品德才能获得别人的信任。

（2）克制力和忍耐力。克制力和忍耐力可以衡量一个人有无坚强意志。而如果缺少这样的品质，有可能导致创业的失败。

（3）热情和责任感。创业者是企业的核心，其对事业的热情能感染企业的职员，从而提高职员各项工作的效率。同时，拥有强烈的责任感，能使创业者无论遇到什么困难，都有完成这份事业的决心。

（4）积极性和创造性。创业是一种需要全身心投入的事业，积极的态度才能使创业成功。在这个过程中，没有人会给创业者部署安排，没有人会给创业者制订计划，面临困难、问题、危机，创业者只有自己想办法克服，才能取得创业带来的效益。具有创造性的精神，才能让创业者发挥自己的潜能，打破各种约束，开创新的局面。

（5）公道正派。公道正派和对事业的无私，可以在创业者身上产生巨大的向心力和凝聚力。

（6）自信心。对于创业活动而言，自信心是非常重要的。一个充满自信心的创业者更容易获得他人的信任和支持。

## 六、创业的类型

### 1. 机会型创业与生存型创业

机会型创业指为了追求一个商业机会而从事的创业活动。生存型创业是创业者为了生存，没有其他选择而无奈进行的创业活动，显示出创业者的被动性。全球创业观察在 2001 年的报告中第一次提出了生存型创业和机会型创业的概念，是依据创业动机对创业所做的一种分类。

机会型创业和生存型创业不是创业者主观选择的结果，而是由创业者面临的环境和自身能力决定的。创业环境是宏观因素，需要社会有意识和有计划地改善，而创业能力，特别是开创新市场的能力，可以通过教育来提高。当然，创业能力中所包含的创业意识在一定程度上也是一种天赋。

### 2. 创建新企业与企业内创业

狭义的创业概念为"创建一个新企业的过程"。次广义的创业概念为"通过企业创造事业的过程"，包括两个层次的内容：创建新企业和企业内创业。广义的创业概念为"创造新的事业的过程"，即所有创造新的事业的过程都是创业，既包括营利性组织，也包括非营利性组织；既包括政府设置的部门和机构，也不排除非政府组织；既包括大型的事业，也包括小规模的事业甚至"家业"。

### 3. 独立创业与合伙创业

独立创业是指创业者个人进行创业，其特点如下。

（1）创业人员单一。独立创业是创业者独自出资、独自经营的企业形态，它的外在行为上体现为创业者的个体活动。无论企业中的从业人员有多少，真正承担创业风险并享有创业利益的人只有创业者一个人，其他人仅是员工，并不承担创业的风险，当然也无法享有创业的利益。在这里，唯一的一个创业者就是老板，既没有人来分担他的责任，也没有人来分享他的利益。

（2）权利义务统一。在独立创业中，责、权、利是高度统一的，创业者为自身的活动负完全责任，为实现自己的创业理想做出不懈的努力，积极履行各种义务，与之相适应的是，他在企业拥有充分的权利，可获得企业利益的最大值。

（3）经营决策独立。独立创业的创业人员单一，权利和义务统一，决定了创业者行为自由度很高，不受影响和限制，因而在创业过程中能够最大限度地保持自主性。创业者周围没有很多约束，可以使企业按照自己的意愿运作，随时可以根据自己的判断做出决策。

合伙创业是指两个或两个以上的创业者通过订立合伙协议，共同出资、合伙经营、共享收益、共担风险，并对合伙企业债务承担无限连带责任的创业模式，其创建的企业被称为合伙企业。

合伙创业是一种相对"高起点、高规格、高层次"的创业模式（相对于独立创业而言），是适应相对更大的创业规模和更大的风险承受能力而产生的创业模式，也是应独立创业再发展、再提高的客观要求而产生并存在的创业形态，通常合伙创业的投资规模要大于独立创业。在社会主义市场经济中，采取合伙创业已成为现代创业的一种普遍现象。

### 4. 传统技能型、高新技术型和知识服务型创业

传统技能型创业具有永恒的生命力，因为使用传统技术、工艺的创业项目，如独特的技艺或配方，会拥有较大的市场优势。

高新技术型创业就是人们常说的知识经济创业、高科技创业，知识密集度高，具有前沿性和研究开发性质，创业难度较大。

知识服务型创业是一种投资少、见效快的创业选择。知识服务型企业主要是为了满足人们节省精力，提高效率的需求。

### 5. 依附型、尾随型、独创型和对抗型创业

依附型创业是依附于大企业或产业链生存的创业模式，在产业链中确定自己的角色，为大企业提供配套服务，或者使用特许经营权创业。围绕一个主项目进行的子项目建设就是依附型创业，例如，有一个汽车制造厂需要某种零部件，创业者就投资建设了一个工厂生产这个零部件，满足汽车制造厂的需要。

尾随型创业即模仿他人创业，所开办的企业和经营项目均没有新意，行业内已经

有很多同类企业，新创企业尾随他人，模仿其方式进行经营。

独创型创业是指提供的产品或服务能够填补市场空白，大到商品独创性，小到某种技术的独创性及经营项目的独创性。一是填补市场需求内容的空白，二是填补市场需求形式的空白。独创型的创新度越高，潜在的市场份额和利润也就越大。

对抗型创业是指进入其他企业已形成垄断地位的某个市场，与之对抗较量。这类创业风险最高，必须在知己知彼、科学决策的前提下进行。

此外还有基于产品、营销模式和组织管理体系创新而进行的创业方式。

## 七、创业过程的一般分析

广义的创业过程通常包括一个有市场价值的商业机会从最初的构思到形成创业以及创业的成长管理的过程。

狭义的创业过程往往只是指新企业的创建。但在大多数研究中，创业过程常指广义上的含义。

创业的步骤如下。

### 1. 寻找创业模式

想要创业，创业者首先要有自己的构想，要有一个好的创业点，考虑怎样组建一个团队，并预测公司的发展前景，确定公司的发展方向。

### 2. 确立创业目标

盈利是重要的目标，但并不是唯一的目标，因为创业本身应该有独特的理念，理念会带动很多新的产品创意和实践。

### 3. 制定创业原则

创立公司要有远见。尽管暂时还没有盈利，但只要创业项目有潜力迟早会盈利。应制定创业原则，为创业活动提供有效保障。

### 4. 规划创业步骤

创业是一个循环的过程。要思考创意从哪里来，资金怎么找，怎么组建一个团队，产品的市场营销怎么做，从而明确创业步骤。

### 5. 创造创业条件

创业时，不一定要有很重大的发明，重要的是你所做的产品在市场上有没有需求，市场前景如何，自己的能力有哪些不足。最后再把这些都结合起来创造创业条件。

### 6. 确定创业期限

创业时间越长，风险越大，因为市场是不断变化和发展的。因此，创业最好应明确创业期限，要想办法在创业期限内把产品做好。

### 7. 处理与投资人的关系

很多创业者认为，自己占这个公司的股份应该是99%，投资人应该是1%。这种想法对风险投资来讲是不对的。通常创业者与投资人会各占一半股权。创业者去找投资，一半的股权要交给投资人，以后如果需要更多投资的话，创业者在公司持有的股份会越来越少，但这并不表示你拥有的报酬越来越少，因为公司的价值会越来越高。

### 8. 产生好创意

很多好创意都已经有人想到了，重要的是在好创意里面，是否包含着市场需求。

### 9. 组建团队

在组建团队时，很多人认为要把最好的人才都网罗起来。事实上，创业团队中每个人的能力不一定都很强，但只要能凝聚起来，就是一个非常好的团队。

### 10. 选择风险投资商

第一要确定好各自的股份占比；第二要选择能够持续跟进的风险投资商；第三要选择有一定影响力的风险投资商，借助他们的经验和力量打造产品的品牌。

## 八、大学生创业准备

大学生创业群体主要由在校大学生和大学毕业生群体组成，现如今大学生创业问题越来越受到社会各界的密切关注，因为大学生属于高级知识人群，并且经过多年的教育，往往背负着社会和家庭的种种期望。当前社会经济不断发展，就业形势却不容乐观，大学生创业也自然成为大学生就业之外另一种步入社会的主要渠道。

教育部 2023 年 12 月正式发布《关于做好 2024 年全国普通高等学校毕业生就业创业工作的通知》，其中指出，积极鼓励和支持高校毕业生自主创业，落实创业支持政策，在资金、场地等方面向毕业生创业者倾斜，为高校毕业生创新创业孵化、成果转化等提供服务。

### 1. 大学生创业的意义

（1）有利于缓解大学生就业压力。大学生创业有利于解决就业难的问题。创业能力是一个人在创业实践活动中的自我生存、自我发展的能力。一个创业能力很强的大学毕业生不仅不会增加社会的就业压力，相反还能通过自主创业活动来增加就业岗位，以缓解社会的就业压力。为此，国家各级部门纷纷把"鼓励和支持高校毕业生自主创业"作为化解当前社会就业难的主要政策之一。

（2）有利于大学生自我价值实现。大学毕业生通过自主创业，可以把自己的兴趣与职业紧密结合，做自己感兴趣、愿意做和自己认为值得做的事情。在五彩缤纷的社会舞台中大显身手，最大限度地发挥自己的才能，并获得合理的报酬。当前社会鼓励大学生创业，虽然是从化解就业难的角度出发，但从大学生自身来说，其创业的主要原动力则在于谋求自我价值的实现。而只有提高大学生创业的比例，整个社会才能形成创业的风气，才能建立"创造价值赢得回报"的社会新风气。

（3）有利于大学生自身素质的提高。我国高校扩招以后，伴随着就业压力，某些大学生素质与某些高校的教育水平一直为人所诟病。在提高大学教育管理水平与大学生素质的各类探索实践中，大学生创业无疑是最经济、最有效的办法之一。通过创业实践，大学生可以充分调动自己的主观能动性，改变自身就业心态，自主学习，独立思考，并学会自我调节与控制。也只有这样，大学生创业才更易成功。对于一个能自我学习，懂得如何管理自己的时间与财务，善于拓展人脉关系，并能够主动调适工作心态，积极适应社会的大学生，在就业市场上会更有竞争力。

（4）有利于培养大学生的创新精神。创新是一个民族的灵魂，是一个国家兴旺发达的不竭动力。大学生作为中国最具活力的群体，如果失去了创新的意识和想法，那么中华民族将失去重要的发展动力。大学生的创业活动，有利于培养勇于开拓创新的精神，把就业压力转化为创业动力，培养出越来越多各行各业的创业者。美国作为发达国家，其大学生的创业比率一直在 20% 以上。美国第 40 任总统里根曾说：一个国家最珍贵的精神遗产就是创新，这是国家强大与繁荣的根源。

**2. 大学生创业的准备工作**

大学生该不该创业？创业应从哪些方面做好准备？这是大学生创业必须解决的问题。

（1）心理准备。要有创业者的心态，做好面对失败的准备，有承受压力、承受孤独的能力，并满怀激情。

（2）项目准备。要选择具有可操作性、有发展前景、满足市场需求的项目。

（3）资源准备。创业需要资金、人脉、供应商等资源。

（4）时间准备。创业需要一定时间筹备，一般小项目可能需要数月，较大项目需要 1 年或以上。

**3. 大学生创业的原因**

大学生为什么要创业，分析其原因主要有：以此为生计；获取财富；实现个人抱负；为社会提供必需的服务和产品；寻求人生的价值；运用一项特殊的技能以及实施一种新的观念等。

# 第三节　创业机会与商业模式

## 一、创业机会的概念

### 1. 创业机会的定义

创业机会主要是指具有较强吸引力的、较为持久的、有利于创业的商业机会，创业者据此可以为客户提供有价值的产品或服务，并同时使创业者自身获益。创业机会主要由未被满足的需求和未被充分使用的资源或能力、环境机会与环境威胁、市场机会与公司机会等构成。可从以下两个方面来理解。

（1）创业机会是可以为购买者或使用者创造或增加价值的产品或服务，它具有吸引力、持久性和适时性。

（2）创业机会是一种新的"目的—手段"关系，它可以引入新产品、新服务、新原材料和新组织方式，并能以高于成本价进行出售。

## 2. 优势较大的创业机会

个人投资创业要善于抓住机会，把握投资创业机会，这就等于成功了一半。新兴行业发展的空间大，创业机会较多，优势较大。抓住创业机会主要从以下几个方面入手。

（1）变化就是机会。环境的变化，会给各行各业带来良机，人们透过这些变化，就会发现新的前景。变化包括：①产业结构的变化；②科技进步；③通信革新；④政府放松管制；⑤经济信息化、服务化；⑥价值观与生活形态化；⑦人口结构变化。

以人口因素变化为例，可以列举以下机会：①为老年人提供的健康保障用品；②为儿童服务的业务项目；③为年轻女性和职业女性提供的用品；④为家庭提供的文化娱乐用品。

（2）从"低科技"中把握机会。随着科技的发展，开发高科技领域是时下热门的课题，例如，美国近年来设立的风险性公司中，计算机企业占 25%、医疗和遗传基因企业占 16%、半导体、电子零件企业占 13%、通信企业占 9%。但是，机会并不只属于"高科技领域"。在运输、金融、保健、饮食、流通这些领域也有很多机会，关键在于创新。

（3）集中盯住某些顾客的需要就有机会。实际上需求都是有差异的，如果我们关注某些产品的市场需求情况，就会从中发现某些机会。

（4）从问题中寻找机会。对于那些大家"苦恼的事"和"困扰的事"，人们总是迫切希望解决这类问题，如果能提供解决的办法，实际上就找到了创业机会。例如，双职工家庭没有时间照顾小孩，于是有了家庭托儿所，没有时间买菜，就产生了各种生鲜电商平台。这些都是从"问题"中寻找机会的例子。

## 3. 创业机会的特征

有的创业者认为自己有很好的想法，对创业充满信心。有想法固然重要，但是并不是每个大胆的想法都能转化为创业机会。许多创业者因为仅凭想法去创业而以失败告终。那么如何识别一个好的商业机会呢？《21 世纪创业》的作者提出，好的商业机会有以下四个特征。

（1）它很能吸引顾客。

（2）它能在既定的商业环境中行得通。

（3）它必须在机会之窗存在的期间被实施。机会之窗是指商业想法推广到市场上所花的时间，若竞争者已经有了同样的思想，并已把产品推向市场，那么机会之窗也就关闭了。

（4）必须有资源（人、财、物、信息、时间）和技能才能创业。

## 二、创业机会的来源

创业机会的来源主要有以下几个方面。

### 1. 问题

创业的根本目的是满足顾客需求。而顾客需求在没有满足前就是问题。寻找创业机会的一个重要途径是善于去发现和体会自己或者他人在需求方面的问题或生活中的难处。比如,上海有一位大学毕业生发现住在郊区的本校师生往返市区交通十分不便,于是创办了一家客运公司并获得成功,这就是把问题转化为创业机会的成功案例。

### 2. 变化

创业的机会大都产生于不断变化的市场环境,环境变化了,市场需求、市场结构必然发生变化。著名管理大师彼得·德鲁克将创业者定义为那些能寻找变化,并积极反应,把变化当作机会充分利用起来的人。这种变化主要来自产业结构的变动、消费结构升级、城市化加速、人口思想观念的变化、政府政策的变化、人口结构的变化、居民收入水平的变化、全球化趋势等方面。比如,居民收入水平提高,私人轿车的拥有量将不断增加,这就会派生出汽车销售、修理、配件、清洁、装潢、二手车交易、陪练等诸多创业机会。

### 3. 创造发明

创造发明提供了新产品、新服务,更好地满足了顾客需求,同时也带来了创业机会。比如,随着计算机的诞生,计算机维修、软件开发、计算机操作培训、图文制作、信息服务、网上开店等创业机会随之而来,即使不发明新产品的人,也能成为销售和推广新产品的人,从而获得商机。

### 4. 竞争

如果能弥补竞争对手的缺陷和不足,这也将成为新的创业机会。如果能比竞争对手更快、更可靠、更便宜地提供产品或服务,也是找到了好的机会。

### 5. 新知识、新技术的产生

随着健康知识的普及和技术的进步,围绕"水"的绿色商机就带来了许多创业机会。

## 三、创业机会的识别和评价标准

创业机会的评价标准主要考虑:技术上的领先程度和持续程度;市场上的接受程度、容量或规模;时机上的合适程度;经济上的投入程度、产出时间与效果;竞争上的优势体现程度;人员上的满足程度等。

### 1. 创业机会的识别

创业机会的识别是创业领域的关键问题之一。从创业过程角度来说,识别创业机会是创业的起点。创业过程就是围绕机会进行识别、开发、利用的过程。识别正确的创业机会是创业者应当具备的重要技能。

创业机会以不同形式出现。虽然以前的研究中,焦点多集中在产品的市场机会上,但是在生产要素市场上也存在机会,如新的原材料的发现等。许多好的商业机会并不是突然出现的，而是对于"一个有准备的头脑"的一种"回报"。在机会识别阶段，创业者需要弄清楚机会在哪里和怎样去寻找机会。对创业者来说，在现有的市场中发现创业机会，是很自然和经济的选择。一方面，它与我们的生活息息相关，能真实地感觉到市场机会的存在；另一方面，由于总有尚未满足的需求，在现有市场中创业，能减少机会的搜寻成本，降低创业风险，有利于成功创业。现有的创业机会存在于不完全竞争下的市场空隙、规模经济下的市场空间、企业集群下的市场空缺、潜在的市场、衍生的市场等。

（1）不完全竞争下的市场空隙。不完全竞争理论或不完全市场理论认为，企业之间或者产业内部的不完全竞争状态，导致市场存在各种现实需求，再大的企业也不可能完全满足市场需求，必然使中小企业具有市场生存空间。中小企业与大企业互补，满足市场上不同的需求。大中小企业在竞争中生存，市场对产品差异化的需求是大中小企业并存的理由，细分市场以及系列化生产使得小企业的存在更有价值。

（2）规模经济下的市场空间。规模经济理论认为，任何行业都存在企业的最佳规模或者最适度规模的问题，超越这个规模，必然带来效率低下和管理成本的提升。产业不同，企业所需要的最经济、最优成本的规模也不同，企业从事的不同行业决定了企业的最佳规模，无论大小企业最终都要适应这一规律，发展适合自身的产业。

（3）企业集群下的市场空缺。企业集群主要指地方企业集群，是一组在地理上靠近的相互联系的公司和关联的组织，它们同处在一个特定的产业领域，由于具有共性和互补性而联系在一起。集群内中小企业彼此间发展高效的竞争与合作关系，形成高度灵活、专业化的生产协作网络，具有极强的内生发展动力，依靠不竭的创新能力保持地方产业的竞争优势。

（4）潜在的市场。潜在的市场来自新科技的应用和人们需求的多样化。成功的创业者能敏锐地感知社会大众的需求变化，并能够从中捕捉市场机会。

①新科技的应用可能改变人们的工作和生活方式，出现新的市场机会。互联网的出现，改变了人们工作、生活、交友的方式；网上购物、网络教育的快速发展，使信息的获取和共享日益重要。

②需求的多样化源自人的本性，人类的欲望是很难得到满足的。在细分市场里，可以发掘尚未满足的潜在市场机会。一方面，根据消费潮流的变化，捕捉可能出现的市场机会；另一方面，根据消费者的心理，通过产品和服务的创新，引导需求并满足需求，从而创造一个全新的市场。

（5）衍生的市场。衍生的市场来自经济活动的多样化和产业结构的调整等方面。

①经济活动的多样化为创业拓展了新途径。一方面，第三产业的发展为中小企业提供了非常多的成长点，现代社会人们对信息情报、咨询、文化教育、金融、服务、修理、运输、娱乐等行业提出了更多更高的需求，从而使社会经济活动中的第三产业日益发展。由于第三产业一般不需要大规模的设备投资，它的发展为中小企业的经营

和发展提供了广阔的空间。另一方面，社会需求的易变性、高级化、多样化和个性化，使产品向优质化、多品种、小批量、更新快等方向发展，也有力地刺激了中小企业的发展。

②产业结构的调整与国企改革为创业提供了新契机。深化国有企业改革，进一步探索公有制，特别是国有制的多种有效实现形式，就要大力推进企业的体制、技术和管理创新。除极少数必须由国家独资经营的企业外，还可积极推进股份制，发展混合所有制经济。因此，随着国企改革的推进，民营中小企业除了涉足制造业、商贸餐饮服务业、房地产等传统业务领域外，将逐步介入中介服务、生物医药、大型制造等有更多创业机会的领域。

**2. 创业机会识别所需的条件**

面对具有相同期望值的创业机会，并非所有潜在创业者都能把握。成功的机会识别是创业愿望、创业能力和创业环境等多种因素综合作用的结果。

（1）创业愿望是机会识别的前提。创业愿望是创业的原动力，它推动创业者去发现和识别市场机会。没有创业意愿，再好的创业机会也会失之交臂。

（2）创业能力是机会识别的基础。识别创业机会在很大程度上取决于创业者的个人（团队）能力，这一点在《当代中国社会流动报告》中得到了部分佐证。报告通过对1993年以后私营企业主阶层变迁的分析发现，私营企业主的社会来源越来越以各领域精英为主，经济精英的转化尤为明显，而普通百姓转化为私营企业主的机会越来越少。国内外研究和调查显示，与创业机会识别相关的能力主要有远见与洞察能力、信息获取能力、技术发展趋势预测能力、模仿与创新能力、建立各种关系的能力等。

（3）创业环境的支持是机会识别的关键。创业环境是创业过程中多种因素的组合，包括政府政策、社会经济条件、创业和管理技能、创业资金和非资金支持等方面。一般来说，如果社会对创业失败比较宽容，这个社会就会有较浓厚的创业氛围；国家鼓励个人创造财富，就会有各种渠道的金融支持和完善的创业服务体系；产业有公平、公正的竞争环境，就会鼓励更多的人创业。

**3. 创业机会的评价标准**

所有的创业行为都来自绝佳的创业机会，创业团队与投资者均对创业前景寄予极高的期待，创业者更是对创业机会在未来所能带来的丰厚利润满怀信心。不过，几乎九成以上的创业梦想最后会落空。事实上，创业行为获得高度成功的概率不到1%。成功与失败之间，除了不可控的机遇因素外，有许多创业机会在开始的时候，就已经注定了失败的命运。创业本身是一种高风险行为，但失败所带来的经验也可能是奠定下一次创业成功的基础。如果进入市场的时机不对，或者创业构想有致命瑕疵，此时创业者能先以比较客观的方式进行评估，那么许多失败的结局就不至于发生，创业成功的概率也可以大幅提升。

以下针对创业机会的市场与效益，提出一套评估准则，并说明各准则因素的内涵，为创业者是否创业提供参考。

（1）市场评估准则。

①市场定位。一个好的创业机会，必然具有特定市场定位，专注于满足顾客需求，同时能为顾客带来增值的效果。因此评估创业机会，可依据市场定位是否明确、顾客需求分析是否清晰、顾客接触通道是否流畅、产品是否持续衍生等，判断创业机会可能创造的市场价值。创业带给顾客的价值越高，创业成功的机会也就越大。

②市场结构。针对创业机会的市场结构进行分析，包括进入障碍、供货商、顾客、经销商的谈判力量、替代性竞争产品的威胁，以及市场内部竞争的激烈程度。由市场结构分析可知新企业未来在市场中的地位，以及可能遭遇竞争对手竞争的程度。

③市场规模。市场规模与成长速度，也是影响新企业的重要因素。一般而言，市场规模大者，进入障碍相对较低，市场竞争激烈程度也会略有下降。如果要进入的是一个十分成熟的市场，那么纵然市场规模很大，由于市场规模已经不再成长，利润空间必然很小，因此这个新企业恐怕就不值得再投入。反之，一个正在成长中的市场，通常也会是一个充满商机的市场，只要进入时机正确，必然会有获利的空间。

④市场渗透力。对于一个具有巨大市场潜力的创业机会，市场渗透力（市场机会实现的过程）评估将会是一项非常重要的影响因素。聪明的创业者知道选择在最佳时机进入市场，此时机也就是市场需求正要大幅增长之际。

⑤市场占有率。从创业机会预期可取得的市场占有率目标，可以显示这家新创公司未来的市场竞争力。一般而言，若成为市场的领导者，最少需要拥有20%以上的市场占有率。但如果市场占有率低于5%，则这个企业的市场竞争力不高，自然也会影响未来企业上市的价值。尤其是高科技产业，新企业必须具有排在市场占有率前列的能力，才具有投资价值。

⑥产品的成本结构。产品的成本结构，也可以反映新企业的前景如何。例如，从物料与人工成本所占比重情况、变动成本与固定成本的比重情况，以及产量规模，可以判断企业创造附加价值的情况以及未来可能的获利空间。

（2）效益评估准则。

①合理的税后净利。一般而言，具有吸引力的创业机会，至少需要创造15%以上的净利润。如果创业预期的净利润在5%以下，那么这就不是一个好的投资机会。

②达到损益平衡所需的时间。合理的损益平衡时间应该能在两年以内达到，但如果三年还达不到，恐怕就不是一个值得投入的创业机会。不过有的创业机会确实需要经过比较长的运营时间，通过前期投入保证后期的持续获利。在这种情况下，可以允许较长的损益平衡时间。

③投资回投率。考虑到创业可能面临的各项风险，合理的投资回报率应该在25%以上。一般而言，15%以下的投资回报率，是不值得考虑的创业机会。

④资金需求。资金需求量较低的创业机会，投资者一般会比较欢迎。事实上，投

资额过高其实并不利于创业成功，有时还会带来降低投资回报率的负面效果。通常，知识密集型的创业机会对资金的需求量较低，投资回报则较高。因此在创业开始的时候，不要募集太多资金，最好通过盈余积累的方式创造资金。而比较低的投资额，将有利于提高每股盈余，还可以进一步提高未来上市的价格。

⑤毛利率。毛利率高的创业机会，相对风险较低，也比较容易取得损益平衡。反之，毛利率低的创业机会，风险则较高，遇到决策失误或市场产生较大变化的时候，企业会很容易遭受损失。一般而言，理想的毛利率是40%。当毛利率低于20%的时候，这个创业机会就不值得考虑。软件业的毛利率通常都很高，所以只要能找到足够的业务量，从事软件业在财务上遭受严重损失的风险相对会比较低。

⑥策略性价值。能否创造新企业在市场上的策略性价值，也是一项重要的评价指标。一般而言，策略性价值与产业网络规模、利益机制、竞争程度密切相关，而创业机会对于产业价值链所能创造的增值效果，也与它所采取的经营策略与经营模式密切相关。

⑦资本市场活力。当新企业处于一个具有高度活力的资本市场时，它的获利回收机会相对也比较高。不过资本市场的变化幅度极大，在市场高点时投入，资金成本较低，筹资相对容易。但在资本市场低点时，投资新企业开发的诱因则较少，好的创业机会也相对较少。不过，对投资者而言，市场低点的成本较低，有时候反而投资回报会更高。一般而言，新创企业活跃的资本市场比较容易产生增值效果，因此，资本市场活力也是一项可以被用来评价创业机会的外部环境指标。

⑧退出机制与策略。所有投资的目的都在于盈利，因此退出机制与策略就成为一项评估创业机会的重要指标。企业的价值一般也要由具有客观鉴价能力的交易市场来决定，而这种交易机制的完善程度也会影响新企业退出机制的弹性。由于退出的难度普遍要高于进入的难度，所以一个具有吸引力的创业机会，应该要为所有投资者考虑退出机制，以及退出的策略和规划。

### 四、商业模式的概念与类型

商业模式，是管理学的重要研究对象之一，各主流商业管理课程均对商业模式给予了不同程度的关注。在分析商业模式过程中，主要关注一类企业在市场中与用户、供应商、其他合作伙伴的关系，尤其是彼此的物流、信息流和资金流。

#### 1. 商业模式的概念

商业模式是指一个完整的产品、服务和信息流体系。商业模式是创业者的创意，商业创意来自机会的丰富和逻辑化，并有可能最终演变为商业模式。其形成的逻辑是：机会是由商业模式创造性资源组合传递更明确的市场需求的可能性，是未明确的市场需求或者未被利用的资源或者能力。尽管商业模式第一次出现在20世纪50年代，但直到20世纪90年代才开始被广泛使用和传播，目前已经成为挂在创业者和风险投资者嘴边的一个名词。

有一个好的商业模式，成功就有了保障。商业模式就是公司通过什么途径盈利。简而言之，饮料公司通过卖饮料来盈利；快递公司通过送快递来盈利；网络公司通过点击率来盈利；通信公司通过收话费盈利；超市通过平台和仓储来盈利等。只要有盈利的地方，就有商业模式存在。

商业模式是一个企业满足消费者需求的系统，这个系统组织管理企业的各种资源（资金、原材料、人力资源、作业方式、销售方式、信息、品牌和知识产权、企业所处的环境等），又称输入变量，形成能够提供消费者无法自给而必须购买的产品和服务（输出变量），因而具有自己能复制但不被别人复制的特性。

### 2. 商业模式的基本元素

创业公司在商业模式上常见的失误有：做出来的解决方案没有市场需求，产品缺乏特定的市场，产品总是免费赠送。一个好的商业模式至少要包含以下七个基本元素。

（1）价值定位。创业公司要明确所要填补的需求是什么，或者说要解决什么问题，价值定位必须清楚地定义目标客户、客户的问题和痛点、独特的解决方案以及这种解决方案的净效益。

（2）目标市场。目标市场是创业公司打算通过营销来吸引的客户群，并向他们出售产品或服务。这个细分市场应该有具体的客户统计以及购买产品的方式。

（3）销售和营销。如何接触到客户？口头演讲和病毒式营销是目前最流行的方式，但是用来启动一项新业务还是远远不够的。创业公司在销售渠道和营销提案上要做的具体一些。

（4）生产。创业公司是如何做产品或服务的？常规的做法包括家庭制作、外包或直接购买现成的部件。关键是进入市场的时间和成本。

（5）分销。创业公司如何销售产品或服务？有些产品和服务可以在网上销售，有些产品需要多层次的分销商、合作伙伴或增值零售商。创业公司要规划好自己的产品是只在当地销售还是在全球范围内销售。

（6）收入模式。你如何赚钱？关键要向你自己和投资人解释清楚你如何定价，收入现金流能否满足所有的花费，满足日常开支和售后支持费用，并拥有很好的回报。

（7）成本结构。创业公司的成本有哪些？新手创业者只关注直接成本，低估了营销和销售成本，以及日常开支和售后成本。在计算成本时，可以把预估的成本与同类公司发布出来的报告进行对比。

### 3. 商业模式的构成

任何商业模式都是一个由客户价值主张、资源和生产过程、盈利方式构成的三维立体模式。

《商业模式创新白皮书》对这三个要素的概括如下。

（1）客户价值主张，指在一个既定价格上企业向其客户或消费者提供服务或产品时所需要完成的任务。

（2）资源和生产过程，即支持客户价值主张和盈利模式的具体经营模式。

（3）盈利方式，即企业用以为股东实现经济价值的过程。

#### 4. 商业模式的特征

长期从事商业模式研究和咨询的公司认为，成功的商业模式具有三个特征。

（1）成功的商业模式能提供独特价值。有时候这个独特的价值可能是新的思想，而更多的时候，它是产品和服务独特性的组合。这种组合要么可以向客户提供额外的价值，要么使客户能用更低的价格获得同样的利益，或者用同样的价格获得更多的利益。

（2）商业模式是难以模仿的。企业通过确立自己的特色，如对客户的悉心照顾、无与伦比的执行能力等，来提高行业的进入门槛，从而保证利润来源不受侵犯。比如，直销模式（仅凭直销一点，还不能称其为一个商业模式），人人都知道其如何运作，也都知道戴尔公司是直销的标杆，但很难复制戴尔公司的模式，原因在于直销的背后，是一整套完整的、极难复制的资源模式和生产流程。

（3）成功的商业模式是脚踏实地的。企业要做到量入为出、收支平衡。这个看似直白的道理，要想日复一日、年复一年地做到，却不容易。现实当中的很多企业，不管是传统企业还是新型企业，对于自己的钱从何处赚来，为什么客户看中本企业的产品和服务，乃至有多少客户实际上不能为企业带来利润，反而在侵蚀企业的收入等关键问题，都不甚了解。

#### 5. 商业模式的类型

（1）店铺模式。一般来说，服务业的商业模式要比制造业和零售业的商业模式更复杂。最古老也是最基本的商业模式就是店铺模式，具体来说，就是在具有潜在消费者群体的地方开设店铺并展示其产品或服务。

一个商业模式，是对一个组织如何行使其功能的描述，是对其主要活动的提纲挈领的概括。它定义了公司的客户、产品和服务。它还提供了公司如何组织以及创收和盈利的信息。商业模式与公司战略一起，主导了公司的主要决策。商业模式还描述了公司的产品、服务、客户市场以及业务流程。

大多数商业模式都依赖于技术。互联网上的创业者发明了许多全新的商业模式，这些商业模式几乎完全依赖于现有的和新兴的技术。利用技术，企业可以以最小的代价接触更多的消费者。

（2）饵与钩模式。随着时代的进步，商业模式也变得越来越精巧。饵与钩模式也称为剃刀与刀片模式，或是搭售模式，出现在 20 世纪早期。在这种模式里，基本产品的出售价格极低，通常处于亏损状态，而与之相关的消耗品或是服务的价格则十分昂贵。比如剃刀（饵）和刀片（钩），手机（饵）和通话时间（钩），打印机（饵）和墨盒（钩）等。这个模式还有一个很有趣的变形：软件开发者免费发放他们的文本阅读器，但是对其文本编辑器的定价却很高。

（3）其他模式。在20世纪50年代，新的商业模式是由麦当劳和丰田汽车创造的；20世纪60年代的创新者则是沃尔玛和混合式超市（指超市和仓储式销售合二为一的超级商场）；到了20世纪70年代，新的商业模式则出现在联邦快递和玩具反斗城的经营里；20世纪80年代的代表是百视达、家得宝、英特尔和戴尔公司；90年代则是西南航空、奈飞、易贝、亚马逊和星巴克咖啡。

（4）21世纪的商业模式。随着科学技术不断发展，商业模式也有了多样化趋势，互联网的免费模式就是其中的典型代表，由于新兴商业模式太多，故不一一列举。

每次商业模式的革新都能给公司带来一段时间内的竞争优势。但是随着时间的改变，公司必须不断地重新思考它的商业设计。随着消费者的价值取向从一个工业转移到另一个工业，公司必须不断改变它们的商业模式。一个公司的成败最终取决于它的商业设计是否符合消费者的优先需求。

①电子商务模式。IT行业是电子商务最肥沃的土壤：客户有一定的网络知识，易于接受电子商务的理念。成功开展电子商务，就要在一定的时机、一定的环境下率先做必须做的事情。

②快递模式。经过不断升级与改进，快递公司已经摆脱了落后的形象，甚至成了网络经济中第一批赢家。大家都在网上消费，快递公司能将商品及时送到顾客手中，是网络生活中的重要组成部分。

但是，网络时代的快运公司已是今非昔比。美国联合包裹运送服务公司在美国范围内建立了仓储和包装系统，可以在顾客需要的时间内送货上门。配送单也在网上流通，顾客能在网上看到配送过程中自己的商品到达了什么地方，把顾客的不安全感降到最低。美国联合包裹运送服务公司还为自己的客户提供免费接入，客户可以随时查看货物的流动状况。

联邦快递过去就有自己的网络系统，只不过不在互联网上。联邦快递的网络收入高达56亿美元，所以联邦快递收购了一家软件公司，全面改造过去的系统以便与互联网接轨，为客户提供一站式服务。网络和电子商务，似乎一下子让这些"老兵"找到了新的、更好的模式。

③O2O模式。O2O即Online To Offline，即将线下商务的机会与互联网结合在一起，让互联网成为线下交易的前台。这样线下服务就可以用线上商业模式来提供，消费者可以在线上筛选服务，成交可以在线结算，线上模式发展迅速。该模式最重要的特点是推广效果可查，每笔交易可跟踪。

④网站模式。通过网站模式，可以最大化地实现信息和实物之间、线上和线下之

间、实体店与实体店之间的无缝衔接，创建一个全新的、共赢的商业模式。网站可涵盖休闲娱乐、美容美发、时尚购物、生活服务、餐饮美食等多种类目，旨在打造一个绿色、便捷、低价的 O2O 购物平台，为用户提供诚信、安全、实惠的网购新体验。

⑤B2C、C2C 模式。B2C、C2C 是企业对个体客户，个体客户对个体客户。购买的商品会通过物流公司送到客户手中。与之不同的是，O2O 是在线支付，购买线下的商品、服务，再到线下去享受服务。

⑥BNC 模式。BNC 就是 Business Name Consumer，即智能商城，BNC 具有 B2C、C2C、O2O 等模式的优势，同时解决了以上模式解决不了的弊端，每个企业拥有自己品牌的商城，可做到快速免费地推广企业和产品，从而最大限度地挖掘每个企业的资源和潜力。智能商城是一个集高端云技术和独特裂变技术为一体的网络平台；是一个超越传统商业模式和电子商务模式的新型商务模式；是一个真正符合广大创业者零起步创业的舞台。

BNC 模式悄然兴起，它是以商家、消费者和个人品牌组成的独立消费平台，让每个人都拥有自己品牌的产权式独立网站。它的特点是快速裂变，防止竞争对手模仿，正成为互联网及电子商务的一个创举。

# 第四节　创业计划书的撰写

## 一、创业计划书的概念

创业计划书是创业者叩响投资者大门的"敲门砖"，是创业者计划创立的业务的书面摘要，一份优秀的创业计划书往往能帮创业者达到事半功倍的效果。

创业计划书是一份全方位的商业计划，其主要用途是递交投资商，便于他们对企业或项目做出评判，从而使企业获得融资。创业计划书是用以描述与拟创办企业相关的内外部环境条件和要素特点，为业务的发展提供指示图和衡量业务进展情况的标准。通常创业计划是结合了市场营销、财务、生产、人力资源等职能计划的综合计划。

创业计划书是把想法变成详细的文本。一个好的创业计划书一定要有一个好的项目（产品、服务、盈利模式等），一个好的团队（人力资源、组织架构），一个好的营销方案（市场、竞争），一个好的财务计划（融资、盈利）等。

## 二、创业计划书的格式与内容

### 1. 创业计划书的格式

创业计划书主要由封面、目录、摘要、正文、附录等部分组成。正文部分是创业计划书的重点，一般包括表 7-2 所示的九个部分（供参考）。

表7-2　　　　　　　　　　　　　创业计划书的正文部分

| 章 | 节 | 目 |
|---|---|---|
| 1. 执行总结 | 1.1　项目背景 | — |
| | 1.2　目标规划 | — |
| | 1.3　市场前景 | — |
| 2. 市场分析 | 2.1　客户分析 | — |
| | 2.2　需求分析 | — |
| | 2.3　竞争分析 | 2.3.1　竞争优势分析 |
| | | 2.3.2　竞争对手分析 |
| 3. 公司概述 | 3.1　公司 | |
| | 3.2　总体战略 | — |
| | 3.3　发展战略 | 3.3.1　初期战略 |
| | | 3.3.2　中期战略 |
| | | 3.3.3　终期战略 |
| | 3.4　人力资源组织 | — |
| | 3.5　财务管理制度 | — |
| | 3.6　企业文化 | — |
| | 3.7　服务概述 | — |
| 4. 组织管理体系 | 4.1　组织架构 | — |
| | 4.2　部门职责 | — |
| | 4.3　管理模式 | — |
| 5. 投资策略 | 5.1　股份募资 | — |
| | 5.2　项目融资 | — |
| 6. 营销战略 | 6.1　营销目标 | — |
| | 6.2　营销模式 | — |
| | 6.3　产品流动模式 | — |
| 7. 财务分析 | 7.1　营业费用预算 | — |
| | 7.2　销售预算 | — |
| | 7.3　现金流量表 | — |
| | 7.4　盈亏分析 | — |
| 8. 风险分析 | 8.1　机遇 | — |
| | 8.2　风险及策略 | — |
| 9. 退出策略 | — | — |

**2. 创业计划书的内容规范**

一般来说，创业计划书中应该包括创业的种类、资金规划及资金来源、资金总额的分配比例、阶段目标、财务预估、营销策略、可能风险评估、创业的动机、股东名册、预定员工人数，具体内容一般包括以下 11 个方面。

（1）封面。要有好的项目名称，封面的设计要有审美观和艺术性，一个好的封面会使阅读者产生最初的好感，形成良好的第一印象。

（2）计划摘要。计划摘要浓缩了创业计划书的精华，吸引投资人阅读。计划摘要涵盖了计划的要点，以求一目了然，以便读者能在最短的时间内评审计划并做出判断。

计划摘要一般包括以下内容：公司介绍；管理者及其组织团队；主要产品和业务范围；市场及竞争情况；营销策略；销售计划；生产管理计划；财务计划；资金需求状况；机遇及风险等。

摘要要尽量简明、生动。特别要说明自身企业的不同之处以及企业获取成功的市场因素。

（3）企业介绍。这部分的目的不是描述整个计划，也不是提供另外一个概要，而是对公司进行介绍，因而重点是公司理念和如何制定公司的战略目标。

（4）行业分析。在行业分析中，应该正确评价所选行业的基本特点、竞争状况以及未来的发展趋势等内容。关于行业分析的典型问题有：①该行业发展程度如何，现在的发展动态如何；②创新和技术进步在该行业扮演着怎样的角色；③该行业的总销售额有多少，总收入为多少，发展趋势怎样；④该行业的价格趋向如何；⑤经济发展对该行业的影响程度如何，政府是如何影响该行业的；⑥什么因素决定该行业的发展；⑦竞争的本质是什么，你将采取什么样的战略；⑧进入该行业的障碍是什么，你将如何克服，该行业典型的回报率有多少？

（5）产品（服务）介绍。产品介绍应包括以下内容：产品的概念、性能及特性；主要产品介绍；产品的市场竞争力；产品的研究和开发过程；发展新产品的计划和成本分析；产品的优势；产品的市场前景预测；产品的品牌和专利等。

在产品（服务）介绍部分，创业者要对产品（服务）做出详细的说明，说明要准确且通俗易懂，使非专业的投资者也能明白。一般地，产品介绍都要附上产品原型（照片）或其他介绍。

（6）人员及组织结构。在企业的生产活动中，存在着人力资源管理、技术管理、财务管理、作业管理、产品管理等。而人力资源管理是其中很重要的一个环节。因为社会发展到今天，人已经成为最宝贵的资源，这是由人的主动性和创造性决定的。企业要管理好这种资源，更要遵循科学的原则和方法。

在创业计划书中，必须要对主要管理人员加以阐明，介绍他们所具有的能力，他们在本企业中的职务和责任，他们的详细经历及背景。此外，在这部分创业计划书中，还应对公司结构做简要介绍，包括公司的组织架构图；各部门的功能与责任；公司的报酬体系；公司的股东名单，包括认股权、比例和特权；公司的董事会成员；各位董事的背景资料。

经验和过去的成功比学历更有说服力。如果准备把一个特别重要的位置留给一个没有经验的人，一定要给出充分的理由。

（7）市场预测。市场预测应包括以下内容：①市场需求预测；②市场规模和趋势预测；③竞争厂商概览；④目标顾客和目标市场；⑤本企业产品的市场地位；⑥市场现状综述等。

（8）营销策略。对市场错误的认识是企业经营失败的最主要原因之一。在创业计划书中，营销策略应包括以下内容：①市场机构和营销渠道的选择；②营销队伍建设和管理；③促销计划和广告策略；④产品价格制定等。

（9）生产制造计划。创业计划书中的生产制造计划应包括以下内容：①产品制造和技术设备现状；②新产品投产计划；③技术提升和设备更新的要求；④质量控制和质量改进计划。

（10）财务规划。财务规划一般要包括融资、相关财务指标测算，其中重点是现金流量表、资产负债表以及损益表的制备。流动资金是企业的生命线，因此企业在初创或扩张时，对流动资金预先要有周详的计划和严格的控制。损益表反映的是企业的盈利状况，它是企业在一段时间运作后的经营结果的表现。资产负债表则反映企业在某一时刻的经营状况，投资者可以用资产负债表中的数据进一步计算比率指标，用来衡量企业的经营状况以及可能的投资回报率。

（11）风险与风险管理。主要进行以下几方面的分析：①公司在市场、竞争和技术方面都有哪些基本的风险；②准备怎样应付这些风险；③公司还有什么附加机会；④如何在现有资本基础上进行扩展；⑤在最好和最坏情形下，五年计划分别表现如何？

如果预计不那么准确，应该计算出误差范围到底有多大。如果可能的话，对关键性参数做最好和最坏的设定。主要是技术、市场、竞争、经营管理上的风险及对策。

## 三、撰写创业计划书的注意事项

对初创的风险企业来说，创业计划书的作用尤为重要。一个酝酿中的项目，往往很模糊，通过撰写创业计划书，把正反理由都写下来，然后逐条推敲，这样创业者就能对这一项目有更清晰的认识。可以这样说，创业计划书是把计划中要创立的企业推销给了创业者自己。

创业计划书还有助于把计划中的风险企业推销给风险投资家，撰写创业计划书的主要目的之一就是筹集资金。因此，创业计划书必须说明：①创办企业的目的——为什么要冒风险，花时间、资源、资金去创办风险企业；②创办企业需要多少资金，为什么要这么多的钱，为什么投资人值得为此注入资金？

对已成立的风险企业来说，创业计划书可以为企业的发展确定比较具体的方向和重点，从而使员工了解企业的经营目标，并激励他们为共同的目标而努力。更重要的是，它可以使企业的出资者以及供应商、销售商等了解企业的经营状况和经营目标，说服出资者（原有的或新来的）为企业的进一步发展提供资金。在撰写创业计划书时要注意以下事项。

（1）语言要精练。创业计划书要突出重点，不能长篇大论、没有边际，要侧重企业内部经营计划和预算的部分内容，而涉及的具体财务数据可以在日后面谈时再商讨。

（2）要说明公司的经营目标。经营目标要符合实际，要对市场、管理、运营等进行分析，阐述为达到目标而制定的策略和战术。

（3）要说明公司需要多少资金，说明公司资金运用状况，拟定需要的资金数额，及这些资金将投向何处。

（4）要制定一个详细的投资者撤资策略。要给投资者一个好的风险应急方案，让其安心投资。

（5）要阐述公司的经营风险。对经营风险进行具体分析，并提出抵抗这些风险需要采取什么措施。

（6）要有具体资料。文字与数据相结合，不能只写文字没有数据，数据最有说服力。

（7）用语要让投资者容易接受。最好不要用过于技术化的词语形容产品或生产营运过程，尽可能用通俗易懂的条款，使投资者容易接受。

总之，要做到五个一定：①项目（产品或服务）一定要简单，该业务有明确的客户价值吗，有足够的市场规模吗，有相当的创新程度吗，有一定的可行性和营利性吗；②赢利模式一定要清晰，盈利模式是独创吗，有何独特之处，能持久吗，对手容易模仿吗；③营销计划一定要可行，市场信息全面吗，目标市场清晰吗，市场定位准确吗，促销推广策略周全吗；④财务计划一定要仔细，企业运行费用测算可行吗，各项指标清楚吗；⑤细节一定要重视，有错别字吗，格式一致吗，内容前后有矛盾或不一致吗，借助图表了吗，有目录和页码吗？

## 四、怎样写好创业计划书

创业计划书将是创业者所写的商业文件中最主要的一个。那些既不能给投资者以充分的信息，也不能使投资者激动起来的创业计划书，其最终结果只能是被扔进垃圾箱里。为了确保创业计划书能"击中目标"，创业者撰写的创业计划书应做到以下几点。

### 1. 关注产品

在创业计划书中，应提供所有与企业的产品或服务有关的细节，包括企业所实施的所有调查。这些问题包括：产品正处于什么样的发展阶段；它的独特性怎样；企业分销产品的方法是什么；谁会使用企业的产品，为什么；产品的生产成本是多少，售价是多少；企业发展新的现代化产品的计划是什么？把出资者拉到企业的产品或服务中来，这样出资者就会和创业者一样对产品有兴趣。在创业计划书中，创业者最好使用简单的词语来描述每件事——商品及其属性的定义对创业者来说是非常明确的，但其他人却不一定清楚它们的含义。撰写创业计划书的目的不仅是要出资者相信企业的产品会在市场上取得成功，同时也要使他们相信企业有实现它的依据。创业计划书对产品的阐述，要让出资者感到："噢，这种产品是多么美妙、多么令人鼓舞啊！"

### 2. 敢于竞争

在创业计划书中，创业者应细致分析竞争对手的情况。竞争对手都是谁？他们的产品是如何生产的？竞争对手的产品与本企业的产品相比，有哪些相同点和不同点？竞争对手所采用的营销策略是什么？要明确每个竞争者的销售额、毛利润、收入以及市场份额，然后明确说明本企业相对于不同竞争者所具有的竞争优势。要向投资者展示顾客偏爱本企业的原因是本企业的产品质量好、送货迅速、定位合理、价格合适等。创业计划书要使客户相信，本企业不但是行业中的有力竞争者，而且将来会是行业的领先者。在创业计划书中，创业者还应阐明竞争者给本企业带来的风险以及本企业所采取的对策。

### 3. 了解市场

创业计划书要向投资者呈现企业对目标市场的深入分析和理解。要细致分析经济、地理、职业以及心理等因素对消费者选择购买本企业产品这一行为的影响以及各个因素所起的作用。创业计划书中还应包括主要的营销计划，计划中应列出本企业打算开展广告、促销以及公共关系活动的情况，明确每项活动的预算和收益。创业计划书中还应简述企业的销售战略：企业是使用外面的销售代表还是使用内部职员；企业是使用转卖商、分销商还是特许商；企业将提供何种类型的销售培训？此外，创业计划书还应特别关注销售中的细节问题。

### 4. 表明行动的方针

企业的行动计划应该是无懈可击的。创业计划书中应该明确下列问题：企业如何把产品推向市场；如何设计生产线，如何组装产品；企业生产需要哪些原料；企业拥有哪些生产资源，还需要什么生产资源；生产和设备的成本是多少；企业是买设备还是租设备；解释与产品组装、储存以及配送有关的固定成本和变动成本的情况。

### 5. 展示你的管理团队

把一个思想转化为一个成功的新创企业，其关键的因素就是要有一支强有力的管理团队。这个管理团队的成员必须有丰富的专业技术知识、卓越的管理才能，以及多年工作经验，要给投资者这样一种感觉："看，这个管理团队里都有谁！如果这个公司是一支足球队的话，他们就会一直冲进世界杯决赛！"管理者的职能就是计划、组织、控制和指导公司实现目标的行动。在创业计划书中，应首先描述整个管理团队及团队的职责分工，然后分别介绍每个管理人员的特点和造诣，细致描述每个管理人员能对公司做出的贡献。创业计划书中还应明确呈现管理目标以及组织架构图。

### 6. 出色的计划摘要

创业计划书中的计划摘要也十分重要。它必须能让客户有兴趣并渴望得到更多的信息，它将给客户留下深刻的印象。计划摘要是出资者首先要看的内容，它将从计划中摘录出与筹集资金最密切相关的细节，包括公司内部的基本情况、公司的能力以及局限性、公司的竞争对手、公司的营销和财务战略、公司的管理团队等情况。如果公司是一本书，计划摘要就像这本书的封面，做得好就可以把投资者吸引住。计划摘要会让风险投资者有这样的印象："这个公司将会成为行业中的巨人，我已等不及要去读计划书其余的部分了。"

### 五、创业计划书的检查

在创业计划书完成之后，创业者最好再将创业计划书认真检查一遍，看一下该计划书能否准确回答投资者的疑问，争取让投资者对企业充满信心。通常，可以从以下几个方面对计划书加以检查。

（1）创业计划书是否显示出创业者具有管理公司的经验。如果欠缺管理公司的才能，那么一定要明确地说明，已经聘请了一位经营者来管理公司。

（2）创业计划书是否显示了有能力偿还借款。要保证给预期的投资者提供一份完整的回报比率分析。

（3）创业计划书是否显示出已进行过完整的市场分析。要让投资者坚信在计划书中阐明的产品需求量是可靠的。

（4）创业计划书是否容易被投资者领会。创业计划书应该备有索引和目录，以便投资者可以较容易地查阅各个章节。此外，还应保证目录中的信息流是有逻辑的和现实的。

（5）创业计划书中是否有计划摘要并放在了最前面，计划摘要相当于公司创业计划书的封面，投资者首先会看它。为了吸引投资者的兴趣，计划摘要应引人入胜。

（6）创业计划书是否有文字和语法上的错误。如果不能保证完全正确，最好请专业人士再检查一下。创业计划书的拼写错误和排印错误很快就会使投资者丧失信心。

（7）创业计划书能否打消投资者对产品/服务的疑虑。如果需要，可以准备一件产品模型。

创业计划书中的各个方面都会对筹资产生影响。因此，如果对创业计划书的成功缺乏信心，那么最好去查阅一下创业计划书编写指南或向专业顾问请教。

# 第五节　创业融资、团队组建与公司设立

## 一、创业融资渠道

任何创业都是要成本的，就算是较少的启动资金，也要包含一些最基本的开支。目前国内创业者的融资渠道较为单一，主要依靠银行等金融机构来实现，创业融资要

多管齐下。创业融资有多种渠道可以选择。

### 1. 政府政策性扶持基金

政府提供的创业基金通常被创业者高度关注，政府政策性扶持基金包括创业基金、创新基金等。其优势不仅在于利用政府资金不用担心投资方的信用问题，而且政府的投资一般都是免费的，进而降低或免除了筹资成本。但申请创业基金有严格的申报要求；同时，政府每年的投入有限，筹资者需要面对激烈的竞争。

### 2. 亲情融资

个人筹集创业启动资金，包括个人积蓄（含信用卡借贷）、家庭支持和亲朋借贷，众筹是一种最常见、最简单而且最有效的方式。向亲友借钱，属于负债筹资的一种方式，是成本最低的创业"贷款"。因此，这种方式只在借钱和还钱时增加现金的流入和流出。这个方法筹措资金速度快、风险小、成本低。缺陷又体现在向亲友借钱创业，会给亲友带来资金风险，甚至是资金损失。

### 3. 金融机构贷款

由于银行财力雄厚，是创业者的资金"蓄水池"。从目前的情况看，银行贷款有抵押贷款、信用贷款、担保贷款、贴现贷款等。银行贷款的优点是利息支出可以在税前抵扣，融资成本低，运营良好的企业在债务到期时可以续贷。缺点是一般要提供抵押（担保）品，还要有不低于30%的自筹资金，由于要按期还本付息，如果企业经营状况不好，就有可能导致债务危机。创业者从申请银行贷款起，就要做好打"持久战"的准备，因为申请贷款并非只与银行打交道，而是需要经过工商管理部门、税务部门、中介机构等一道道"门槛"，而且手续烦琐，任何一个环节都不能出问题。

### 4. 网络借贷平台

网络借贷平台在西方资本市场发达的国家早已建立，近些年随着人们信用意识的提高和我国资本市场的发展，也陆陆续续出现一些网络借贷平台。其工作原理就是运用网络技术将创新的理念与借贷行为结合起来。

### 5. 风险投资

风险投资也称天使投资人投资，是一种高风险高回报的投资，风险投资者以参股的形式进入创业企业，被称为创业者的天使投资人。风险投资比较青睐高科技创业企业。风险投资者更关注创业企业的盈利模式和创业者本人的能力。

### 6. 民间资本

民间资本的投资操作程序较为简单，融资速度快，门槛也较低。很多民间投资者在投资的时候会把所有问题一一列举出来，并清楚地用书面形式呈现。此外，对民间资本情况进行调研，是融资前的"必修课"。

### 7. 创业融资宝

创业融资宝是创业者将自有合法财产或在有关法规许可下将他人合法财产进行质（抵）押，从而为其提供创业急需的启动资金、运转资金和经营资金的融资平台。该融资项目主要针对下岗人员以及希望自主创业的社会青年群体，贷款期限最长为半年。创业融资宝的融资"力度"不是很大，因此，解决创业资金问题一般要经过几轮融资才能实现。

**8. 融资租赁**

融资租赁是一种以融资为直接目的的信用方式，表面上看是借物，实质上是借资，以租金的方式分期偿还。融资租赁这种筹资方式，比较适合需要购买大件设备的初创企业，但在选择时要挑那些实力强、资信度高的租赁公司，且租赁形式越灵活越好。

## 二、团队组建

### 1. 团队的概念

团队是由基层和管理层人员组成的一个共同体，它合理利用每位成员的知识和技能协同工作，解决问题，达到共同的目标。群体，也称社群，是指聚集在一起的同类人或物种，人类虽有不同人种，但仍可以组成群体。

团队的构成要素总结为"5P"，分别为目标（Purpose）、人（People）、定位（Position）、权限（Power）、计划（Plan）。团队和群体有着根本性的一些区别，群体可以向团队过渡。

团队的核心是共同奉献、同舟共济，团队的核心成员对项目一定要有信心与热情，团队成员要注意互补，补齐短板。木桶原理的启示如图7-1所示。

**图7-1　木桶原理的启示**

### 2. 团队组建应注意的问题

对于任何企业来说，招聘都非常重要。对于刚刚起步的创业企业来说，拉起一支队伍、组建一个团队，更是首要的工作。特别是初创企业往往在吸引人才方面比不过大企业。在招聘人才建构公司团队时，必须关注以下问题。

（1）不要急于招聘新员工。刚创业的公司缺少专业人才，但在招聘之前，要先考虑一下招聘是否真有必要，团队里现有的人是否有这方面的专业知识。可以给团队里的成员布置一个新任务：负责一项新工作、学习一项新技能、成长为一个新角色。这个方法可以扩展有限的资源，这并不意味着让员工过度负担非核心的职责，而是锻炼和增强团队成员独立成长和创新的能力。

（2）团队构成。如果想建立一个科技公司，在企业初创时期，团队应主要由开发人员、工程师和程序员组成。应尽可能地建立一个技能互补的团队。如果这项计划不可行，必须专注于公司的核心任务。市场营销和其他传统业务人员可以晚些雇用，创业一开始，可以将这些服务外包出去。

（3）把基础工作外包。将财务、人力和法律事务外包出去是明智的选择，这些对企业都很重要。将这些职位外包，可以确保集中内部资源开发业务，并且运营压力较小。

（4）主动挖掘招聘对象。最好招聘那些有工作经验的人，说服人们放弃现在的工作而加入新团队是非常困难的事。但是，为了他们掌握的知识和经验，值得一试。招募熟悉的人加入团队，也有利于团队契合度的提升。

（5）行业经验。如果招来的员工已经对所处的领域有一定的经验，就会大大缩短他们的学习曲线。

（6）共同视野。要求员工和公司有共同的目标，他们要理解公司的目标，并且共同致力于实现这些目标。每个人都对企业有信仰，并且充满激情。

（7）创业性格。员工必须有正确的价值观，若招聘的员工有行业经验，但是他的工作理念和企业文化格格不入，也是不行的。什么样的性格适合企业的发展，因公司不同而标准不同，员工普遍的核心品质是创新性、灵活性、敢于冒险、有求知欲。

**3. 招聘时的思考**

招聘到合适的人并不能很快为公司创造价值，但如果招错了人，会让公司陷入瓶颈，应认真考虑招聘工作，深入思考以下几点。

（1）团队的所有人要志同道合，大家有统一的目标和想法。

（2）创业团队最好都是自己了解透彻多年的朋友或同事。

（3）创业团队中的每个人应该分工明确，各有优势，并能互补。

（4）创业团队中的每个人对自己都要很认可，并能在将来的创业中积极配合。

（5）根据公司的创业内容选择所需的各类人才，形成精简、高效、富有激情的创业团队。

## 三、公司设立

公司设立是指按照法律规定的条件和程序，发起人为组建公司，使其取得法律人格，必须采取和完成的一系列行为的总称。初创业时，可在个体工商户、个人独资企业、合伙企业、有限责任公司中做出选择。

### 1. 公司设立与公司成立的区别

人们通常把公司设立与公司成立相混淆，以致造成对公司设立的误解，不能正确地认识公司设立的法律性质、公司设立过程中责任的特殊性和公司设立过程中公司特殊的法律地位。事实上，公司设立与公司成立两者并不相同，其区别主要如下。

（1）概念不同。公司设立的概念前已述及。公司成立则是指公司在实质上依公司法组织设立，完成申请设立登记程序，经登记机关审核发放执照，取得法人资格的一种状态。

（2）性质不同。公司设立，系为组织公司之发起人的设立行为，有法律行为，亦有非法律行为；有民事法律行为，亦有行政法律行为。而公司的成立则不是一种行为，而是指公司已取得法人资格的一种状态，是对公司合法身份存在的一种表现形式。

（3）两者与公司登记的关系不同。所谓公司登记，是指公司登记机关对公司法人团体资格确认的一种法律宣告，是一种公示和监督法律行为。公司登记在本质上仍属公司设立行为，是公司设立这一系列行为的最后一个阶段，而公司成立则是公司设立和公司登记的法律后果。

（4）效力不同。公司在成立后，才能取得公司法人资格和公司名称的排他使用权等，而公司设立则无上述资格和权利。

公司设立与公司成立的联系：公司设立是公司成立的前提条件，公司成立则是公司设立追求的目的和法律后果。有的学者将公司成立的性质说成是一种公法上的行政（国家）行为，不妥之处在于其将公司成立与公司登记相混淆。公司成立是公司登记的法律后果，是一种确认具备公司法人资格的状态，而不是一种行为，更不是一种行政（国家）行为。

### 2. 有限责任公司设立的条件

有限责任公司，简称有限公司，是按相关规定登记注册，由50个以下的股东出资设立，每个股东以其所认缴的出资额为限对公司承担有限责任，公司以其全部资产对其债务承担全部责任的经济组织。有限责任公司包括国有独资公司以及其他有限责任公司。

设立有限责任公司，应当具备下列五个条件。

（1）股东符合法定人数。设立有限责任公司的法定人数分两种情况：一是通常情况下，法定股东数须50人以下。二是特殊情况下，国家授权投资的机构或国家授权的部门可以单独设立国有独资的有限责任公司。

（2）有符合公司章程规定的全体股东认缴的出资额。法定资本是指公司向公司登记机关登记时，实缴的出资额，即经法定程序确认的资本。在中国，法定资本又称注册资本，既是公司成为法人的基本特征之一，又是企业承担亏损风险的资本担保，同时也是股东权益划分的标准。

关于出资方式，股东可以用货币出资，也可以用实物、工业产权、非专利技术、土地使用权作价出资。其中以工业产权、非专利技术作价出资的金额不得超过有限责任公司注册资本的20%，但国家对采用高新技术成果有特别规定的除外。

（3）股东共同制定公司章程。公司章程是关于公司组织及其活动的基本规章。制定公司章程既是公司内部管理的需要，也是便于外界监督管理和交往的需要。公司章程应当载明的事项有公司名称和地址、公司经营范围、公司注册资本、股东姓名或名称、股东的权利和义务、股东的出资方式和出资额、股东转让出资的条件、公司的机构及其产生办法和职权及议事的规则、公司的法定代表人、公司的解散事项与清算办法等。要确定公司的组织机构、人力资源管理（人员招聘、薪酬管理、劳动关系）等。

（4）有公司名称，建立符合有限责任公司要求的组织机构。公司名称构成有四个要素：行政区划、字号、行业、组织形式。如宁波中通物流有限责任公司，"宁波"为行政区划；"中通"为字号；"物流"为行业；"有限责任公司"为组织形式。组织机构有董事会、股东会、监事会。有限责任公司股东会由全体股东组成，是公司的权力机构。有限责任公司可以设立董事会也可以不设。设立董事会，就要有董事长，也可有副董事长。还可以设经理，由董事会决定聘任或者解聘。规模较小的有限责任公司可以不设监事会。

（5）有公司住所，即公司的主要办事机构所在地。主要办事机构所在地，通常是公司发出指令的业务中枢机构所在地。公司的地址是公司章程载明的地点，是公司章程的必要记载事项，具有公示效力。

# 第六节　企业运营管理

## 一、安东尼结构

### 1. 安东尼结构的层次

安东尼等企业管理专家通过对欧美制造型企业长达 15 年的大量实践观察和验证，在 1965 年创立了制造业经营管理业务流程及其信息系统构架理论，即著名的安东尼模型，安东尼模型示意如图 7 - 2 所示。该理论认为经营管理业务活动，即企业管理系统可分为战略规划层、战术决策（计划）层和业务处理层三个层次。这种经营管理层次结构称为安东尼结构。

（1）战略规划层。战略规划层为最高管理层，是指进行诸如企业组织目标的设定与变更、为实现该目标采取资源政策等计划、规划、预算的管理层。战略规划层考虑的是组织的全局性、方向性以及与目标有关的大政方针问题，这些都是一个组织的最基本的决策问题。注重实现企业发展战略和经营层面的经营计划规划、财务预算审计控制、企业决策分析体系等方面的管理支撑。

（2）战术决策（计划）层。战术决策（计划）层又叫管理控制层，为中间管理

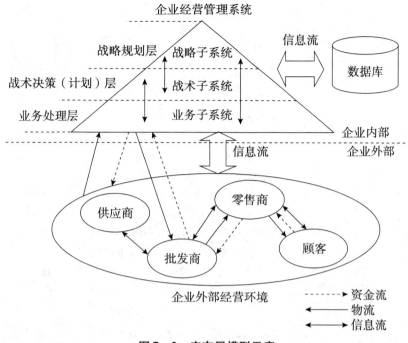

图7-2　安东尼模型示意

层，是为实现企业目标，使企业能够有效地获得并利用资源的具体化过程。主要考虑的是在既定方针下怎样组织和安排，注重企业内部管理的管理效率和水平的提高，实现企业对内部人、财、物、活动、过程、流程等要素进行精细化、系统化控制。

（3）业务处理层。业务处理层又叫运行控制层，为下层管理层，是为确定某特定业务能够被有效地、高效地执行。关心的是怎样干好工作，即具体实行计划、组织生产主要任务。注重企业核心生产过程控制及业务过程执行，立足于企业生产效率提高、运营能力提升，促进企业开源节流能力的提高。安东尼结构的三个层次如图7-3所示。

在安东尼模型中，首次将制造型企业管理系统视为一个以经营资源为基本元素的企业经营业务活动的整体，系统化地描述出了企业内外信息流、资金流、物流的传递和接收过程，如图7-4所示。

安东尼等通过对以组装加工业务为主的制造型企业进行大量的观察分析，发现了其管理系统业务流程中物流、资金流和信息流流动的基本规律。物流的流程一般体现在从采购部件到产品销售出去的整个过程之中，是自上游向下游方向流动，先从供应商流到制造商，再到批发商、零售商和顾客，即企业需要经过零部件采购、调拨、生产加工、发送、销售等业务流程，同时，在企业进行上述调拨或采购零部件流程之前，零部件制造商及原材料制造商等供应商也在进行销售活动。在企业进行销售活动之前，批发商和零售商也在进行采购活动。而资金流的方向与物流相反，是从下游向上游方向流动，即从顾客流到零售商及批发商，然后到制造商（或直接到制造

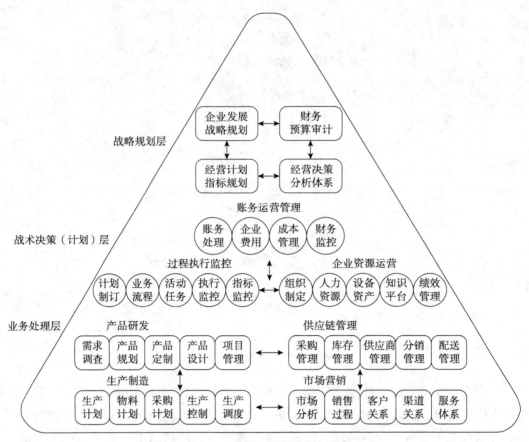

图7-3　安东尼结构的三个层次

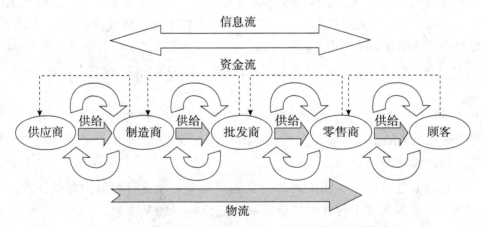

图7-4　企业内外信息流、资金流、物流的传递和接收过程

商），再流到供应商。信息流与物流、资金流相比，其流动过程要复杂得多。企业信息主要包括订货信息、发货信息、收支信息等，信息流在与物流、资金流互补的同时，又起着管理企业整体活动的作用。不难看出，其实安东尼所描述的正是一幅供应链全景图。

### 2. 安东尼模型的作用

安东尼模型的作用在于它对管理控制的定义及它同政府管理系统的联系。它对管理控制中货币数据的强调，集中表现在预算的评价作用上。显而易见，预算数据资料同其他资料信息一样，被用于战略计划、管理控制和业务控制中。但是，对于大量的政策制定及更专业的管理控制来说，预算只是一个评价机制。

### 3. 安东尼模型的应用与发展

安东尼模型是现代企业管理信息系统的雏形，很显然在安东尼模型中已经体现出了现代企业管理系统新理念，这与在此之前的其他管理信息系统定义的本质区别在于它是已包含和考虑了企业内外部环境因素的相互关联和影响的管理系统，正确反映了企业内外供应链的物流、资金流、信息流的真实流向，反映了企业管理的本质。

随着时代的进步、信息技术和管理科学的发展，企业管理信息系统功能已经在安东尼模型的基础上不断加以扩展与完善，时至今日已发展为第五代基于电子计算机网络技术和电子商务技术的现代管理信息系统。但是，无论怎样发展，其理论核心仍然基于安东尼模型的理论基础。

## 二、企业实用管理工具简介

管理是指在特定的环境下，管理者通过执行计划、组织、领导、控制等职能，整合组织各项资源，实现组织既定目标的活动过程。管理有三层含义。

（1）管理是一种有意识、有目的的活动，它服务并服从于组织目标。

（2）管理是一个连续进行的活动过程，实现组织目标的过程，就是管理者执行计划、组织领导控制等职能的过程。由于这一系列职能之间是相互关联的，从而使得管理过程体现为一个连续进行的活动过程。

（3）管理活动是在一定的环境中进行的，在开放的条件下，任何组织都处于千变万化的环境之中，复杂的环境成为决定组织生存与发展的重要因素。

有效的管理必须应用管理的工具，工欲善其事，必先利其器。管理工具的目的是高效率地解决问题。常用的管理工具有如下几种。

### 1. 职责界定工具

管理的核心是对人和事的管理，即通过岗位对人实施管理和通过流程对事进行管理。职责清晰是管理的基本准则之一，任何管理都是从管理岗位开始的，其基本要求就是权责明确。

工作职责界定的方法是6W – 3H – 1S。Who——责任者是谁？Whom——服务对象和汇报对象是谁？Why——为什么要做这个工作？What——具体的工作是什么？Where——工作地点与场所在哪里？When——工作的时间期限？How——如何工作（完成工作的方法和程序）？How much——工作的数量是多少？How much cost——需要的成本是多少？Safety——安全性如何？

### 2. SWOT 分析

SWOT 是一种战略分析方法，通过对被分析对象的优势、劣势、机会和威胁等加以综合评估与分析得出结论，通过内部资源、外部环境的有机结合清晰地确定被分析对象的资源优势和缺陷，了解被分析对象所面临的机会和挑战，从而在战略与战术两个层面调整方法、资源，以保障被分析对象的实行，达到所要实现的目标。SWOT 分析法又称态势分析法，是一种能够较客观而准确地分析和研究一个单位现实情况的方法。SWOT 的含义：Strengths（优势）、Weaknesses（劣势）、Opportunities（机会）、Threats（威胁）。

SWOT 是企业内外部分析工具，是企业（部门、项目、产品、个人）竞争态势的常用分析方法。要认真分析优势是共有优势，还是独有优势；劣势是可克服劣势，还是不可克服劣势；机会是市场机会，还是企业机会；威胁是直接威胁，还是间接威胁；优势的建立需要多长时间；可以获得的优势有多大；对手做出反应要多久等。SWOT 分析示意如图 7 - 5 所示。

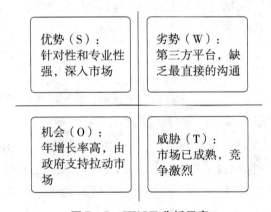

图 7 - 5　SWOT 分析示意

### 3. PDCA 循环

PDCA 循环又叫质量环，是管理学中的一个通用模型，最早由休哈特于 1930 年构想，后来被美国质量管理专家戴明博士在 1950 年再度挖掘出来，并加以广泛宣传和运用，主要用于持续改善产品质量的过程。

PDCA 即 Plan（计划）、Do（执行）、Check（检查）和 Action（总结处理），PDCA 循环就是按照这样的顺序进行质量管理，并且循环地进行下去的科学程序，最终实现持续改进、质量提升的目标。PDCA 循环如图 7 - 6 所示。

P（计划）阶段，可分为四个步骤：分析现状，找出问题；分析问题产生的原因；找出主要原因；制订计划。

D（执行）阶段：按照制订的计划加以执行。

C（检查）阶段：检查实际执行结果，看是否达到计划的预期效果。

A（总结处理）阶段，可分为两个步骤：总结成熟的经验，纳入标准制度和规定，

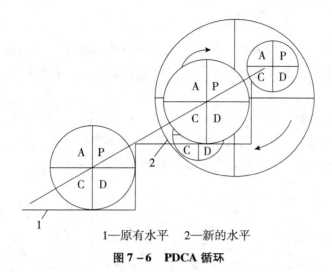

1—原有水平　2—新的水平

**图7-6　PDCA循环**

以巩固成绩，防止失误；把本轮PDCA循环尚未解决的问题，纳入下一轮PDCA循环中去解决。

　　对PDCA循环的深入理解：PDCA循环是一个完整的循环，是一个闭环；PDCA循环要求每项工作都有P-D-C-A；PDCA循环是逐步上升的循环，即每次循环应当有新的目标和内容；PDCA循环是大环套小环的循环，即按企业组织层次形成多个包容支持和保证的环。PDCA循环的深入理解如图7-7所示。

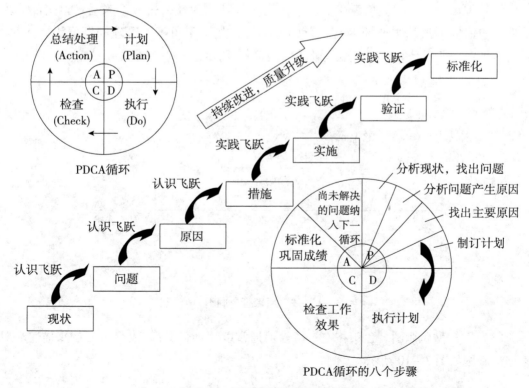

**图7-7　PDCA循环的深入理解**

### 4. 鱼刺图

鱼刺图（鱼骨图）也叫因果分析图，是一种发现问题根本原因的分析方法，它能帮助我们整理问题，追查真正原因，寻找对策。鱼刺图是一种常用的问题（对策）分析工具。

鱼刺图有三种类型：整理问题型鱼刺图、原因型鱼刺图、对策型鱼刺图。

（1）整理问题型鱼刺图。各要素与特性值之间不存在因果关系，而是结构构成关系，鱼头部分为存在的问题。整理问题型鱼刺图如图 7-8 所示。

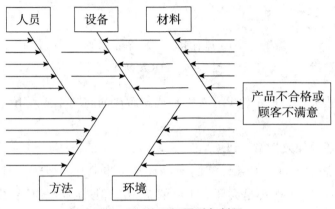

**图 7-8　整理问题型鱼刺图**

（2）原因型鱼刺图。鱼头在右，特性值通常以"为什么……"来写。鱼头部分为结果。如销售下滑的主要原因有：营销原因，市场、渠道等；管理问题原因，人员、激励不足、培训不足等。原因型鱼刺图如图 7-9 所示。

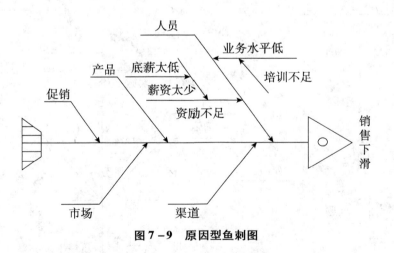

**图 7-9　原因型鱼刺图**

（3）对策型鱼刺图。鱼头在左，特性值通常以"如何提高/改善……"来描述。对策型鱼刺图如图 7-10 所示。

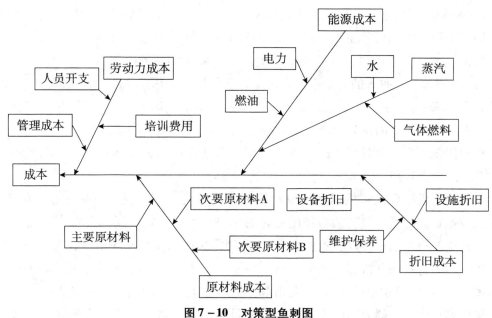

图 7-10　对策型鱼刺图

### 5. 表格化管理工具

表格化运营管理体系，是一种采用系统思维的创新管理方法，通过运营体系建设，深入分析和辨识"职能"和"职责"的关系，杜绝职能分配的管理"真空"。运用流程控制的工作方法，规范职能运作，理顺业务流程，消灭管理盲区和死角。以表格为载体，用表格化工作语言固化职能、优化流程、提高工作效率，实现管理创新。

表格化管理可以提高管理水平，尤其是管理效率，做到事有所知，物有所管；人尽其职，物尽其用。表格化管理工具的形式是日报表。

（1）日报表的要求。对日报表的要求有以下几点：①日报表不一定是表，但一定要报；②日报表的目的是推动自我管理，提高效率和效益；③日报表的内容可以变化，可以根据岗位的不同要求设置具体的内容；④日报表的形式（格式）应尽可能相对统一。

（2）常用的日报表，常用的日报表主要有工作日报表、销售日报表、生产日报表、车间日报表、出纳日报表、采购日报表等。

（3）销售业绩表的应用。销售业绩表是将公司考核个人（团队）业绩的具体指标（销量、销售额、回款额、进货客户数、新客户数等）完全公开化的一种做法，由财务人员负责每日编制。业绩上墙让业务人员知己知彼，激发业务人员工作积极性，也让管理人员一目了然，但要注意某些数据是否需要保密。

### 6. 客户管理工具

20/80 原理是按事情的"重要程度"编排行事优先次序的准则，是建立在"重要的少数与琐碎的多数"原理的基础上。这个原理是意大利经济学家帕累托提出的。20/80 原理是客户关系管理的主要工具。

20/80原理的大意是，在任何特定群体中，重要的因子通常只占少数，而不重要的因子则占多数，因此只要能控制具有重要性的少数因子即能控制全局。换而言之，即80%的价值来自20%的因子，其余20%的价值则来自80%的因子。

20/80原理对所有人的一个重要启示是，避免将时间花在琐碎的多数问题上。因为就算花了80%的时间，也只能取得20%的成效，应该将时间花在重要的少数问题上，因为掌握了这些重要的少数问题，花20%的时间，即可取得80%的成效。

可利用20/80原理对客户档案进行管理，通过客户档案的建立、客户档案的维护等环节，对重点客户、大客户、优质客户进行重点管理。

客户金字塔模型就是根据客户盈利能力的差异为企业寻找和创造能盈利的客户，以便企业把资源配置到盈利能力产出最好的客户身上，也就是说细分客户层级（铂金客户、黄金客户、钢铁客户、重铅客户）。这种方法比以往根据使用次数来细分市场更好一些，因为它跟踪分析客户细分市场的成本和收入，从而得到细分市场对企业的财务价值。界定出盈利能力不同的细分市场之后，企业向不同的细分市场提供不同的服务。设想客户按盈利能力不同而一层一层地排列起来，盈利能力最强的客户层级位于客户金字塔模型的顶部，盈利能力最差的客户层级位于客户金字塔模型的底部。客户金字塔如图7-11所示。

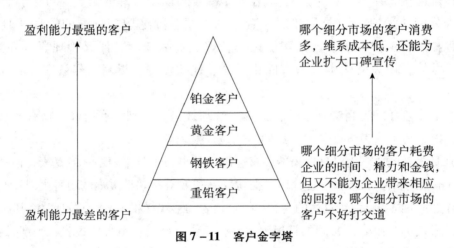

图7-11　客户金字塔

### 7. 安索夫矩阵

安索夫矩阵往往也被称作产品市场扩张方格、成长矢量矩阵。

策略管理之父安索夫博士于1975年提出安索夫矩阵。以产品和市场作为两大基本面向，区别出四种产品/市场组合和对应的营销策略，是应用最广泛的营销分析工具之一。安索夫矩阵是以2乘2的矩阵代表企业想要使收入或获利成长的四种选择，其主要的逻辑是企业可以选择四种不同的成长性策略来达成增加收入的目标。

企业营销的主要工作就是把产品卖向市场，是面向现有市场还是新开拓市场，是销售现有产品还是新开发产品，可通过安索夫矩阵的分析来确定。安索夫矩阵如图 7 – 12 所示。

|  | 现有产品或服务 | 新产品或服务 |
| --- | --- | --- |
| 现有市场 | 市场渗透 | 产品开发 |
| 新市场 | 市场开发 | 多元化 |

**图 7 – 12　安索夫矩阵**

### 8. 头脑风暴法

头脑风暴法出自"头脑风暴"一词。所谓头脑风暴最早是精神病理学上的用语，是对精神病患者的精神错乱状态而言的，如今转而为无限制的自由联想和讨论，其目的在于产生新观念或激发创新设想。

在群体决策中，由于群体成员心理相互作用影响，易屈于权威或大多数人意见，形成所谓的"群体思维"。群体思维削弱了群体的批判精神和创造力，损害了决策的质量。为了保证群体决策的创造性，提高决策质量，管理上发展了一系列改善群体决策的方法，头脑风暴法是较为典型的一个。头脑风暴法是企业管理中日常问题求解的重要工具。头脑风暴法示意如图 7 – 13 所示。

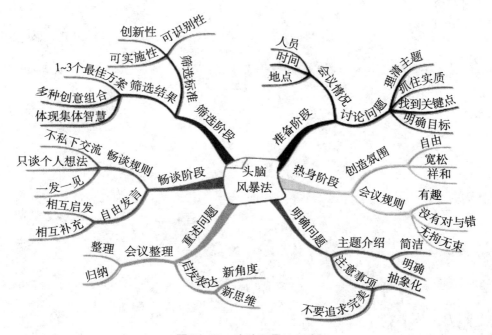

**图 7 – 13　头脑风暴法示意**

头脑风暴法提倡自由想象，追求建议的数量。头脑风暴法应遵循如下原则。

（1）庭外判决原则（延迟评判原则）。对各种意见、方案的评判必须放到最后阶段，此前不能对别人的意见提出批评和评价。认真对待任何一种设想，而不管其是否适当和可行。

（2）自由畅想原则。欢迎各抒己见，自由鸣放，创造一种自由、活跃的气氛，激发参与者提出各种荒诞的想法，使与会者思想放松，这是头脑风暴法的关键。

（3）以量求质原则。追求数量，意见越多，产生好意见的可能性越大，这是获得高质量创造性设想的条件。

（4）综合改善原则。取长补短，除提出自己的意见外，鼓励参与者对他人已经提出的设想进行补充，强调相互启发，这是智力激励法成功的标准。

（5）求异创新原则。求异创新是头脑风暴法的宗旨。

（6）限时限人原则。以5～15人为宜，人数太少不利于激发思维，人数太多会使每个人发言机会减少。时间由主持人掌握，时间太短不利于畅所欲言，时间太长易产生疲劳。

## 实践课程

### 撰写创业计划书

完成时间：一周。

作业形式：交A4纸打印稿和电子稿各一份。

字数要求：3000字以上。

# 参考文献

［1］ALAN HARRISON, REMKO VAN HOEK. 物流管理［M］. 李严峰，李婷，译. 北京：机械工业出版社，2013.

［2］DAVID J. BLOOMBERG, STEPHEN LEMAY, JOE B. HANNA. 物流学［M］. 北京：清华大学出版社，2004.

［3］毛禹忠. 物流管理［M］. 2 版. 北京：机械工业出版社，2009.

［4］彭云飞，邓勤. 现代物流管理［M］. 北京：机械工业出版社，2009.

［5］彭志忠. 物流管理学［M］. 济南：山东大学出版社，2005.

［6］王之泰. 新编现代物流学［M］. 2 版. 北京：首都经济经贸大学出版社，2008.

［7］韦恒，熊健. 物流学［M］. 北京：清华大学出版社，2007.

［8］吴彬，孙会良. 物流学基础［M］. 北京：首都经济经贸大学出版社，2006.

［9］周启蕾，许笑平. 物流学概论［M］. 5 版. 北京：清华大学出版社，2023.

［10］王刚，梁军. 物流学［M］. 北京：人民邮电出版社，2012.

［11］王辉. 物流学［M］. 北京：中国铁道出版社，2010.

［12］孙德林，黄林，黄小萍. 创业基础教程［M］. 北京：高等教育出版社，2012.

［13］唐丽艳，王国红，武春友. 创业管理［M］. 2 版. 北京：高等教育出版社，2013.

［14］张晓梅. 创业管理［M］. 北京：高等教育出版社，2011.